Katharina Miller, Milena Valeva, Julia Prieß-Buchheit (Hrsg.)

Verlässliche Wissenschaft

Dieses Projekt wurde finanziert im Rahmen des Horizon 2020 Forschungs- und Innovationprogramms der Europäischen Union unter der Finanzhilfevereinbarung Nr. 824488.

Katharina Miller, Milena Valeva, Julia Prieß-Buchheit
(Hrsg.)

Verlässliche Wissenschaft

Bedingungen, Analysen, Reflexionen

wbg Academic

Die Deutsche Nationalbibliothek verzeichnet diese Publikation
in der Deutschen Nationalbibliografie; detaillierte bibliografische
Daten sind im Internet über www.dnb.de abrufbar

wbg Academic ist ein Imprint der wbg

Die Herausgabe des Werkes wurde durch die
Vereinsmitglieder der wbg ermöglicht.
Satz und eBook: Satzweiss.com Print, Web, Software GmbH
Gedruckt auf säurefreiem und
alterungsbeständigem Papier
Printed in Germany

Besuchen Sie uns im Internet: www.wbg-wissenverbindet.de

ISBN 978-3-534-40607-4

Elektronisch ist folgende Ausgabe erhältlich:
eBook (PDF): 978-3-534-40608-1

Inhalt

Verlässliche Wissenschaft und wissenschaftliche Integrität Eine Einleitung[1]

Julia Prieß-Buchheit

Die Entdeckung von Hepatitis Viren oder Schwarzer Löcher im All, die Methode der Genom-Editierung oder die Verwendung von Lithium-Ionen Batterien sind bekannte wissenschaftliche Erkenntnisse aus den letzten Jahren. Sie wurden in Forschungsprozessen auf systematische Art und Weise entdeckt, bzw. wurden dabei Lösungen erkannt, Zusammenhänge erklärt und neue Handlungsweisen begründet.

Forschungsergebnisse beeinflussen die verschiedenartigen Lebensbereiche der Gesellschaft. Für die Weltraumfahrt werden Raketen gebaut, zur Heilung von Krankheiten Medikamente entwickelt, Lehrbücher für die Schule entworfen. Wissenschaft führt zu Neuem und damit zu Fortschritt, dem Pfad, der es der Gesellschaft ermöglicht, sich weiterzuentwickeln und Herausforderungen zu meistern.

Forschungsprojekte zur Stammzellentransplantation oder Genom-Editierung starten ergebnisoffen und führen – wenn sie gelingen – zu glaubwürdigen und zuverlässigen Erkenntnissen. Dabei hat die wissenschaftliche Gemeinschaft die Aufgabe, solche neuen Erkenntnisse und das bereits bestehende Wissen stets kritisch zu reflektieren (vgl. Merton, 1973/1942). „Zu den [wissenschaftlichen] Prinzipien gehört es insbesondere, lege artis zu arbeiten, strikte Ehrlichkeit im Hinblick auf die eigenen und die Beiträge Dritter zu wahren, alle Ergebnisse konsequent selbst anzuzweifeln sowie einen kritischen Diskurs in der wissenschaft-

[1] Ich bedanke mich bei Jochen Schäfer, Katharina Miller und Milena Valeva für die konstruktiven Kommentare zu dieser Einleitung.

lichen Gemeinschaft zuzulassen und zu fördern“ (DFG, 2019)[2]. In diesem Sinne spiegelt die kritische Auseinandersetzung innerhalb der wissenschaftlichen Gemeinschaft das Streben nach Verlässlichkeit, das ein konstituierendes Prinzip der Wissenschaft ist.

Während Qualitätskriterien wie Transsubjektivität, Reliabilität, Validität oder Reproduzierbarkeit in der Forschung Verlässlichkeit sichern (Baker, 2016), wird die wissenschaftliche Lehre daran gemessen, dem wissenschaftlichen Nachwuchs Horizonte zu öffnen, sodass Forschungsprozesse sowie deren Resultate für den Nachwuchs nachvollziehbar und eigene wissenschaftliche Arbeiten durchführbar werden. So stützen Kriterien für die Forschung auf der einen Seite und Kriterien für die wissenschaftliche Lehre auf der anderen Seite – auf ihre jeweilige Weise – eine verlässliche Wissenschaft.

Bekannte Plagiatsfälle wissenschaftlicher Arbeiten in Deutschland oder Rücknahmen beziehungsweise Antragssperren von Forschungsförderungen bei der Deutschen Forschungsgemeinschaft weisen darauf hin, dass immer wieder von (guter) wissenschaftlicher Praxis abgewichen wird. Die wissenschaftliche Gemeinschaft steht daher in der Verantwortung, solches Fehlverhalten (sowohl im Bereich der Lehre als auch im Bereich der Forschung) aufzuzeigen und zukünftiges Fehlverhalten zu verhindern.

Am Beispiel der Kernforschung zum Higgs-Boson oder zur Antimaterie mit dem großen Hadronen-Speicherring am Europäischen Kernforschungszentrum (CERN) wird deutlich, wie viele verschiedene Akteur:innen an wissenschaftlichen Erkenntnissen beteiligt sind: Professor:innen bilden den wissenschaftlichen Nachwuchs (aus), Universitäten und außeruniversitäre Forschungseinrichtungen wie das CERN bieten Infrastrukturen für Lehre und Forschung, wissenschaftliche Journale und Zeitschriften machen Forschungsergebnisse zugänglich, Herausgeber:innen sichern Qualitätsstandards durch Begutachtung und Peer-Review, öffentliche und private Forschungsförderer unterstützen Forschungsprojekte, Ethikkommissionen beurteilen Forschungsvorhaben und Ombudspersonen sind ansprechbar für zweifelhafte Verfahren oder für Fehlverhalten in der Wissenschaft. Die heutige Forschungspraxis belegt somit, dass wissenschaftliches Han-

2 DFG, 2019. Erläuterungen der Leitlinie 1, Leitlinien zur Sicherung guter wissenschaftlicher Praxis. Abgerufen am 07.09.2021 von https://wissenschaftliche-integritaet.de/kodex/verpflichtung-auf-die-allgemeinen-prinzipien/.

deln in eine wissenschaftliche Gemeinschaft eingebettet ist und innerhalb einer bestehenden und sich stetig entwickelnden Forschungsinfrastruktur stattfindet.

Forschende als Handelnde in der Wissenschaft

Das Handeln der Forschenden richtet sich nach den in der Gemeinschaft festgelegten Prinzipien wissenschaftlichen Handelns. Es ist die Verantwortung der Wissenschaftler:innen, respektvoll mit Kolleg:innen und Versuchspersonen umzugehen, ihr Forschungsprojekt in angemessenem Maße zu dokumentieren, Ergebnisse umfassend bekannt zu geben etc., also die Prinzipien wissenschaftlichen Handelns zu beachten (vgl. dazu die Beiträge von Mittelstraß und Lanzerath in diesem Band). Das individuelle Handeln der Wissenschaftler:innen bedingt die Verlässlichkeit der Wissenschaft sowohl bei der Nutzung der Forschungsergebnisse durch andere Wissenschaftler:innen als auch beim Einsatz der Forschungsergebnisse in der und durch die Gesellschaft. Forschungsintegrität und Verlässlichkeit stehen auf diese Weise in direktem Zusammenhang.

Forscher:innen werden von ihrer Neugier getrieben. Sie fragen sich zum Beispiel, wie eine gute Erziehung autistischer Kinder in der Kindertagespflege aussieht oder welche Faktoren Zivilcourage steigern. Dieser von Neugier getriebene Prozess wird in der heutigen Wissenschaft häufig in größeren Projektteams ausgeführt. Da stellt sich die Frage: Wieviel Verantwortung können einzelne Wissenschaftler:innen übernehmen, wenn sie zum Beispiel in institutionsübergreifenden, teilweise internationalen Verbundprojekten mit bis zu 30 oder mehr Personen arbeiten? In diesen Projekten steht nicht mehr die zu befriedigende Neugier des/der einzelnen Forschenden, sondern eine gemeinsame Fragestellung und ein gemeinsames Ziel im Vordergrund. Wer ist in solchen Projekten verantwortlich, oder anders gefragt: Welche Methoden der Entscheidung existieren, um wissenschaftliche Integrität und Verlässlichkeit in solchen Projekten zu garantieren?

Ebenso verändern digitale Entwicklungen, wie das auf Algorithmen basierende Zusammenfassen von Forschungsständen, die Handlungsnormen der Wissenschaft. Die Tendenz zu Großprojekten und die Anwendung künstlicher Intelligenz in der Forschung sind Entwicklungen und Formen der Anonymisierung im wissenschaftlichen Handeln, die Fragen zur Bestimmung des/der verantwortlichen Akteur:in aufwerfen (vgl. dazu Wilder et al. in diesem Band).

Neben Universitäten und Hochschulen werden viele Forschungs- und Entwicklungsprojekte im privaten Sektor durchgeführt (Eurostat, 2017). Daneben existieren außeruniversitäre Forschungseinrichtungen, wie zum Beispiel die Fraunhofer-Gesellschaft oder die Helmholtz-Zentren. Obwohl sich dort Forschende als Wissenschaftler:innen der wissenschaftlichen Gemeinschaft zugehörig fühlen und sich somit den Prinzipien guter wissenschaftlicher Praxis verpflichten, stellt sich dennoch die Frage, welchen Einfluss diese unterschiedlichen Institutionen auf das wissenschaftliche Handeln haben.

Institutionelle Anreize und Strukturen zur Sicherung und Stärkung

Über die letzten Jahrzehnte war zu beobachten, dass sich Forschungsgemeinschaften aus unterschiedlichen Ländern immer dann dem Thema wissenschaftliche Integrität zuwenden, wenn in diesen Ländern ein schwerer Fall wissenschaftlichen Fehlverhaltens aufgetreten ist (Bouter, 2020). So werden auf vielen verschiedenen Ebenen in Bezug auf den Begriff *wissenschaftliche Integrität* Strategien erarbeitet, wie die Forschungslandschaft gestaltet werden kann, sodass Fehlverhalten wie Plagiate, Ideendiebstahl, Datenfälschung und Datenerfindung, Autor:innenschaftskonflikte, Forschungsbehinderung und Sabotage zukünftig verhindert werden (Science Europe, 2017).

Die bereits oben erwähnten Akteur:innen im Wissenschaftsbetrieb haben unterschiedlichen Einfluss und verschiedene Möglichkeiten, gute wissenschaftliche Praxis zu fördern. Bildungsprogramme (Path2Integrity[3], Embassy of Good Science[4], Curriculum für Lehrveranstaltungen zur guten wissenschaftlichen Praxis[5] etc.), die Etablierung und Implementierung von Verhaltenskodizes (ALLEA-Kodex, DFG-Kodex, Montreal Statement etc.) und der Aufbau eines unabhängigen

3 Siehe www.path2integrity.eu und Prieß-Buchheit et al. (2020).

4 Siehe www.embassy.science/wiki/Main_Page.

5 Sponholz, G. (2019). Curriculum für Lehrveranstaltungen zur guten wissenschaftlichen Praxis. Erweiterte und überarbeitete Fassung. Abgerufen am 20.09.2021 von https://ombudsman-fuer-die-wissenschaft.de/wp-content/uploads/2019/11/2019-Curriculum-f%C3%BCr-Lehrveranstaltungen-zur-GWP.pdf.

Ombudssystems sind Beispiele für Strategien, sich für eine Kultur der wissenschaftlichen Integrität einzusetzen.

So unterstützt das Projekt SOPs4RI[6] etwa Forschungsinstitutionen dabei, einen Förderplan zu entwerfen, um angemessene Bildungsprogramme und Kodizes guter wissenschaftlicher Praxis bereitzustellen, strategische Maßnahmen und interne Vorschriften zu erlassen sowie Prüfkriterien und Fördersysteme zu etablieren. Ebenso werden mithilfe der Hong-Kong-Prinzipien (Moher et al., 2020) die bisherigen Qualitätskriterien bei der Beurteilung von Wissenschaftler:innen reflektiert.

Neben diesen Strategien innerhalb einzelner Institutionen und Verbünde steuern wissenschaftliche Dachgemeinschaften wissenschaftliche Infrastrukturen und implementieren Förderstrukturen. So führt(e) die Deutsche Forschungsgemeinschaft ein flächendeckendes Ombudssystem ein (vgl. Czesnick in diesem Band) und entschied sich für die Einführung übergeordneter Leitlinien, die sogenannten „Leitlinien zur Sicherung guter wissenschaftlicher Praxis“ (DFG, 2019; siehe Hüttemann in diesem Band).

Das Lernen wissenschaftlichen Handelns

Da verschiedene Modelle und Studien (Fanelli, 2009; Bouter et al., 2016; Haven et al., 2019) zeigen, dass neben diesen schwerwiegenden wissenschaftlichen Betrugsfällen vor allem fragliche Wissenschaftsmethoden einer verlässlichen Wissenschaft im Wege stehen, wird gefordert, sich nicht nur mit diesen herausragenden Fällen, sondern mit guter wissenschaftlicher Praxis im Allgemeinen auseinanderzusetzen. Damit geht die großflächige (notwendige) Beurteilung einher, ob verwendete wissenschaftliche Methoden angebracht, zielführend und zweckdienlich sind.

Ob eine angewendete Methode fraglich ist, kann aufgrund der ergebnisoffenen Prozesse in der Wissenschaft erst post factum entschieden werden. Daher sind wissenschaftliche Erkenntnisse dann zu verwerfen, wenn sie post factum als unbrauchbar beurteilt werden, weil sie weder angebracht noch zielführend und auch zukünftig (zum Beispiel in Replikationsstudien) für dieses Erkenntnisinteresse nicht mehr anzuwenden sind.

---

6 Siehe www.sops4ri.eu.

Mit Blick auf die wissenschaftliche Lehre heißt dies, dass zukünftige Wissenschaftler:innen in die Lage versetzt werden sollen, die Wahl ihrer Forschungsmethode zu begründen und ihre Wahl gegen Zweifel von Dritten verteidigen zu können. In einem gestärkten Dialog zwischen wissenschaftlicher Lehre und Forschung können so fragliche von unhaltbaren Methoden im Wissenschaftsprozess unterschieden werden. Dementsprechend können Methoden, die verlässliche Erkenntnisse geliefert haben, durch eine profunde Lehre, durch kollegialen Austausch und in Peer-Review Prozessen bestimmt werden.

Unabhängig von diesem kritischen Prozess der Abwägung, ob eine Methode verlässliche Erkenntnisse geliefert hat oder nicht, gibt es unangemessene Methoden, die mit Absicht gewählt werden, um zum Beispiel auffälligere Ergebnisse zu erhalten oder um ‚künstlich' mehr Publikationen zu generieren. Hier bestimmt eine zweifelhafte Motivation die Methodenwahl. Im Kodex der DFG heißt es dazu: „Zur Beantwortung von Forschungsfragen wenden Wissenschaftlerinnen und Wissenschaftler wissenschaftlich fundierte und nachvollziehbare Methoden an." (DFG-Kodex, 2019, 17). Im Gegensatz zum obigen Abwägen, ob die Methode angebracht, zielführend und zweckdienlich ist, ist hier das erwartete Handlungsmuster eindeutig und Abwägungsprozesse sind nicht angebracht: Wissenschaftler:innen wählen ihre Methoden aus, um ihre Forschungsfrage zu beantworten. Sie wählen sie nicht aus, um schnell veröffentlichen zu können oder auffälligere Ergebnisse zu erzielen. Lehre zum Erlernen wissenschaftlicher Integrität umfasst daher nicht nur wissenschaftliche Techniken, sondern Sensibilität, Urteilsvermögen, Motivation und Charakter (Bebeau et al., 1999, im Sinne einer Professionalisierung; vgl. dazu Reydon, 2015).

Der 2017 erschienene „Europäische Verhaltenskodex für Integrität in der Forschung" beschreibt, dass Wissenschaftler:innen sollen lernen,

- ihre „Suche nach Wissen durch systematisches Untersuchen und Erörtern, Beobachten und Experimentieren", auszuführen;
- „Forschungsgrundsätze zu formulieren, Kriterien für angemessenes Verhalten in der Forschung festzulegen, Qualität und Zuverlässigkeit der Forschung zu maximieren sowie Bedrohungen oder Verletzungen der Integrität in der Forschung adäquat zu begegnen";
- „Verantwortlichkeiten in Bezug auf die Einhaltung und Förderung der in diesem Kodex beschriebenen Forschungspraxis und die ihr zugrunde liegenden Grundsätze" zu übernehmen (ALLEA, 2017, 3).

Das Lernen wissenschaftlichen Handelns beinhaltet also a) den Handlungsvollzug der Forschenden und b) die verschiedenen Handlungsvollzüge eines Mitglieds der wissenschaftlichen Gemeinschaft, wie zum Beispiel die Aufgabe, Qualität und Zuverlässigkeit der Forschung festzulegen. Dabei spielen – neben disziplinspezifischen Fertigkeiten – dialogische Elemente wie Ambiguitätstoleranz, Perspektivenwechsel und das rationale Argument eine Rolle, um den kritischen Diskurs und das konstituierende Element der Verlässlichkeit in der wissenschaftlichen Gemeinschaft aufrechtzuerhalten.

Wissenschaftliches Handeln wird in formellen und informellen Prozessen erlernt (Prieß-Buchheit et al., 2020). Solche Bildungsprogramme zur Förderung einer wissenschaftlichen Integrität haben entweder einen proaktiven Ansatz, in dem die ‚gute' wissenschaftliche Praxis als Leitbild gesetzt wird, oder einen reaktiven Ansatz, in dem Fehlverhalten und Sanktionen die Grenzen wissenschaftlichen Handelns aufzeigen und zukünftiges Handeln kanalisieren (Kalichman, 2015).

Diese Bildungsprogramme werden online oder vor Ort als wählbarer oder als Pflichtkurs an Fachhochschulen, Forschungsinstitutionen oder Universitäten gestaltet. Sie enthalten verschiedene Lernziele, wie zum Beispiel a) das sogenannte ‚Empowerment' zum verantwortungsvollen Verhalten in der Forschung (Projekt Integrity[7]), b) das Erlernen eines Dialogs, um Normen der wissenschaftlichen Integrität anzunehmen oder abzulehnen (Projekt Path2Integrity[8]), bzw. c) die Förderung der Reflexion über und die Ausbildung von Charaktereigenschaften von Forscher:innen (Projekt Virt2ue[9]). Auch die spezifischen Module dieser Bildungsprogramme variieren. So gibt es Einheiten zu Forschungsverfahren, zu Schutzmaßnahmen in der Forschung, zu Datenpraktiken, zu kollaborativem Forschen, zu wissenschaftlichen Veröffentlichungen, zu Interessenkonflikten, zu Studien mit Menschen und Tieren etc.

Bisher gibt es (leider) wenige Erkenntnisse darüber (Steneck, 2013; Marusic et al., 2016), welche Bildungseinheiten erfolgsversprechend sind und welche nicht (Katsarov et al., 2021, Antes et al., 2009; Watts et al., 2017). In den letzten Jahren wechselte in diesen Bildungsprogrammen – wie in anderen Bereichen auch – der didaktische Fokus von lehrenden- hin zu studierendenzentrierten Methoden.

7 Siehe www.h2020integrity.eu.

8 Siehe www.path2integrity.eu.

9 Siehe www.embassy.science/wiki/Guide:Bbe860a3-56a9-45f7-b787-031689729e52.

Neben Rollenspielen, Storytelling, Einigung erzielen, Dilemma-Diskussionen und Fallstudien spielen heutzutage auch experimentelles und spielbasiertes Lernen eine Rolle (Andorno et al., 2019, Prieß-Buchheit, 2020).

Verlässliche Wissenschaft und wissenschaftliche Integrität in diesem Band

In diesem Band werden verschiedene Facetten der verlässlichen Wissenschaft aus Sicht der wissenschaftlichen Integrität beleuchtet. Für den deutschen Wissenschaftsrat ist die wissenschaftliche Integrität „eine notwendige ethische Grundhaltung und eine übergreifende Kultur der Redlichkeit in der wissenschaftlichen Arbeit, die es zu wahren und zu fördern gilt. Angesichts der beständig wachsenden Bedeutung wissenschaftlicher Erkenntnis für Entwicklung und Wohlstand der Gesellschaft muss Vertrauen in ein gemeinsames Ethos der Wissenschaftsgemeinschaft bestehen“ (Wissenschaftsrat, 2015, 5).

Die vier Kernthesen des Projekts Path2Integrity beschreiben wissenschaftliche Integrität als die Qualitätssicherung der Wissenschaft, die den Ruf von Forschungsorganisationen und von Forschenden schützt, Vertrauen in die Wissenschaft und Verantwortlichkeit in der Wissenschaft fördert, so zum gesellschaftlichen Fortschritt beiträgt und der Verschwendung von Geld, Zeit und Anstrengung vorbeugt (Prieß-Buchheit und Gerber, 2021).

In den Beiträgen dieses Bandes werden das wissenschaftliche Handeln, das Wissenschaftssystem sowie das Lernen der wissenschaftlichen Praxis analysiert und reflektiert. Ziel der Beiträge ist es, verschiedene Facetten der wissenschaftlichen Integrität zu beleuchten, um das Vertrauen in die Wissenschaft, verlässliche Forschung und Fortschritt durch exzellente Wissenschaftler:innen zu (unter-)stützen.

Literatur

ALLEA – All European Academies (Hrsg.) (2018). *Europäischer Verhaltenskodex für Integrität in der Forschung.* Verfügbar unter: https://allea.org/code-of-conduct/ [14.09.2021].

Andorno, R., Katsarov, J. & Rossi, S. (2019). *Deliverable 3.2: Results of mapping of current practice.* Integrity Project. Verfügbar unter: https://h2020integrity.eu/wp-content/uploads/2019/12/D3.2-Results-of-mapping-current-practice.pdf [14.09.2021].

Antes, A. L., Murphy, S. T., Waples, E. P., Mumford, M. D., Brown, R. P., Connelly, S. & Devenport, L. D. (2009). A Meta-Analysis of Ethics Instruction Effectiveness in the Sciences. *Ethics & Behavior*, 19(5), 379–402.

Baker, M. (2016). 1.500 scientists lift the lid on reproducibility? *Nature*, 533(7604), 452–454.

Bebeau, M. J., Rest, J. R. & Narvaez, D. (1999). Beyond the Promise: A Perspective on Research in Moral Education. *Educational Researcher*, 28(4), 18–26. Verfügbar unter: https://doi.org/10.3102/0013189X028004018 [27.11.2021].

Bouter, L. M., Tijdink, J., Axelsen, N., Martinson, B. C. & ter Riet, G. (2016). Ranking major and minor research misbehaviors: Results from a survey among participants of four World Conferences on Research Integrity. *Research Integrity and Peer Review*, 1, Article 17.

Bouter, L. (2020). What Research Institutions Can Do to Foster Research Integrity. *Science and Engineering Ethics*, 26, 2363–2369. Verfügbar unter: https://doi.org/10.1007/s11948-020-00178-5 [27.11.2021]

DFG – Deutsche Forschungsgemeinschaft (Hrsg.) (2019). *Leitlinien zur Sicherung guter wissenschaftlicher Praxis*. Verfügbar unter: https://doi.org/10.5281/zenodo.3923602 [14.09.2021].

Eurostat-Pressemitteilungen (2017). *Erste Schätzungen der Ausgaben für Forschung & Entwicklung. FuE-Ausgaben in der EU lagen 2016 unverändert bei knapp über 2 % des BIP.* (183/2017–1. Dezember 2017). Verfügbar unter: https://ec.europa.eu/eurostat/documents/2995521/8493775/9-01122017-AP-DE.pdf/bf29530b-e495-4ad0-a889-f9e278ef1c85 [10.03.2020].

Fanelli, D. (2009). How Many Scientists Fabricate and Falsify Research? A Systematic Review and Meta-Analysis of Survey Data. *PLOS ONE*, 4(5): e5738. Verfügbar unter: https://doi.org/10.1371/journal.pone.0005738 [14.09.2021].

Haven, T., Tijdink, J., Pasman, H. J., Widdershoven, G., ter Riet, G. & Bouter, L. (2019). Researchers' perceptions of research misbehaviors: a mixed methods study among academic researchers in Amsterdam. *Research Integrity and Peer Review*, 4, Article 25.

Kalichman, M. (2015). Research Integrity: Introduction. In T. Bretag (Hrsg.), *Handbook of Academic Integrity* (1–2). Singapore: Springer.

Katsarov, J., Andorno, R., Krom, A. & van den Hoven, M. (2021). Effective Strategies for Research Integrity Training: A Meta-analysis. *Educational Psychology Review*, 33(3). Verfügbar unter: https://doi.org/10.1007/s10648-021-09630-9 [21.09.2021].

Marušic, A., Wager, E., Utrobicic, A., Rothstein, H. R. & Sambunjak, D. (2016). Interventions to Prevent Misconduct and Promote Integrity in Research and Publication. *Cochrane Database of Systematic Reviews*, 4(4). Verfügbar unter: https://pubmed.ncbi.nlm.nih.gov/27040721/ [21.09.2021].

Merton, R. K. (1973) [1942]. The Normative Structure of Science. In R. K. Merton (Hrsg.), *The Sociology of Science: Theoretical and Empirical Investigations* (267–278). Chicago: University of Chicago Press.

Moher, D., Bouter, L., Kleinert, S., Glasziou, P., Sham, M. H., Barbour V. et al. (2020). The Hong Kong Principles for assessing researchers: Fostering research integrity. *PLoS Biology* 18(7): e3000737. Verfügbar unter: https://doi.org/10.1371/journal.pbio.3000737 [21.09.2021].

Prieß-Buchheit, J., Aro, A. R., Demirova, I., Lanzerath, D., Stoev, P. & Wilder, N. (2020). Rotatory role-playing and role-models to enhance the research integrity culture. *Research Ideas and Outcomes,* 6: e53921.

Prieß-Buchheit, J. (2020). Path2Integrity Learning Cards: First Year Experiences of an Educational Programme to Foster Research Integrity. *EDUKACJA*, 1(152), 54–66. Verfügbar unter: http://www.edukacja.ibe.edu.pl/images/numery/2020/01/4.%20Path2Integrity%20Learning%20Cards%203.pdf [21.09.2021].

Prieß-Buchheit, J. & Gerber, A. (2021). Informal learning settings to foster a culture of research integrity – The Path2Integrity campaign. *PRj The Project Repository Journal*, 9, 26–27. Verfügbar unter: https://edition.pagesuite-professional.co.uk/html5/reader/production/default.aspx?pubname=&edid=f0cd4626-ba9b-4718-8e54-5e7da5346ec4 [14.09.2021].

Reydon, T. A. C. (2015). Plagiate als Professionalisierungsproblem. In C. Lahusen, & C. Markschies (Hrsg.), *Zitat, Paraphrase, Plagiat: Wissenschaft zwischen guter Praxis und Fehlverhalten* (293–304). Frankfurt a. M.: Campus.

Science Europe (2017). *Advancing Research Integrity Practices and Policies: From Recommendation to Implementation.* Verfügbar unter: https://doi.org/10.5281/zenodo.4980322 [21.09.2021].

Sponholz, G. (2019). *Curriculum für Lehrveranstaltungen zur guten wissenschaftlichen Praxis.* Erweiterte und überarbeitete Fassung. Verfügbar unter: https://ombudsman-fuer-die-wissenschaft.de/wp-content/uploads/2019/11/2019-Curriculum-f%C3%BCr-Lehrveranstaltungen-zur-GWP.pdf [20.09.2021].

Steneck, N. (2006). Fostering integrity in research: Definitions, current knowledge, and future directions. *Science and Engineering Ethics*, 12(1), 53–74. Verfügbar unter: https://doi.org/10.1007/PL00022268 [10.12.2021].

Steneck, N. (2013). Global Research Integrity Training. *Science*, 340(6132), 552–553. Verfügbar unter: https://doi.org/10.1126/science.1236373 [21.09.2021].

Université de Montréal (Hrsg.) (2018). Montréal Declaration for a Responsible Development of Artificial Intelligence. Verfügbar unter: https://5dcfa4bd-f73a-4de5-94d8-c010ee777609.filesusr.com/ugd/ebc3a3_506ea08298cd4f8196635545a16b071d.pdf [14.09.2021].

Watts, L. et al. (2017). Modeling the Instructional Effectiveness of Responsible Conduct of Research Education: A Meta-Analytic Path-Analysis. *Ethics & Behavior*, 27(8), 632–650. Verfügbar unter: https://doi.org/10.1080/10508422.2016.1247354 [21.09.2021].

Wissenschaftsrat (2015). *Empfehlungen zu wissenschaftlicher Integrität. Positionspapier.* Verfügbar unter: https://www.wissenschaftsrat.de/download/archiv/4609-15.pdf?__blob=publicationFile&v=1 [14.09.2021].

Ethos der Wissenschaften und moderne Lebenswelt

Dirk Lanzerath

Wissenschaftliche und technische Entwicklungen nehmen nicht nur immer mehr Raum in der Lebenswelt ein, sondern mit ihnen sind auch neuartige Gestaltungs- und Deutungsoptionen verbunden, die sich erheblich auf das normative Selbst- und Weltverhältnis des Menschen auswirken. Kommunikation, Mobilität, Edukation, Gesundheit, Wohlstand und vieles andere mehr sind geprägt durch wissenschaftlich-technische Errungenschaften. Der schöpferische Mensch, der immer umfangreichere Wissensformen erzeugt und sich mit ihnen konfrontiert sieht, erfährt sich *zugleich* als Subjekt *und* Objekt seines eigenen Handelns. Mit dem weitreichenden *Verfügungspotenzial* der neuen Wissensformen ist jedoch nicht notwendigerweise auch eine neue und nachhaltige *Orientierungsleistung* verbunden. Vielmehr droht das neue Wissen den Menschen zunehmend epistemisch und normativ zu überfordern.

Die Modernisierungsschübe stellen die Handlungsbereitschaft der Akteure und deren Vertrauen in die eigene Kultur immer wieder neu auf die Probe. Nicht nur die unmittelbare Wirkung von Technik und Wissenschaft, sondern auch die hochgradige soziale Vernetzung durch neue Medien, die stetige politische und epistemische Globalisierung, die stark aufgefächerte arbeitsteilige Organisation nahezu aller gesellschaftlicher Institutionen, aber auch die Pluralisierung von Wertvorstellungen gelten als charakteristisch für diese Kräfte der Modernisierung (Höffe, 1993). Dass all jene Momente eine Bereicherung für die Lebensqualität vieler Menschen gerade in den industrialisierten Ländern darstellen, ist kaum bestreitbar. Denn von der modernen medizinischen Versorgung über die neuen Formen der Mobilität bis hin zur Aussicht auf eine freie und individuelle Selbstgestaltung werden viele Menschen diese Attribute moderner Gesellschaften zu schätzen wissen, wenngleich sich auch deutliche kulturgeographische Ungleichheiten und Ungerechtigkeiten feststellen lassen.

Gerade in zahlreichen Entwicklungsländern sind viele der lebensqualitätsverbessernder Maßnahmen noch nicht oder noch nicht in ausreichendem Maß angekommen. Doch auch in den sozial und technisch hoch entwickelten Staaten ist eine Reihe der genannten technischen und wissenschaftlichen Anwendungen keineswegs ausschließlich positiv konnotiert. Ganz im Gegenteil sind es gerade deren *Nebenwirkungen* – wie die irreversible Zerstörung von Ökosystemen – oder ihre *Missbrauchsanfälligkeit* – etwa das inhärente Potenzial zur eugenischen Manipulation oder zur digitalen Kontrolle –, die für beträchtliches Unbehagen sorgen. Durch diese modernen Formen *epistemischer* Unsicherheit und *moralischer* Verunsicherungen sieht sich der Mensch als handelndes Subjekt immens herausgefordert, neue Wege zu finden, um sich in seiner Lebenswelt auf neue Weise *orientierend* zurechtzufinden. Denn die ursprüngliche *Einheit der Lebenswelt*, von der etwa die Ethik des Aristoteles in einer Polis ausgehen konnte, ist längst verloren gegangen.

Vertrauen in Wissenschaft und Forschung

Moderne Ethik, die sich als reflexive und praktische Wissenschaft versteht, muss sich von dieser Spannung provoziert fühlen und kann sich nicht in sozialtechnischer Manier auf eine schlichte Beobachtung gesellschaftlicher Funktionen oder Dysfunktionen zurückziehen. Diese Anforderungen an Ethik und die normative Kompetenz betreffen auch Wissenschaft und Forschung selbst. Denn Wissenschaften insgesamt – als positive Wissenschaften idealisiert – scheinen eine algorithmische Einheitsmethode zu liefern, die nicht nur erklärende Daten und Modelle generiert, sondern auch Kontrollmechanismen für Natur und Gesellschaft. Daher ist es ein gewichtiges Thema der *Wissenschafts-* und *Forschungsethik*, ob sich die Akteure in Wissenschaft und Forschung der Grenzen und Reichweiten ihrer eigenen Methoden überhaupt bewusst sind. Dies ist vor allem deshalb so bedeutend, weil gesellschaftliches Vertrauen in Wissenschaft und Forschung nur über die *Validität ihrer Methoden* und die *ethische Integrität ihrer Akteure* erreicht werden kann. In diesem Kontext werden die Ansprüche an die Wissenschaftler:innen immer größer. So erwartet etwa der European Code of Conduct von ihnen nicht nur die interne Achtung gegenüber „Kollegen, Forschungsteilnehmern“, sondern auch den Respekt für „Gesellschaft, Ökosysteme, das kulturelle Erbe und die Umwelt“ (ALLEA, 2018, 4).

Dies macht deutlich, dass bei aller Autonomie die modernen wissenschaftlichen Disziplinen hochgradig mit der Gesellschaft und all ihren Subsystemen verschränkt und in einen ökologischen Kontext eingebunden sind. Für die Ethik gehört es dann zur Aufgabe – und das kann sie nur aufgrund ihres normativen Anspruchs – darauf hinzuweisen, dass die Wissenschaft sich zu einer situationsgerechten Antwort verpflichtet fühlen muss, weil sie selbst die Situation überhaupt erst geschaffen hat. Da Wissenschaft weitgehend durch Forschung bestimmt ist, liegt die normative Herausforderung in der immensen gesellschaftlichen Tragweite ihrer Ergebnisse, in ihrer arbeitsteiligen Struktur sowie in der erheblichen Beschleunigung der Wissenserzeugung. Die Folgen des Forschens sind dann teilweise selbst wiederum nur durch Forschen zu bewältigen. Ebenso kann die These von Ulrich Beck über die *Wirkung von der Ethik* gegenüber der modernen Technik als die einer „Fahrradbremse am Interkontinentalflugzeug" (Beck, 1999, 6) zwar unter den von ihm angesprochenen Bedingungen als richtig eingeschätzt werden, doch unterschätzt Beck deren Tragweite (Höffe, 1993). „*Falls* die Wissenschaften verselbständigt sind, ist die These von der Wirkungslosigkeit der Ethik im strengsten, nämlich analytischen Sinne wahr und zugleich informationsarm. Dass die Verselbständigung tatsächlich vorliegt, ist aber eine ‚Modell'-Annahme, die auf Wissenschaften, die das Theoria-Ideal aufgegeben haben, einfach nicht zutrifft." (Höffe, 1993, 99)

Vielmehr sind Wissenschaften in noch vielfältigerer Weise in das lebensweltliche Geschehen mit eingebunden, als dies noch für die vorneuzeitlichen Wissenschaften galt. Die einzelne Forschungsarbeit mit Hypothesenbildung, Experiment, Analyse usw. ist in größere Theoriemodelle eingebunden, die insgesamt eine gewisse disziplininterne Autonomie aufweisen. Die Theorien sind selbst aber wiederum mit Forschungsprogrammen verbunden, denen eine *finale Struktur* eigen ist, da sie normativ, politisch, aber auch finanziell in gesellschaftliche Entscheidungen einbezogen sind und teilweise sogar von ihnen abhängen. Verstünde man Wissenschaften nur als isolierte Subsysteme, dann könnten sie einen Bezug zur Gesellschaft nicht mehr aus sich heraus herstellen. Versteht man sie aber *nicht nur* als methodologisch mit eigenen Sprach- und Handlungsregeln ausgestattet und damit von anderen Denk- und Handlungsweisen getrennt, *sondern auch* als eine aus der menschlichen Lebenswelt entstandene und unverzichtbare kulturelle Errungenschaft, die zur zweiten Natur des Menschen gehört, dann ist es zwingend, Wissenschaften auch im lebensweltlichen Kontext wahrzunehmen und damit die Ich-Perspektive und Eigenverantwortung von Forschenden und Wissenschaftler:innen einzufordern. Wissenschaft ist eine soziale Praxis in einer sozialen Praxis. Dass für Wissenschaftler:innen damit auch Konflikte zwischen der Suche nach Erkenntnis und verantwortbarem Handeln entstehen können, wird gerade in der medizinischen Forschung und den Ingenieurswissenschaften mehr als deutlich,[1] denn beiden geht es um eine bestimmte Praxis und nur in zweiter Linie um theoretische Erkenntnis.

Da die moderne Gesellschaft zunehmend von Wissenschaft und Forschung abhängig ist, wird die Auseinandersetzung über eine normative Einschätzung wissenschaftlichen Handelns immer bedeutender. Eine modern aufgefasste Ethik, die diese Herausforderungen erkennt und Wissenschaft nicht als autopoietischen Selbstläufer eng führt, sondern ihren lebensweltlichen Ursprung erkennt, wird Verfahren ermitteln, die neuen Verantwortlichkeiten in ein „Funktionssystem Wissenschaft und deren Sprache" zu übertragen. Dies erfolgt dann in Form von Systemimperativen, beispielsweise „in Veto-Kriterien für eine wissenschaftliche Karriere und in den Regeln für eine ‚good laboratory practice'" (Höffe, 1993, 99). Für deren Einfluss und Einflussbegrenzung sind vor allem zwei Gesichtspunkte zu verhandeln: Erstens ist zu klären, ob die Wissenschaften selbst noch in der Lage zu ethisch-rechtlicher Selbstregulation (z. B. durch Berufsrecht) sind, wenn sie sich mehr und mehr nur noch einem Methodenideal verschrieben haben und die Wissenschaftler:innen sich nur noch als dessen Verwalter:innen verstehen und weder den Merton-Prinzipien (Merton, 1973) gehorchen, noch als gesellschaftlich verantwortlich Handelnde mit einem transmethodischen Weitblick erscheinen. Zweitens mag das Rationalitätsideal positiv wissenschaftlichen Vorgehens mehr und mehr die lebensweltlichen Vorgänge vereinnahmen – die „allumfassende" Systemtheorie und ihre Derivate sind eine Konsequenz daraus, sodass umgekehrt der lebensweltliche Einfluss auf Wissenschaft wieder mehr ins Bewusstsein zu befördern ist.

Sicherlich kann man sich im Rahmen von Wissensgesellschaften in wissenschaftlicher und politischer Verantwortung den Bedingungen nähern, die eine Form der Akzeptabilität wahrscheinlich machen und noch einmal vom faktischen Akzeptanzverhalten zu unterscheiden sind.[2] Dies wird aber nur gelingen, wenn

---

1 Insbesondere wenn Mediziner:innen mit den *gleichen* Personen als Patient:innen *und* Proband:innen zu tun haben, ist dieser Konflikt unausweichlich.

2 Vgl. hierzu Gethmann, 1993, 43; Blumenberg, 2010.

man ein adäquates Verhältnis zwischen wissenschaftlichen und lebensweltlichen Anforderungen für eine Beurteilung herzustellen in der Lage ist. Damit darf man sich aber nicht auf eine filigranere und erfahrungsgesättigte Anwendung der instrumentellen Vernunft beschränken. Vielmehr wird es notwendig sein, die Ordnung unserer Lebenswelt und ihre Einbettung in eine Natur, aus der sie hervorgegangen ist,[3] auf einer breiteren hermeneutischen Basis zu deuten und erst dann in sie einzugreifen. Damit ist implizit die normative Frage gestellt, die in der Verschränkung von Wissenschaft und Lebenswelt verborgen ist, als Anknüpfungspunkt eines Ansatzes, die Verunsicherungen der Moral der Moderne zu verstehen und zu bewältigen.

Eine Praxis der Handlungsnormierung kommt jedoch nicht ohne das Reflexionspotenzial einer normativ aufgefassten Ethik aus, in der die Orientierungsleistung und Geltung von Prinzipien untersucht werden. Denn jede Partei, die sich am partizipativen Diskurs beteiligt, wird sich selbst auf die Geltung von Prinzipien berufen – und seien sie nur methodischer Natur. Einen Geltungsanspruch zu begründen, muss aber erst geleistet werden. Das, was man als positiven Fortschritt gesehen hat, setzt einen Konsens hinsichtlich der zu erreichenden und zu verteilenden Grund- oder Lebensgüter voraus. Hier gab es einen Konsens, der heute offenkundig nicht mehr eindeutig ist. Dies liegt an den zahlreich eingetretenen, nicht intendierten negativen Nebeneffekten einer Technik oder eines Verfahrens, an den begrenzten Ressourcen sowie an einem Dissens hinsichtlich der Güterrangfolge. Die sich hier stellenden Fragen können nicht alleine im Rahmen einer Bürgerpartizipation – die per se nicht infrage gestellt werden soll – gelöst werden, sondern verlangen darüber hinaus ein Instrumentarium, das die Ethik als praktische Wissenschaft bereitstellt, wie etwa das Verfahren einer Güterabwägung, eines Überlegungsgleichgewichtes oder einer Hermeneutik der guten Gründe. Darauf mag dann Partizipation aufbauen; aber eine normative Grammatik der Bürgerkommunikation, die das prozedurale Vorgehen leitet und sich nicht nur auf die spontanen moralischen Intuitionen der Handelnden verlässt, muss vorausgesetzt werden.

In der Tat ist es notwendig, *angewandte Ethik* mit Blick auf die gesellschaftliche Konsensfähigkeit, die für die Fortbestimmung der allgemeinen Norm der Humanität zu fordern ist, im Gespräch innerhalb der Gesellschaft zu betreiben. Dies be-

---

[3] Vgl. hierzu Taylor, 1994, 668.

deutet, dass sie *partizipativ* und *konsensorientiert* sein muss. Doch die Frage nach der allgemeinen Norm und ihren Geltungsbedingungen lässt sich nicht auf Funktionalität, Akzeptanz, Partizipation und Konsensfähigkeit reduzieren. Vielmehr bedarf es über die Analyse des faktischen Gehalts und der sozialen Umsetzungsfähigkeit hinaus einer Reflexion ihres normativen Gehalts unter den Bedingungen einer arbeitsteiligen und pluralen Gesellschaftsform.

Für die Wissenschaften selbst macht dies eine unbedingte Verschränkung von forschungsethischer Kompetenz der Forschenden und Forschungseinrichtungen mit einer habitualisierten ethischen Integrität jedes einzelnen Akteurs in dem System deutlich. All dies zusammen kann man als ein *Ethos der Wissenschaften* bezeichnen.

Wissenschaftsethos und gute wissenschaftliche Praxis

Im Laufe der Entwicklung wissenschaftlicher Methoden und Disziplinen haben sich Ethosformen der wissenschaftlichen Gemeinschaft herausgebildet. Ein *Ethos* bezeichnet jene moralischen Normen, die in einer Gruppe oder Gesellschaft als gültig anerkannt und gelebt werden (Lanzerath, 2015). Schon in der Antike ist etwa mit der Entwicklung der wissenschaftlichen Medizin auch ein ärztliches Ethos entstanden, das in Form des *Hippokratischen Eids* kodifiziert worden ist und dessen ethische Prinzipien bis in die heutige Zeit Bedeutung haben – etwa in Form des Genfer Gelöbnisses. Für die experimentelle Medizin ist hieraus schließlich die *Deklaration von Helsinki* hervorgegangen. Andere Disziplinen und Berufsgruppen haben nach diesem Vorbild eigene berufsständische Richtlinien ausgebildet.

Ein allgemeines und disziplinenübergreifendes Wissenschaftsethos geht auf die Initiative der englischen und französischen Wissenschaftsakademien in ihrer Gründungsphase im 17. Jahrhundert zurück. Neben der Wahrung der Grundsätze für die Generierung gesicherten Wissens innerhalb der Fachgemeinschaft dient ein wissenschaftliches Ethos auch der Legitimation der Forschung gegenüber der Gesellschaft. Insbesondere die öffentliche Forschung hat einen besonderen Legitimationsbedarf, da sie zwar von der Gesellschaft über Steuern finanziert wird, aber sich in den wesentlichen Bereichen nahezu ausschließlich selbst kontrolliert (Weingart, 1998, 13–17). Eine systematische Untersuchung der Tradition dieser besonderen sozialen Praxis mit ihren Verhaltensregeln hat der amerikanische Soziologe Robert K. Merton 1942 vorgelegt. Dort beschreibt er vier Komplexe einer guten wissenschaftlichen Praxis in Gestalt institutioneller Haltungen: Der *Universalismus (universalism)* kennzeichnet die Einstellung, dass eine objektive Bewertung der Forschungspraxis und ihrer Ergebnisse sich alleine nach den allgemeinen wissenschaftlichen Methoden und Standards zu richten hat und persönliche, soziale, ethnische, religiöse oder politische Aspekte hier keinen Einfluss haben dürfen. Mit dem Anspruch des Prinzips des *Kommunismus (communism)* wird betont, dass Forschungsergebnisse Produkt einer generationenübergreifenden sozialen Zusammenarbeit und damit Allgemeingut sind. Daraus resultiert ein auf Anerkennung und Wertschätzung beschränktes Besitzrecht der Forschenden an ihren Forschungsergebnissen und eine Verpflichtung, diese in Form eines peer reviews zu diskutieren und zu kontrollieren. Dieser Gedanke wird mit dem institutionellen Element der *Uneigennützigkeit (desinterestedness)* fortgesetzt. Motivation des Handelns in Wissenschaft und Forschung soll nicht der individuelle Eigennutz sein, sondern das altruistische Interesse an einem öffentlich überprüfbaren Erkenntnisgewinn und am Wohlergehen der von den wissenschaftlichen Fortschritten profitierenden Gesellschaft. Der *organisierte Skeptizismus (organized skepticism)* schließlich beschreibt die Haltung einer methodischen und sozialen Unvoreingenommenheit gegenüber den wissenschaftlichen Urteilen, die stets hermeneutisch, empirisch und logisch anzweifelbar sein müssen. Der Zweifel wird hier als rationales Denkprinzip gefestigt und lässt andere Argumente als wissenschaftliche – wie etwa Autoritätsargumente – nicht gelten. (Merton, 1973; Turner, 2015)

Vor dem Hintergrund der Analyse Mertons können die verschiedenen Richtlinien und Kodizes zur guten wissenschaftlichen Praxis als Spezifizierungen und Erweiterungen der wissenschaftsethischen Tradition gelten. Der European Code of Conduct (ECoC) etwa nennt vier zentrale ethische Prinzipien, die auch der größer gewordenen Verantwortung und Transparenz gegenüber Gesellschaft, Kultur und Umwelt Rechnung tragen: Zunächst wird *Verlässlichkeit (reliability)* bei der Sicherung der Qualität der Forschung gefordert, die sich in der Konzeption, der Methodik, der Analyse und der Nutzung der Ressourcen widerspiegelt. Das Prinzip der *Aufrichtigkeit (honesty)* soll den gesamten Forschungsprozess begleiten von der Entwicklung des Forschungsdesigns und der Fragestellung und der Durchführung über die Überprüfung der Ergebnisse bis hin zur Berichterstattung und Kommunikation nach innen und außen. Gerade auch der Transfer der Forschungsergebnisse soll in einer transparenten, fairen, vollständigen und unvoreingenommenen Weise erfolgen. Der ECoC betont zudem den Aspekt der *Achtung (respect)* gegenüber den Kolleg:innen, Forschungsteilnehmer:innen, der Gesellschaft, dem kulturellen Erbe und der Umwelt. Dieser Aspekt verbindet Elemente der wissenschaftlichen Integrität im innerwissenschaftlichen Zusammenspiel mit Aspekten einer allgemeinen Wissenschaftsethik, die auch normative Ansprüche im Verhältnis von Wissenschaft und Zivilgesellschaft mit einbeziehen soll. Dem trägt auch das vierte der zentralen Prinzipien Rechnung, wenn eine strukturelle und organisatorische *Rechenschaftspflicht (accountability)* für den Forschungsprozess eingefordert wird. (ALLEA, 2018, 4)

Gesellschaftliche und ökologische Verantwortung

Die zunehmende Eingriffstiefe in Gesellschaft und Natur, aber auch die nachhaltigen Folgen wissenschaftlichen und technischen Handelns machen wissenschaftsethische Fragestellungen besonders relevant in der Gesamtheit moderner ethischer Fragestellungen. Die Verantwortung gegenüber Externen beginnt nicht erst mit der Anwendung wissenschaftlicher Erkenntnisse, sondern mit dem Forschungsprozess selbst. Mit dem „Nürnberger Kodex" („Nuremberg Code"), der im Vorfeld der Nürnberger Ärzteprozesse von 1947 entwickelt worden ist, sind ethische Prinzipien der forschenden Medizin kodifiziert worden. Das *Individualwohl der Proband:innen* steht im Vordergrund und muss sorgfältig gegen das *Gemeinwohl* und das *Erkenntnisbegehren* der Forschung abgewogen werden. Zentrale ethische Grundprinzipien für die Forschung am Menschen werden durch den Kodex benannt: Versuchspersonen dürfen nur nach hinreichender Aufklärung über den Versuch, seine Ziele, mögliche Nebenfolgen und einer darauf basierenden freien und informierten Einwilligung (free and informed consent) in die medizinische Forschung einbezogen werden. Diese erteilte Einwilligung können die Probanden jederzeit und ohne Angaben von Gründen zurückziehen. Daraus dürfen ihnen keine Nachteile entstehen und die Versuchsleitung muss darauf vorbereitet sein, den Versuch zu jeder Zeit abzubrechen. Seitens des/der Forschenden gilt es, Schäden und Leiden der Proband:innen durch den Versuch unbedingt zu vermeiden (non-maleficence).

Weiterhin ist grundsätzlich stets zu prüfen, ob der Versuchsaufbau – soweit vorhersehbar – überhaupt ein fruchtbares Ergebnis für das Gemeinwohl und die betroffene Patient:innengruppe erwarten lässt und so minimale Risiken für die Proband:innen rechtfertigen kann.

Diese Grundregeln sind erweitert und spezifiziert worden und schließlich in verschiedene internationale Dokumente eingegangen (z. B. Deklaration von Helsinki/Weltärztebund; Oviedo Konvention über Menschenrechte und Biomedizin/ Europarat). Doch die Erfahrung zeugt davon, dass aus der Existenz eines Kodex noch nicht seine Einhaltung folgt. So existierte in Deutschland bereits 1931 die weltweit erste rechtliche Grundlage dieser Art für medizinische Forschung in Form der Richtlinien des Reichsministers des Inneren zur Forschung. Dessen ungeachtet ist es im Dritten Reich zu verbrecherischen Menschenversuchen gekommen. Weder Politik noch Medizin haben sich diesen Grundsätzen der Reichsrichtlinien hinreichend verpflichtet gefühlt und Implementierungsvorkehrungen getroffen. Zudem hat auch der Nuremberg Code nicht davor geschützt, dass in den USA 1932–1972 die Tuskegee-Experimente durchgeführt werden konnten, bei denen bei afroamerikanischen Patient:innen ohne deren Wissen und Zustimmung der Verlauf der Syphilis beobachtet und ihnen die Standardtherapie vorenthalten worden ist. (Starck, Holemann, 2014, 195–203) Dieser Skandal hat schließlich 1978 dazu beigetragen, dass mit dem „Belmont Report" im Anschluss an den „National Research Act" von 1974 für die USA ein verbindlicher forschungsethischer Kodex entstanden ist, dessen drei Grundprinzipien *„Respekt vor der Person" (autonomy), „Wohlergehen" (beneficience)* und *„Gerechtigkeit" (justice)* zum weltweiten Prozess der Standardisierung im Umgang mit Versuchspersonen in medizinischen Experimenten geführt haben.

Neben diesen verschiedenen Aspekten einer ethisch rechtfertigbaren Forschungspraxis stellen sich in der Wissenschaftsethik auch Fragen nach der verantwortlichen *Anwendung* wissenschaftlichen Wissens und den *Langzeitfolgen* für *Gesellschaft* und *Umwelt*. Wie weit hier die Verantwortung von Wissenschaftler:innen geht, ist umstritten, aber sie können nicht die Verantwortung vollständig an die Politik abgeben, weil nur sie selbst bestimmte Auswirkungen einschätzen können. Ein frühes Beispiel wissenschaftsethischer Auseinandersetzung ist die Begegnung der Physiker Werner Heisenberg und Niels Bohr 1941 in Kopenhagen zur Kernphysik und den Atomprogrammen im nationalsozialistischen Deutschland und seitens der Alliierten. Die Begegnung dokumentiert eindrucksvoll, in welch prekäre Lagen verantwortliche Wissenschaftler:innen geraten können.[4] Heute verlangen immer mehr Forschungsförderer den Wissenschaftler:innen ab, im Vorfeld eines Forschungsprojekts die gesellschaftlichen und ökologischen Auswirkungen ethisch zu reflektieren. Dies kann in den verschiedenen Disziplinen zu unterschiedlichen Überlegungen führen, etwa wie sich biotechnologische Entwicklungen auf ein Ökosystem auswirken, ob ein entwickelter Algorithmus auch für militärische oder terroristische Zwecke verwendbar ist (dual use) oder ob der wissenschaftliche Umgang mit archäologischen Funden kulturelle Werte oder religiöse Gefühle verletzt.

Dies hat auch dazu geführt, dass im Rahmen der Ausbildung weniger nur auf das Einhalten bestimmter Verfahren durch das Ausfüllen von Checklisten geachtet wird, sondern dass Programme für die Lehre zur guten wissenschaftlichen Praxis auf die Ausbildung einer Haltung der Forschenden setzen, um die Eigenverantwortlichkeit und die ethische Reflexion über die eigene wissenschaftliche Tätigkeit zu schärfen. Genau das heißt, ein wissenschaftliches Ethos auszubilden.

Folgerung

Vertrauen in Wissenschaft und Forschung sowie in die daraus hervorgehenden Technologien wird sich nur einstellen und weiterentwickeln können, wenn forschungsethische Kompetenzen aktiv sowohl bei Individuen als auch Institutionen eingefordert werden. Wissenschaft wird dann aufgefasst als ein integraler Bestandteil der Lebenswelt und damit als *eine* soziale Praxis in weiteren sozialen Bewandtniszusammenhängen. Gegenwärtig sind geeignete Formen der forschungsethischen Ausbildung und angemessene Weisen wissenschaftlich-lebensweltlicher Diskurse immer noch in der Entwicklung und keineswegs selbstverständlich etabliert. Es bedarf vielmehr der Etablierung einer Überzeugung und Haltung an Forschungseinrichtungen, dass zu methodischen Exzellenzkriterien der Forschung auch das Internalisieren forschungsethischer Prinzipien gehört. Denn diese kommen nicht sekundär zum Wissenschaftsbegriff hinzu, sondern verstehen sich als genuiner konzeptioneller Bestandteil von Wissenschaft. Langfristig schadet die Nichtbeachtung forschungsethischer Prinzipien nicht nur dem Ruf von Personen

---

[4] Vgl. Bernstein 1995; Dörries, 2005; Lawrence Rose, 1998.

und Einrichtungen, sondern auch ihrer ökonomischen Basis. Individuen an Forschungseinrichtungen, die kein wissenschaftliches Ethos ausbilden und sich nicht an die Regeln guter wissenschaftlicher Praxis halten, sind schlichtweg keine guten Wissenschaftler:innen. Forschungsinstitutionen, die keine Infrastruktur zur forschungsethischen Weiterbildung bereitstellen und diese fördern, sind keine guten Wissenschaftseinrichtungen.

Literatur

ALLEA – All European Academies (2018). *Europäischer Verhaltenskodex für Integrität in der Forschung.* Überarbeitete Fassung. Berlin: Verfügbar unter: http://www.allea.org/wp-content/uploads/2018/06/ALLEA-European-Code-of-Conduct-for-Research-Integrity-2017-Digital_DE_FINAL.pdf [21.07.2021].

Beck, U. (1999). Die Ethik wird zur Fahrradbremse am Interkontinentalflugzeug. Legitimationskrise durch Demokratisierung beenden. *Das Parlament*, 49(23), 6.

Bernstein, J. (1995). Heisenberg, Bohr und die Atombombe. *Spektrum der Wissenschaft*, 1995(7), 32–38. Verfügbar unter: https://www.spektrum.de/magazin/heisenberg-bohr-und-die-atombombe/822401 [05.08.2021].

Blumenberg, H. (2010). Lebenswelt und Technisierung unter Aspekten der Phänomenologie. In H. Blumenberg, *Theorie der Lebenswelt* (181-224). Berlin: Suhrkamp, Verlag.

Dörries, M. (Hrsg.) (2005). *Michael Frayn's „Copenhagen" in Debate: Historical Essays and Documents on the 1941 Meeting between Niels Bohr and Werner Heisenberg.* University of California: Berkeley.

Gethmann, C. F. (1993). Zur Ethik des Handelns unter Risiko im Umweltstaat. In C. F. Gethmann & M. Kloepfer, *Handeln unter Risiko im Umweltstaat* (1–54). Berlin: Springer.

Höffe, O. (1993). *Moral als Preis der Moderne.* Frankfurt a. M: Suhrkamp.

Lanzerath, D. (2015). Ethos. In D. Sturma & B. Heinrichs (Hrsg.), *Handbuch der Bioethik* (35–43). Stuttgart: Metzler.

Merton, R. K. (1973). *The Sociology of Science: Theoretical and Empirical Investigations.* Chicago: University of Chicago Press.

Rose, P. L. (1998). *Heisenberg and the Nazi Atomic Bomb Project, 1939–1945: A Study in German Culture.* Oakland: University of California Press (deutsch: 2001. Heisenberg und das Atombombenprojekt der Nazis. Zürich: Pendo).

Starck, P. L. und Holeman, D. S. (2014). The Ethics of Medical Experiments: Have We Learned the Lessons of Tuskegee and the Holocaust? In S. Rubenfeld & S. Benedict, (Hrsg.), *Human Subjects Research after the Holocaust* (195–203). Berlin: Springer.

Taylor, C. (1994). *Quellen des Selbst: Die Entstehung der neuzeitlichen Identität*. Frankfurt a. M.: Suhrkamp.

Turner, S. und McCreery, G. (2007). Scientific Norms/Counternorms. In G. Ritzer et al. (Hrsg.), *The Blackwell Encyclopedia of Sociology* (4109–4112). 1st Edition. Hoboken: John Wiley & Sons.

Weingart, P. (1998). Ist das Wissenschaftsethos noch zu retten? *Gegenworte: Heft für den Disput über Wissen*, 1998(2), 13–17.

Verantwortung für Forschung und Lehre in unübersichtlichen Verhältnissen[1]

Jürgen Mittelstraß

Verantwortung ist – wie Integrität, wenn es um den Zusammenhang von Ethik und Lebensform (eines theoretischen Lebens im praktischen) geht – ein großes Wort, auch in der Wissenschaft und, institutionell und paradigmatisch gesehen, in der Universität. Das hat etwas mit Autonomieidealen und Identifikationsstrukturen, dem Einstehen für sich selbst und für institutionelle Verhältnisse, zu tun. So heißt Wissenschaftler sein, Instanz des Systems Wissenschaft sein oder Beispiel, darin Teil beziehungsweise Individuelles, für ein Ganzes, darin Universelles sein. Aber ist das wirklich so? Realisiert sich im konkreten wissenschaftlichen Tun, im individuellen Wissenschaftler ein System Wissenschaft? Bezogen auf überragende Wissenschaftler in der Wissenschaftsgeschichte sicher, z. B. auf Aristoteles, mit dessen Werk ganze Disziplinen ihren Anfang nehmen, oder auf Leibniz, in dessen Werk sich eine Welt der Wissenschaft in ihrem (in seiner Terminologie) monadischen Wesen spiegelt. Doch trifft das – ganz abgesehen davon, daß bedeutende Wissenschaftler dieser Art immer auch schon als Ausnahmen in die Welt traten – auf heutige Wissenschafts- und Universitätsverhältnisse zu?

Dagegen spricht manches. Unter dem Druck wachsenden Wissens und institutionellen Wachstums ist der Wissenschaftler zum Spezialisten, selbst in seinem eigenen Fach, geworden. Und Spezialisten stehen für das Besondere, nicht das Allgemeine, für das Singulare, nicht das Universale. Oder anders ausgedrückt: Inbegriff von Wissenschaft ist schon lange nicht mehr der einzelne Wissenschaftler in seinem wissenschaftlichen Tun, sondern – wenn man überhaupt noch so

[1] Auf Wunsch des Autors erscheint dieser Beitrag in alter Rechtschreibung und verwendet das generische Maskulinum.

denken will – die Wissenschaft als Institution, repräsentiert durch die Universitäten und die außeruniversitären Forschungseinrichtungen. Der Philosoph und Soziologe Helmuth Plessner hat in diesem Sinne schon in den 1920er Jahren von einer ‚Industrialisierung' der Wissenschaft gesprochen, d. h. von einem (wissenschaftlichen) Produktionsprozeß, in dem eine ‚Logik der Problementwicklung' die Wissenschaft in Gang hält wie der Produktionsplan einen Betrieb und jeder Wissenschaftler durch einen anderen Wissenschaftler ersetzbar ist.[2] Wissenschaft, mit anderen Worten, wird zur Arbeit wie jede andere, organisierbar wie jede andere. Ihr Produktionsprozeß anonymisiert sich – wovon auch eine gleichzeitig auffallend gepflegte Wissenschaftspreiskultur nicht abzulenken vermag, diesen Prozeß sogar eher bestätigt. Der Wissenschaftler ist zu einem Fremden in seinem eigenen Hause, dem Haus Wissenschaft, geworden.

Daß diese Entwicklung auch das Universitätssystem verändert hat, kommt nicht nur in der Forschung zum Ausdruck – hier ist, bezogen auf den Begriff der Forschung, dem Anonymisierungsprozeß folgend, aus dem forschenden Einzelnen *die* Forschung geworden –, sondern auch im veränderten Stellenwert der Lehre. Nahezu alle jüngeren Universitätsreformen und die sie begleitende beziehungsweise bewirkende Hochschulpolitik betreffen Fragen der Lehre, nicht Fragen der Forschung oder das Zusammenwirken von Forschung und Lehre. Schon könnte man den Eindruck gewinnen, Universitäten seien allein Stätten der Lehre, nicht der Forschung, wären Universitäten nur Schulen anderer Art. Hinzu tritt der Umstand, daß, wenn es um die Aufgaben der Universitäten geht, immer weniger von Bildung die Rede ist – im Humboldtschen Sinne von Bildung durch Wissenschaft – und immer mehr von Ausbildung. Offenbar geht es nur noch darum, für das universitäre Lernen die richtigen Schulformen zu finden, nicht mehr darum, das universitäre Lernen an seiner Forschungsnähe zu messen. Diese Nähe scheint entbehrlich zu sein, zumindest kommt sie in den universitären Reformbemühungen nicht mehr vor, und wenn doch, dann als belächelte Humboldt-Reminiszenz.

Dabei ist es noch gar nicht so lange her, daß in der deutschen Hochschulrhetorik ein Auswandern der Forschung aus den Universitäten in andere Forschungseinrichtungen beklagt wurde. Dafür wurde, zu Recht, eine Wissenschaftspolitik ver-

---

2 H. Plessner, Zur Soziologie der modernen Forschung und ihrer Organisation in der deutschen Universität (1924), in: H. Plessner, Diesseits der Utopie. Ausgewählte Beiträge zur Kultursoziologie, Düsseldorf/Köln 1966, 121–142, hier 130ff.

antwortlich gemacht, die ihre Liebe zur außeruniversitären Forschung entdeckt hatte und der Forschung in den Universitäten nichts Wesentliches mehr abzugewinnen schien. Mit Humboldt auf den Lippen (immer noch) ging es in ein universitätsfernes Forschungsland, und die Mittel, ohnehin im Vergleich zu anderen wissenschaftsstarken Ländern knapp bemessen, gingen mit. Heute stört das offenbar niemanden mehr, weder in der Politik noch in den Universitäten. Über allem an den Tag gelegten Reformeifer wehen die Schulfahnen, nicht mehr die Forschungsfahnen.

Man muß kein glühender Verehrer Wilhelm Humboldts sein, um in der Transformation der Universität in eine reine Lehranstalt, eine Lehranstalt der üblichen Art, eine unstatthafte Verengung im Aufgaben- und Leistungsspektrum der Universität zu sehen. Dieses Spektrum bemißt sich nach der Qualität der universitären Forschung, der Qualität der universitären Lehre und der Qualität der Ausbildung des wissenschaftlichen Nachwuchses. Diejenige Universität war bisher, nicht nur in Deutschland, eine gute, d. h. leistungsstarke und zukunftsfähige, Universität, die diesen Maßstäben in gleicher Weise und auf hohem Niveau entsprach. Das ist auch heute noch so und sei kurz vor Augen geführt.[3]

Maßstäbe für die Qualität der *Forschung* sind universale Maßstäbe. Sie werden durch die *scientific community* gesetzt und, z. B. in Form von Refereesystemen, wissenschaftlichen Auszeichnungen, Drittmittelvolumina und Projektevaluierungen, kontrolliert. Dabei ist Forschung im strengen Sinne dort gegeben, wo sie in ihren Subjekten die Wissenschaft konkret weiterführt und/oder produktiv verändert. Wer Forschung mit Routinen verwechselt, die nicht den Kern des Wissenschaftlerlebens betreffen, hat das, was Forschung im alten wie im modernen Sinne ist, nicht begriffen. Maßstäbe für die Qualität der *Lehre* sind Prüfungs- und Berufserfolg, ferner die Nähe zur Forschung im Sinne des (Humboldtschen) Grundsatzes *Lehre aus Forschung*, meist, nicht ganz zutreffend, als Einheit von Forschung und Lehre bezeichnet. Nur in der Befolgung dieses Grundsatzes unterscheidet sich die Universitätslehre von anderen Formen wissenschaftlicher (im Sinne wissenschaft-

---

3 Zum Folgenden, in teils direktem Anschluß, J. Mittelstraß, Bausteine zu einer Universitätsreform nach der Universitätsreform, in: St. Titscher/S. Höllinger (Eds.), Hochschulreform in Europa – konkret. Österreichs Universitäten auf dem Weg vom Gesetz zur Realität, Opladen 2003, 41–56, ferner J. Mittelstraß, Die Universität zwischen Anspruch und Anpassung, in: Denkströme. Journal der Sächsischen Akademie der Wissenschaften zu Leipzig 1, Leipzig 2008, 11–23. hier 16–17.

lich informierter) Lehre. Schließlich sind Maßstäbe für die Qualität der *Ausbildung des wissenschaftlichen Nachwuchses* Forschungsleistung, Lehrerfolg und Berufung. Bleibt diese Ausbildung unter dem Niveau der Leistungsstandards einer *scientific community*, etwa weil die ausbildenden Hochschullehrer selbst diesem Niveau nicht mehr entsprechen oder die Nachwuchsexistenz aus Gründen versagter Selbständigkeit zur Dauerexistenz gerät, wird die Universität in allen ihren wesentlichen Teilen mittelmäßig. Sie wird zur Nachhut in einer Entwicklung, auf deren Richtung sie keinen Einfluß hat. Daher sollte das System von Forschung, Lehre und Ausbildung des wissenschaftlichen Nachwuchses auch so verändert werden, daß auf Professorenseite die Verantwortung für die Qualität in allen genannten Bereichen einklagbar wird und auf der Nachwuchsseite frühe Selbständigkeit an die Stelle unnatürlicher Arthaltung tritt. Auch davon sind wir in Deutschland derzeit, trotz Juniorprofessur und Nachwuchsprogrammen der verschiedensten Art, immer noch weit entfernt.

Verantwortung, hier bezogen auf die wissenschaftlichen Verhältnisse insgesamt, ist etwas, wovon in Deutschland Bildungspolitik und Bildungseinrichtungen ständig reden, das aber in den tatsächlichen Strukturen, die die Politik und die forschenden und lehrenden Institutionen selbst zu verantworten haben, bisher beharrlich verhindert wurde. Auch die überkommenen und in den meisten Reformbemühungen ausgesparten Organisationsstrukturen der deutschen Universität sind so ausgelegt, daß sie Verantwortlichkeiten zerlegen, und zwar derart, daß Verantwortung im strengen Sinne schließlich nirgendwo mehr wirklich identifizierbar ist. Der Übergang von der Ordinarienuniversität zur Gruppenuniversität hat diesen Umstand nicht behoben, sondern im Gegenteil verschärft. Das aus der Ordinarienuniversität in die Gruppenuniversität herübergerettete Kollegialsystem, das von der professoralen Fiktion gleicher Leistung, gleicher Zuständigkeit, gleicher Verfügungsberechtigung und gleicher Leitungskompetenz ausgeht, muß daher in Zukunft, wenn nicht überhaupt abgeschafft, durch definierte (Führungs-)Verantwortlichkeiten ergänzt werden, nicht nur, um den Hochschulalltag besser zu bewältigen, sondern auch, um der Universität eine wirkliche (strukturelle) Reformfähigkeit zurückzugewinnen. Kollegialsysteme funktionieren nur unter Gut-Wetter-Bedingungen; in schwerem Wetter führen sie, auf sich allein gestellt, zur Handlungs- und Reaktionsunfähigkeit. Das wiederum hat auch etwas mit rechtverstandener Autonomie in institutionellen Verhältnissen zu tun.

In der Universität gehören Verantwortung und Autonomie zusammen. Ihre Zusammengehörigkeit bedeutet, Autonomie nicht nur nach außen, als politische Autonomie, sondern auch nach innen, als strukturelle Autonomie, zu praktizieren. Innere Autonomie erweist sich vor allem in der Realisierung wissenschaftssystematisch reflektierter Strukturen, z. B. auf der Ebene der Fächer- und Disziplinenordnung, bei der Einrichtung und Aufhebung von Studiengängen und Forschungsschwerpunkten, aber auch in der Einlösung immer wieder an bewährten internationalen Standards orientierten Qualitätsanforderungen in Forschung, Lehre und Ausbildung des wissenschaftlichen Nachwuchses. Oder anders, drastischer formuliert: Universität muß auch einmal wehtun. Bisher wurde, was gegen den eigenen Strich ging, in Deutschland als politisches oder ministeriales Schicksal, also als Schicksal von außen auferlegt, beklagt und in eben diesem Zusammenhang kräftig von Autonomie geredet. Tatsächlich ist es an der Zeit, Autonomie auch einmal anders zu verstehen, nämlich als praktizierte Bereitschaft, sie auch nach innen zur Geltung zu bringen. Das gilt wiederum besonders mit Blick auf den Zusammenhang von Forschung und Lehre – Forschung, die ihre eigenen Wege geht, und Lehre, die ihr nahebleibt.

Daß dies alles nicht mehr selbstverständlich ist, die genannten Maßstäbe von Forschung, Lehre und Ausbildung des wissenschaftlichen Nachwuchses, desgleichen die universitären Zusammenhänge von Verantwortung und Autonomie blaß werden, liegt möglicherweise auch daran, daß die moderne Gesellschaft, die sich heute mit Vorliebe als *Wissensgesellschaft* bezeichnet, die Warenform des Wissens, und vermeintlich auch die der Bildung, entdeckt hat. Wissen wird hier als ein Gut betrachtet, das sich den üblichen Marktformen anpaßt und von diesen beherrscht wird, die wissenschaftliche Bildung eingeschlossen. In der Selbstauslegung der Wissensgesellschaft als Dienstleistungsgesellschaft ist jeder jedem in irgendeiner Weise zu Diensten, auch der Wissenschaftler, der sein Handwerk nicht mehr in der selbstbestimmten Produktion von Wissen, in der intelligenten Arbeit am Wissen, sondern als dessen Organisator und Vermittler in Anwendungsprozessen versteht. *Wissen online* (im modernen Jargon) bestimmt das Bewußtsein und die Perspektive. Die Einsicht, daß Wissen zunächst einmal etwas ist, das unter einem wissenschaftlichen Erkenntnisinteresse gesucht, entdeckt, hergestellt, bearbeitet und erworben werden muß, das unter anderen Bedingungen steht als denjenigen eines vorherrschenden Ökonomismus, d. h. der Vorstellung, daß alle gesellschaftlichen Prozesse und Strukturen auf wirtschaftliche Prozesse und Strukturen zurückgeführt werden können, geht verloren. An die Stelle eines im wesentlichen neugierdegetriebenen Prozesses tritt der ökonomischen Vorstellung nach ein primär anwendungsgetriebener Prozeß.

Hinzu tritt, ebenfalls aus der Welt des Marktes, die Rhetorik von Beschleunigung, die alle Prozesse, auch die des Lernens, erfasse, vom Wechsel, der das einzig Beständige sei, von Innovation, zu der es keine Alternative gebe, auch nicht das Bewährte, von Flexibilität, der chamäleonartigen Sucht, niemals der gleiche zu sein. Dem, so heißt es, hat auch das universitäre Lehren und Lernen zu entsprechen. Die Universität, in Deutschland ohnehin durch die Dauerdiskussion um Modularisierung, Zertifizierung, Evaluierung, Akkreditierung, Bachelor und Master in ihrer ehemals Humboldtschen Studienstruktur zermürbt, läßt sich auf das Marktparadigma und die es begleitende Rhetorik ein und sucht in der Verschulung nach einem neuen Heil.

Nun sind verschulte Studiengänge möglicherweise gut für den Arbeitsmarkt – obgleich das angesichts der erwähnten Rhetorik eigentlich ein wenig seltsam sein dürfte –, mit Sicherheit aber schlecht für die Forschung. Die entsteht gerade nicht in einer schulischen Enge, in der sich alles auf die Wiedergabe des schon Gewußten reimt, sondern nur aus sich selbst. Was aber ist, wenn die Universität in ihrem lehrenden Tun dafür keinen Raum mehr bietet, Forschung von den jungen Köpfen fernhält und diese nur noch mit dem vermeintlich Notwendigen, einem Wissen, das sich an seiner Warenform orientiert, stopft? Die Universität wird ihr Wesen verlieren, das darin besteht, ein Ort der Wissenschaft und der Forschung zu sein, einer lebendigen, nicht nur in Lehrbuchform gegebenen, das Neue suchenden Forschung. Den Studenten wiederum muß ein Engagement in nicht vorgesehenen Studienformen, solchen nämlich, die forschungsnah und oft fachlich nicht eindeutig sind, d. h. die nicht zum fachlichen Lehrbuchwissen gehören, wie ein im Studiensystem ungewolltes und das Gewollte nur verzögerndes Aus-der-Bahn-Treten erscheinen. Denn, was nichts bringt, so der ökonomische Verstand, taugt auch nichts, selbst wenn es um ein forschendes Lernen und in diesem Sinne um universitäre Bildung geht.

Ist das das neue Bildungs- und Ausbildungsziel? Reduziert sich universitäre Bildung tatsächlich auf Ausbildung im Paradigma Schule? Erinnert sei daran, daß auch die Wirtschaft von dem umfassend gebildeten Absolventen spricht, solchen nämlich, die sich in Problemzusammenhängen auskennen, gekonnten Umgang nicht nur mit dem Wissen, sondern auch mit dem Nicht-Wissen haben, um dann allerdings selbst eine betriebswirtschaftliche Zwergenschule nach der anderen – meist auch noch mit dem stolzen Namen ‚Universität' versehen – zu gründen. Ausbildung paradox. Bisher *bildete* die deutsche Universität (und wohl auch die Universität im allgemeinen), indem sie auf ihre Weise, nämlich forschungsnah, und in diesem Sinne nicht nur wissenschaftsnah im formellen Sinne, *ausbildete*, nun droht ihr ausgerechnet diese ihre selbstauferlegte Natur verlorenzugehen. Die Frage ist erlaubt: Vergißt die Universität und vergessen diejenigen, die sie zu verändern suchen, was eine Universität ist? Und vergißt der Markt bei aller Innovationsrhetorik, daß in einer wissenschaftlichen Welt Innovation stets aus der Forschung kommt, auch und gerade aus einer nicht vorn vornherein auf Verwertungszusammenhänge ausgerichteten Forschung? Wenn das der Fall sein sollte, wäre das schlecht für die Universität: sie verlöre ihr wissenschaftliches Wesen, schlecht für die Forschung: sie verlöre ihren Nachwuchs, schlecht für die Lernenden: sie verlören, was eine universitäre Ausbildung eigentlich leisten soll, schlecht für die Gesellschaft: sie verlöre einen wesentlichen Weg in die Zukunft, zumindest würde es eng mit diesem.

Damit kommt alles darauf an, der Verantwortung *in* und *für* Wissenschaft und Universität in besonnener und institutioneller Weise wieder Raum zu geben. Die Maßstäbe für die Forschung, für die (universitäre) Lehre und für die Ausbildung des wissenschaftlichen Nachwuchses – noch zu ergänzen um ethische Maßstäbe, die einerseits die Forschung weniger in einer Anwendungs- als (schon) in einer Entstehungsperspektive (Beispiel: die biologische und die medizinische Forschung) betreffen, andererseits den Forschenden und Lehrenden in seinem moralischen Wesen (Beispiel: Lug und Trug auch in wissenschaftlichen Verhältnissen) – ändern sich nicht, wohl aber die Verhältnisse, unter denen sie zur Geltung kommen sollen. Hier droht die Gefahr, daß eine Systementwicklung gegen Systemselbstverständlichkeiten steht, daß etwa im Falle der Universität allein schon ein ungesundes, aber gewolltes Wachstum die bisherigen Maßstäbe, hier speziell für die Lehre (als forschungsnahe Lehre), nicht mehr zur Wirkung kommen läßt. Das macht eine ernsthafte Diskussion über die Systementwicklung dringend erforderlich.[4]

[4] Wie eine Entwicklung aussehen könnte, die die genannten Maßstäbe wieder zu voller Geltung zu bringen vermag, dazu J. Mittelstraß, Die Verhältnisse zum Tanzen bringen. Zur Zukunft des deutschen Wissenschaftssystems, Frankfurter Allgemeine Zeitung (FAZ), 22. September 2014, Nr. 220, 6.

Doch die wird nicht geführt beziehungsweise dort, wo sie angemahnt wird, durch einen Verweis auf evolutionäre Entwicklungen, denen man vertrauen möchte, abgewehrt. An der Stelle einer schonungslosen Systemprüfung mit entsprechenden Konsequenzen für das System Wissenschaft steht heute die große Verweigerung. Kein gutes Zeichen für die Zukunft von Forschung und Lehre.

Was Forschungseinrichtungen zur Förderung von Forschungsintegrität tun können[1]

Lex Bouter

Einleitung

Traditionell hat sich die Forschungsintegrität auf die Vermeidung, Identifizierung und Handhabung der drei Todsünden der wissenschaftlichen und akademischen Forschung konzentriert: erfundene Ergebnisse, Fälschung und Plagiat (National Academies of Sciences 2017). In vielen Ländern weckten explizite Vorfälle akademischen Fehlverhaltens, die in den Medien viel Aufmerksamkeit erregten, das Interesse an der Förderung der Forschungsintegrität. In den Niederlanden war es der Fall Diederik Stapel (Levelt, Noort und Drenth Committees 2012), der als Initialzündung diente. Er schockierte viele innerhalb und außerhalb der akademischen Kreise, stellte sich aber auch als Glück im Unglück heraus. Stapels Nachfolger als Dekan der Fakultät für Sozialwissenschaften der Universität Tilburg, Klaas Sijtsma, nahm sich bei Amtsantritt die Redewendung „Verschwende niemals eine gute Krise" zu Herzen und rückte Forschungsintegrität in den Fokus seiner Institution (Sijtsma 2017). Die anderen niederländischen Universitäten folgten, lokale und nationale Maßnahmen wurden ergriffen. Dieser Ablauf scheint typisch für den Beginn nationaler Bemühungen um Forschungsintegrität in vielen Ländern zu sein.

---

1 Dieser Aufsatz erschien ursprünglich in englischer Sprache im Jahr 2020 unter der Creative Commons Attribution 4.0 International License: Bouter, L. What Research Institutions Can Do to Foster Research Integrity. *Sci Eng Ethics* **26**, 2363–2369 (2020). https://doi.org/10.1007/s11948-020-00178-5. Mit der Erlaubnis des Springer Verlags und des Autors wurde der Artikel von Katharina Miller und Julia Prieß-Buchheit ins Deutsche übersetzt und in diesem Sammelband veröffentlicht.

In den letzten Jahren hat sich die Aufmerksamkeit hin zu den geringeren Verstößen gegen die Forschungsintegrität verlagert, die allgemein als fragwürdige Forschungspraktiken oder QRPs (Questionable Research Practices) bezeichnet werden (Bouter u. a. 2016; Haven u. a. 2019). Dem liegt die Erkenntnis zugrunde, dass diese viel häufiger vorkommen und somit insgesamt schädlicher für die Aussagekraft der Forschungsergebnisse und das Vertrauen in diese sind (National Academies of Sciences 2017; Editorial 2019; Macleod und Mohan 2019). Beispiele hierfür sind selektive Berichterstattung, p-Hacking (nachträgliche Anpassung der Testparameter) und „Hypothesizing After the Results are Known" (kurz HARKing, „das Aufstellen von Hypothesen nach dem Bekanntwerden von Ergebnissen"). In einer hervorragenden Studie des Meta-Research Center of Tilburg University wurden 34 QRPs definiert, die Wissenschaftler:innen bei der hypothesenprüfenden Forschung vermeiden sollten (Wicherts u. a. 2016). Alle QRPs haben gemeinsam, dass sie dazu beitragen können, Studienergebnisse spannender, positiver und statistisch signifikanter zu machen, was wiederum die Wahrscheinlichkeit erhöht, von einer renommierten Fachzeitschrift akzeptiert und häufig zitiert zu werden sowie die nächste Förderung oder akademische Anstellung zu erhalten.

Fast alle Forschenden wollen Wissenschaft von guter Qualität liefern, QRPs vermeiden und ihrem moralischen Kompass folgen, um mit Kurs in Richtung Forschungsintegrität zu steuern. Wie jeder Kompass hängt auch die Funktion eines moralischen Kompasses von seiner Qualität und von äußeren Faktoren ab. Die Qualität wird durch die Tugendhaftigkeit der jeweiligen Person bestimmt. Wichtige externe Faktoren, die den moralischen Kompass korrumpieren können, betreffen das lokale Forschungsklima und die falschen Anreize des Wissenschaftssystems als Ganzes. Forschende benötigen den Rückhalt ihrer Forschungseinrichtungen, um das Funktionieren ihres moralischen Kompasses zu optimieren. Dazu gehören eine angemessene Ausbildung und die Schulung von Fähigkeiten, gute Einrichtungen und fachkundige Hilfe sowie klare Vorschriften und Verfahren. Dennoch sollten wir uns darüber im Klaren sein, dass die Art und Weise, wie Forschung von Regierungen und Forschungsförderern finanziert und bewertet wird, für Forschungseinrichtungen falsche Anreize setzt, die letztlich auf die Forschenden selbst rückwirken (Anderson 2019; Bagioli u. a. 2019). Somit sind Forschungseinrichtungen auf die Unterstützung der anderen Akteur:innen im Forschungssystem angewiesen (Bouter 2018).

Sorgfaltspflichten

Der Netherlands Code of Conduct for Research Integrity (VSNU) legt 61 Standards für gute Forschung fest, die viele zu vermeidende QRPs widerspiegeln (Netherlands Code of Conduct for Research Integrity 2018). Eine Besonderheit des Kodex ist, dass er auch ein Kapitel über die Sorgfaltspflichten der Forschungseinrichtungen zur Befähigung ihrer Mitarbeitenden enthält, um QRPs zu vermeiden. Dieser Gedanke ist nicht neu und bereits im „Singapore Statement on Research Integrity" enthalten. Darin findet sich unter Punkt 13 (Research Environments):

> „Research institutions should create and sustain environments that encourage integrity through education, clear policies, and reasonable standards for advancement, while fostering work environments that support research integrity" (WCRI 2010)

Mit anderen Worten: Forschungseinrichtungen müssen einen Plan zur Förderung der Forschungsintegrität haben. Das von Horizont 2020 geförderte Verbundprojekt „Standard Operating Procedures for Research Integrity" (SOPs4RI 2020) unterstützt Forschungseinrichtungen bei der Formulierung dieses Plans. Dessen Umsetzung könnte für Einrichtungen, die Zuschüsse aus dem nächsten EU-Rahmenprogramm Horizont Europa erhalten wollen, zukünftig zur vertraglichen Verpflichtung werden.

Ein Plan zur Förderung der Forschungsintegrität soll erklären, was die Forschungseinrichtung in Zusammenhang mit ihrem Auftrag, ihrem fachlichen Schwerpunkt und der Art der Forschung, die sie durchführt, zur Förderung der Forschungsintegrität unternehmen will. Er muss eine Reihe von Pflichtthemen abdecken und wird typischerweise diesbezügliche Bildungsprogramme, Kodizes, Handbücher, strategische Maßnahmen, Vorschriften, Einrichtungen, Prüfroutinen und Fördersysteme enthalten. SOPs4RI wird eine Toolbox mit Standardarbeitsverfahren (Standard Operating Procedures – SOPs) und Richtlinien erstellen, die Forschungseinrichtungen bei der Formulierung ihres Plans zur Förderung der Forschungsintegrität helfen können (z. B. ORI 1995; ENRIO 2019; Forsberg u. a. 2018; Penders u. a. 2018). Eine vorläufige Version der SOPs4RI-Toolbox wird Ende 2020, die endgültige Version 2022 vorliegen. Eine SOP und eine Richtlinie unterscheiden sich graduell, wobei SOPs eher strenge Schritt-für-Schritt-Lösungen aufzeigen, während Richtlinien eine gewisse Wahlfreiheit bieten. Hier sollte es nicht einfach darum gehen, weitere Checklisten abzuhaken. Stattdessen sollte sichergestellt werden, dass die Forschenden die von ihrer Einrichtung angebotene Anleitung schätzen und nutzen.

Initiativen von Forschungseinrichtungen und anderen Akteur:innen zur Verbesserung der Qualität der Forschung und der Forschungsintegrität sind keineswegs nur in den Niederlanden zu finden. Einige wichtige Initiativen sind das US-amerikanische Center for Open Science (COS 2020), das UK Reproducibility Network (UKRN 2020), die European Quality In Preclinical Data – Innovative Medicine Initiative (EQIPD IMI 2020) und das deutsche Quality, Ethics, Open Science, Translation Center for Transforming Biomedical Resarch des Berlin Institute of Health der Charité (BIH QUEST 2020). Generell fehlt es derzeit aber an einer soliden, übergreifend gültigen Anleitung für Forschungseinrichtungen, die verantwortungsvolle Forschungspraktiken fördern wollen. Die obigen Initiativen wirken eher national und punktuell und sind nicht immer evidenzbasiert oder anwendungsgerecht. Es besteht jedoch die Hoffnung, dass die Ergebnisse des SOPs-4RI-Projekts den derzeitigen Zustand erheblich verbessern werden.

Falsche Anreize

Einer der wichtigsten Punkte, die Forschungseinrichtungen angehen sollten, ist die Vermeidung falscher Anreize bei der Beurteilung von Forschenden in Bezug auf deren beruflichen Aufstieg. Der derzeitig vorherrschende Schwerpunkt auf bibliometrischen Indikatoren, die aus der Anzahl der Veröffentlichungen und Zitate abgeleitet werden, sendet die starke Botschaft, dass lediglich Quantität zähle (Moher u. a. 2018). In den letzten Jahren geriet diese kurzsichtige Verwendung quantitativer Indikatoren bei der Forschungsbewertung immer stärker in die Kritik. Dies führte zu Initiativen wie dem „Leiden-Manifesto" (Hicks u. a. 2015) und der „San Francisco Declaration on Research Assessment" (DORA 2012). Entsprechend wurden auch die „Hong Kong Principles for Assessing Researchers" (Moher u. a. 2019) formuliert und auf der „6th World Conference on Research Integrity" bestätigt (WCRIF 2019). Diese Grundsatzdokumente werden den Forschungseinrichtungen, die sie verabschieden, helfen, falsche Anreize zu minimieren, die zu fragwürdigen Forschungspraktiken oder Betrug einladen.

Mit den Hongkonger Grundsätzen wird das Ziel verfolgt, Forschende ausdrücklich für jenes Verhalten anzuerkennen und zu belohnen, das durch die Vermeidung von QRPs zu vertrauenswürdiger Forschung führt. Die Umsetzung dieser Grundsätze soll bei der Bewertung von Forschenden in Hinblick auf ihren beruflichen Aufstieg helfen. Dabei liegt der Schwerpunkt auf Verhaltensweisen, die die Forschungsintegrität stärken. Dafür wurden fünf Säulen formuliert: Bewertung verantwortungsvoller Forschungspraktiken, Wertschätzung vollständiger Berichterstattung, Belohnung der Praxis offener Wissenschaft, Anerkennung eines breiten Spektrums von Forschungsaktivitäten und Würdigung wesentlicher anderer Aufgaben wie Peer-Review und Mentoring. Jeder Grundsatz wird ausführlich begründet und es werden Beispiele für Forschungseinrichtungen genannt, die bereits auf Basis dieser Grundsätze handeln.

Meta-Forschung

Die wenigen empirischen Daten, die wir über Interventionen zur Verbesserung verantwortungsvoller Forschungspraktiken haben, sind oft von schlechter Qualität, zeigen keine Wirksamkeit oder beides. Deutlich wird dies in einem Cochrane Review, das Nachweise für Interventionen zur Vorbeugung von Fehlverhalten und zur Förderung der Integrität in Forschungsarbeiten und Veröffentlichungen zusammenfasst (Marusic u. a. 2016). Demnach sollten Forschungseinrichtungen ihre Richtlinien zur Forschungsintegrität so evidenzbasiert wie möglich gestalten. Im Nachhinein ist es schwer zu verstehen, warum wir so lange gebraucht haben, um in der Forschung eine solide Tradition der Forschungsintegrität aufzubauen. Dies geschah erst in jüngster Zeit und wurde durch Förderprogramme wie das Horizont 2020 Programm „Science with and for Society" (SwafS 2020) vorangetrieben, das Forschungsethik und Forschungsintegrität fordert (EC 2020). In den Niederlanden trugen das Programm „Fostering Responsible Research Practices" (ZonMw) und Replikationsstudien des Dutch Research Council (NWO 2020) zu dem neu entstehenden Fachgebiet der Forschung über Forschungsintegrität bei. Auf der „6th World Conference on Research Integrity" wurde zudem die Amsterdam Agenda verabschiedet. Diese fördert intensiv die Forschung über Forschungsintegrität, insbesondere mit Schwerpunkt auf Lösungen, die wirklich funktionieren und Veränderungen bewirken (WCRI 2015; Mayer u. a. 2017).

Es gibt jedoch immer noch vieles, das wir über die Forschungsintegrität in Forschungseinrichtungen nicht wissen. Um diese Lücke zu schließen, wurden Forschende aus niederländischen Universitäten und Universitätskliniken eingeladen, an der nationalen Umfrage zur Forschungsintegrität teilzunehmen. Von der Umfrage wurde erwartet, dass sie gültige und verlässliche Daten darüber liefert, wie häufig bestimmte QRPs auftreten und was die zugrunde liegenden erklärenden Variablen sind.[2] Dadurch werden Erkenntnisse gewonnen, die den Forschungseinrichtungen helfen, ihre Richtlinien zu verbessern und ihre Sorgfaltspflichten bei der Förderung der Forschungsintegrität besser zu erfüllen. Angesichts der Sensibilität einiger Fragen wird bei der Umfrage besonders darauf geachtet, dass die Identität der Teilnehmenden und ihrer Forschungseinrichtungen geschützt wird. Dafür wurde eine randomisierte Antwort-Technik gewählt, die bei den Befragten starkes Vertrauen in die Vertraulichkeit der Umfrage hervorrufen soll, da ihre Antworten nicht mit ihnen in Verbindung gebracht werden können (Lentsvelt-Mulders u. a. 2005). Und um die Zeit zum Ausfüllen der Umfrage möglichst kurz zu halten, achten wir auf fehlende Daten aufgrund des Fragebogendesigns.

Es sollte jedoch klar sein: Umfragen, Fokusgruppeninterviews und Delphi-Studien können uns nur Hinweise auf potenziell wirksame Maßnahmen geben, die Forschungseinrichtungen zur Verbesserung verantwortungsvoller Forschungspraktiken ergreifen können. Wie gut beispielsweise SOPs und Richtlinien (SOPs-4RI) oder die Hongkonger Grundsätze (Moher u. a. 2019) im Vergleich zu alternativen Ansätzen wirklich sind, muss in zukünftigen Studien zum Nachweis der Wirksamkeit geklärt werden.

---

2 Gopalakrishna, G., Wicherts, J. M., Vink, G., Stoop, I., van den Akker, O., ter Riet, G., Bouter, L. (2021). Prevalence of responsible research practices and their potential explanatory factors: a survey among academic researchers in The Netherlands. MetaArXiv (6 July 2021). (https://doi.org/10.31222/osf.io/xsn94)
Gopalakrishna, G., ter Riet, G., Cruyff, M. J., Vink, G., Stoop, I., Wicherts, J. M., Bouter, L. (2021). Prevalence of questionable research practices, research misconduct and their potential explanatory factors: a survey among academic researchers in The Netherlands. MetaArXiv (6 July 2021). (https://doi.org/10.31222/osf.io/vk9yt)

Ergebnis

Für die Förderung der Forschungsintegrität braucht es viele Akteur:innen. In erster Linie sind die Forschenden selbst dafür verantwortlich, sich gut zu verhalten und auf QRPs zu verzichten. Forschende sollten zudem ihre Vorbildfunktion erfüllen und andere dabei unterstützen, auf dem richtigen Weg zu bleiben. Zweitens müssen die Forschungseinrichtungen die Forschenden dazu befähigen, nach den Standards guter Forschung zu handeln. Aber auch Förderorganisationen und wissenschaftliche Fachzeitschriften spielen eine wichtige Rolle. Es gibt keine magische Pille oder schnelle Lösung. Die Dilemmata und Ablenkungen, denen Forschende begegnen, sind real und universell. Wir schulden es der Gesellschaft, zusammenzuarbeiten und unser Bestes zu geben, um QRPs zu verhindern und Forschungsintegrität zu fördern.

Literatur

Anderson, M. S. (2018). Shifting Perspectives on Research Integrity. *Journal of Empirical Research on Human Research Ethics,* 13(5), 459–460.

Bagioli, M., Kenney, M., Martin, B. R. & Walsh, J. P. (2019). Academic misconduct, misrepresentation and gaming: A reassessment. *Research Policy,* 48(2), 401–413.

Bouter, L. M. (2018). Fostering responsible research practices is a shared responsibility of multiple stakeholders. *Journal of Clinical Epidemiology,* 96, 143–146.

Bouter, L. M., Tijdink, J., Axelsen, N., Martinson, B. C. & ter Riet, G. (2016). Ranking major and minor research misbehaviors: Results from a survey among participants of four World Conferences on Research Integrity. *Research Integrity and Peer Review,* 1, article 17.

DORA (2012). *San Francisco Declaration on Research Assessment: Putting science into the assessment of research.* Verfügbar unter: http://am.ascb.org/dora/ [15.08.2021].

Editorial (2019). Integrity for all: Considering research integrity to be confined to misconduct stops scientists from improving. *Nature,* 570(7759), 5.

ENERI – Consortium in close cooperation with European Network of Research Integrity Offices (2019). *ENRIO Handbook: Recommendations for the Investigation of Research Misconduct.* Verfügbar unter: http://eneri.eu/wp-content/uploads/2019/03/INV-Handbook_ENRIO_web_final.pdf [28.05.2021].

Forsberg, E. M., Anthun, F. O., Bailey, S., Birchley, G., Bout, H., Casonato, C. et al. (2018). Working with research integrity – Guidance for Research Performing Organizations: The Bonn PRINTIGER statement. *Science and Engineering Ethics,* 24, 1023–1034.

Gopalakrishna, G., Wicherts, J. M., Vink, G., Stoop, I., van den Akker, O., ter Riet, G., Bouter, L. (2021). Prevalence of responsible research practices and their potential explanatory factors: a survey among academic researchers in The Netherlands. MetaArXiv (6 July 2021). (https://doi.org/10.31222/osf.io/xsn94)

Gopalakrishna, G., ter Riet, G., Cruyff, M. J., Vink, G., Stoop, I., Wicherts, J. M., Bouter, L. (2021). Prevalence of questionable research practices, research misconduct and their potential explanatory factors: a survey among academic researchers in The Netherlands. MetaArXiv (6 July 2021). (https://doi.org/10.31222/osf.io/vk9yt)

Haven, T., Tijdink, J., Pasman, H. J., Widdershoven, G., ter Riet, G. & Bouter, L. (2019). Researchers' perceptions of research misbehaviours: a mixed methods study among academic researchers in Amsterdam. *Research Integrity and Peer Review,* 4, article 25.

Hicks, D., Wouters, P., Waltman, L., de Rijcke, S. & Rafols, I. (2015). The Leiden Manifesto for research metrics. *Nature,* 520(7548), 429–431.

Lentsvelt-Mulders, G. J. L. M., Hox, J. J., van der Heijden, P. G. M. & Maas, C. J. M. (2005). Meta-Analysis of Randomized Response Research: Thirty-Five Years of Validation. *Sociological Methods and Research,* 33(3), 319–348.

Levelt, Noort and Drenth Committees (2012). *Flawed science: The fraudulent research practices of social psychologist Diederik Stapel.* Tilburg University. Verfügbar unter: https://www.rug.nl/about-us/news-and-events/news/news2012/stapel-eindrapport-eng.pdf [28.05.2021].

Macleod, M., & Mohan, S. (2019). Reproducibility and Rigor in Animal-Based Research. *ILAR Journal,* 60(1), 17–23. Verfügbar unter: https://doi.org/10.1093/ilar/ilz015 [28.05.2021].

Marusic, A., Wager, E., Utrobicic, A., Rothstein, H. R. & Sambunjak, D. (2016). Interventions to prevent misconduct and promote integrity in research and publication. *Cochrane Database of Systematic Reviews.* Verfügbar unter: https://doi.org/10.1002/14651858.mr000038.pub2 [28.05.2021].

Mayer, T., Bouter, L. & Steneck, N. (2017). Addressing scientific integrity scientifically. *Science,* 357(6357), 1248–1249.

Moher, D., Naudet, F., Cristea, I. A., Miedema, F., Ioannidis, J. P. A. & Goodman, S. N. (2018). Assessing scientists for hiring, promotion, and tenure. *PLoS Biology,* 16(3), e2004089.

Moher, D., Bouter, L., Kleinert, S., Glasziou, P., Sham, M. H., Barbour, V., Coriat, A. M., Foeger, N. & Dirnagl, U. (2019). The Hong Kong Principles for Assessing Researchers: Fostering Research Integrity. *OSF Preprints.* Verfügbar unter: https://osf.io/m9abx [28.05.2021].

National Academies of Sciences, Engineering and Medicine (2017). *Fostering Integrity in Research.* Washington DC: National Academies Press.

Netherlands Code of Conduct for Research Integrity (2018). Verfügbar unter: https://www.vsnu.nl/files/documents/Netherlands%20Code%20of%20Conduct%20for%20Research%20Integrity%202018.pdf [28.05.2021].

Office of Research Integrity (ORI) (1995). *Guidelines for Institutions and Whistleblowers: Responding to Possible Retaliation against Whistleblowers in Extramural Research.* Verfügbar unter: https://ori.hhs.gov/ori-guidelines-institutions-and-whistleblowers-responding-possible-retaliation-against [28.05.2021].

Penders, B., Shaw, D., Lutz, P., Townend, D., Akrong, L. & Zvonareva, O. (2018). *ENERI Manual – Research Integrity and Ethics.* Verfügbar unter: http://eneri.eu/wp-content/uploads/2018/10/ENERI-e-Manual.pdf [28.05.2021].

Sijtsma, K. (2017). Never waste a good crisis: Towards responsible data management. *Keynote lecture on the 5th world conference on research integrity.* Verfügbar unter: https://www.youtube.com/watch?v=bddRx-LN8lo [28.05.2021].

Wicherts, J. M., Veldkamp, C. L. S., Augusteijn, H. E. M., Bakker, M., van Aert, R. C. M. & van Assen, M. A. L. M. (2016). Degrees of Freedom in Planning, Running, Analyzing, and Reporting Psychological Studies: A Checklist to Avoid p-Hacking. *Frontiers in Psychology,* 7, article 1832.

World Conference on Research Integrity (WCRI) (2011). *Singapore Statement on Research Integrity.* Verfügbar unter: https://wcrif.org/guidance/singapore-statement [28.05.2021].

World Conference on Research Integrity (WCRI) (2015). *Amsterdam Agenda.* Verfügbar unter: https://www.wcrif.org/documents/42-amsterdam-agenda/file [28.05.2021].

Webseiten (abgerufen am 28.05.2021)

BIH QUEST: Quality, Ethics, Open Science, Translation Center for Transforming Biomedical Resarch des Berlin Institute of Health der Charité. https://www.bihealth.org/en/research/quest-center/mission-approaches/.

Center for Open Science (COS). https://cos.io/.

Dutch Research Council (NWO): Replication Studies. https://www.nwo.nl/en/researchprogrammes/replication-studies.

European Commission – Horizon 2020: Science with and for Society (SwafS). https://ec.europa.eu/info/research-and-innovation_en.

European Quality In Preclinical Data: Innovative Medicine Initiative (EQIPD IMI). https://www.imi.europa.eu/projects-results/project-factsheets/eqipd.

Fostering Responsible Research Practices Programme on ZonMw. https://www.zonmw.nl/en/research-and-results/fundamental-research/programmas/programme-detail/fostering-responsible-research-practices/.

San Francisco Declaration on Research Assessment (DORA). https://sfdora.org/.

Sixth World Conference on Research Integrity in Hong Kong. https://www.wcrif.org/wcri2019.

Standard Operating Procedures for Research Integrity (SOPs4RI). https://www.sops4ri.eu/.

UK Reproducibility Network (UKRN). https://www.ukrn.org/.

Der Europäische Verhaltenskodex für Integrität in der Forschung

Maura Hiney

Einführung

Es gibt viele Gründe, warum man sich um Integrität in der Forschung bemühen sollte. Bei den meisten geht es jedoch im Grunde um Vertrauen. Wissenschaftler:innen, politische Entscheidungsträger:innen und die Gesellschaft müssen den Ergebnissen der Forschenden vertrauen können. Integrität in der Forschungsdokumentation bildet die Grundlage für künftige wissenschaftliche Fortschritte, beugt vermeidbarer Verschwendung knapper Forschungsressourcen vor, fördert wirtschaftliche Entwicklung und Innovation und verhindert öffentlichen Schaden. Ohne Forschungsintegrität gibt es kein Vertrauen und zukünftige öffentliche Investitionen in die Forschung sind gefährdet.

Luhmann (1979) prägte den Begriff des Systemvertrauens, um Verhaltensweisen zu beschreiben, die es Forschenden ermöglichen, auf der Arbeit anderer aufzubauen und von der Gesellschaft als vertrauenswürdig angesehen zu werden, wenn sie Forschungsexpertise bereitstellen, die Auswirkungen auf das Leben der Menschen haben kann. Schwerwiegende Fälle von Fehlverhalten in der Forschung, die das Forschungsprotokoll untergraben, können dem Systemvertrauen unermesslichen Schaden zufügen. Dies gilt insbesondere in einer Welt, in der es schwierig ist, die Wahrheit von Fake News, Halbwahrheiten, Falsch- und Desinformationen zu unterscheiden.

Eine Forschungskultur, die von Ethik und Integrität geprägt ist, liegt daher im Interesse und in der Verantwortung aller. Politische Entscheidungsträger:innen, Forschungsförder:innen, Organisationen, die Forschung durchführen, Verlage und einzelne Forschende spielen hier jeweils eine einzigartige Rolle, sei es von oben nach unten oder von unten nach oben.

Aus einer Top-down-Perspektive ist es wichtig zu verstehen, welche politischen Maßnahmen, Prozesse und Interventionen eine Kultur der guten Forschungspraxis unterstützen. Aus einer Bottom-up-Perspektive kann die Forschungsgemeinschaft am meisten bewirken, indem sie das Bewusstsein an der Basis dafür schärft, was einerseits gute und andererseits inakzeptable Forschungspraktiken ausmacht und wie damit umzugehen ist.

Die Definition und Kodifizierung von Praktiken zur Forschungsintegrität ist nicht statisch; Verhaltenskodizes müssen an eine sich ständig verändernde Welt angepasst werden. In diesem Kapitel werden die bisherigen Fortschritte bewertet, die sich in der Entwicklung des ALLEA „European Code of Conduct for Research Integrity“ manifestieren, und es werden Bereiche identifiziert, die anfällig sind, das Systemvertrauen zu untergraben.

Entwicklung zum ALLEA European Code of Conduct

Der politische Kontext

Die politische Debatte über die Integrität in der Forschung wird seit über vier Jahrzehnten geführt. In dieser Zeit haben Akademien, Forschungsförderungsorganisationen, forschende Institutionen und internationale Regierungs- und Nichtregierungsorganisationen große Anstrengungen unternommen, um angemessene Forschungsstandards zu definieren und Verhaltenskodizes zu entwickeln. Beispiele hierfür sind die Organisation der Vereinten Nationen für Bildung, Wissenschaft, Kultur und Kommunikation (UNESCO, 1974, überarbeitet 2017), die US-amerikanische National Academy of Sciences (NAS, 1998, jetzt in der 3. Aufl.), das Global Science Forum der Organisation für wirtschaftliche Zusammenarbeit und Entwicklung (OECD, 2007), das International Council for Science (ICSU, 2008), das Committee on Publication Ethics (COPE, 2008) und das Global Research Council (2013).

Doch trotz dieser internationalen Bemühungen blieb die Fragmentierung in Bezug auf Ansatz und Inhalt von Richtlinien, Kodizes und Definitionen in ganz Europa bestehen (Godecharle, Nemery und Dierickx, 2013). Mit der Entwicklung des ersten „Europäischen Verhaltenskodex für Integrität in der Forschung" im Jahr 2011 hofften die Europäische Wissenschaftsstiftung (ESF) und der Zusammenschluss der Akademien der Wissenschaften in Europa (ALLEA) einen gemeinsamen europäischen Rahmen zu schaffen, auf den sich alle Interessengruppen einigen könnten. Dieser Kodex sollte von einer Vielzahl von Akteur:innen der europäischen Forschungsgemeinschaft als Rahmen für die Selbstregulierung in allen wissenschaftlichen und akademischen Disziplinen und allen Forschungsumgebungen genutzt werden.

Die Verabschiedung der „Schlussfolgerungen des Rates zur Integrität der Forschung" im Dezember 2015 war ein zweiter wichtiger politischer Meilenstein. Darin hob der Rat der Europäischen Union die Notwendigkeit hervor, grundlegende ethische Prinzipien und Integrität in europäischen Forschungs- und Innovationsaktivitäten zu respektieren und einzubeziehen, wodurch das Thema an die Spitze der europäischen forschungspolitischen Agenda rückte.

Eine sich verändernde Forschungslandschaft

Die Forschungslandschaft ist sehr dynamisch und während der ursprüngliche ESF/ALLEA-Verhaltenskodex ein bedeutendes erstes Dokument war, musste er seiner sich rasant verändernden Umgebung angepasst werden.

Zunächst wandelte sich der Finanzierungskontext der Forschung, vor allem deswegen, weil die Regierungen die Bedeutung „wissensbasierter Wirtschaft" für die wirtschaftliche und gesellschaftliche Entwicklung erkannten. In der Europa-2020-Strategie (2010) wurde als langfristiges Ziel für die EU festgelegt, 3,0 % des Bruttoinlandsprodukts für Forschung und Entwicklung (FuE) aufzuwenden. Dadurch wurden die Mitgliedsstaaten gedrängt, die öffentlichen Mittel für die Forschung zu erhöhen. FuE-Mittel stehen jedoch in direkter Konkurrenz zu anderen öffentlichen Ausgaben für Bildung, Infrastruktur und Gesundheitswesen. Der Wettbewerb um Finanzmittel auf Regierungsebene führte daher zu gezielteren Ausrichtungen und Priorisierungen von Forschungsbereichen, die den nationalen Agenden folgten. Er führte auch zu einer erhöhten Nachfrage nach anwendungsorientierter Forschung und nach Partnerschaften mit dem Unternehmenssektor, dessen Bedürfnisse sich von jenen der akademischen Welt jedoch deutlich unterscheiden können.

Ebenso trieb die Entstehung der Open Science Agenda der Europäischen Kommission Mitte der 1990er Jahre einen unumkehrbaren Prozess voran hin zu einer offeneren und partizipativeren Art der Durchführung, Veröffentlichung und Bewertung von Forschung. Ziel war es, die Zusammenarbeit und Transparenz auf allen Forschungsstufen zu erhöhen, was zu solideren Forschungsergebnissen, effizienterer Forschung und schnellerem Zugang zu Forschungsergebnissen für jedermann führen sollte. Dies, so hoffte man, würde wiederum zu einer stärkeren gesellschaftlichen und wirtschaftlichen Rezeption von Forschung führen. Open Science hat die Art und Weise, in der Forschende Forschungsergebnisse und Daten teilen und weitergeben, grundlegend verändert. Es wurden ein neuer, leichterer Zugang für Publikationsmodelle und offene Publikationsplattformen geschaffen, die eine viel breitere Palette von Inhalten zur Veröffentlichung akzeptieren und offene Peer-Review-Prozesse nutzen. Dadurch stieg die Nachfrage nach der Verbreitung und gemeinsamen Nutzung von Forschungsdaten über Repositorien und andere Plattformen. Neue Social-Media-Tools haben die Verbreitung und Kommunikation von Forschungsergebnissen außerhalb des Peer-Review-Systems erleichtert.

Zuletzt zeigten sich die Forschungs-, Unternehmens- und Verlagsgemeinschaften zunehmend besorgt über eine Reihe von offensichtlichen Systemfehlern, wie z. B. den gemeldeten Mangel an Reproduzierbarkeit und Replizierbarkeit von Forschungsergebnissen (die sogenannte Reproduzierbarkeitskrise) und die möglichen Auswirkungen des Aufkommens von Mega-Zeitschriften, die auf Quantität statt Qualität abzielen. Mit zunehmender Zusammenarbeit und Multidisziplinarität stellte sich die Frage, wie die unterschiedlichen Kulturen und Praktiken, die mit sektor-, disziplin- und grenzüberschreitender Forschung einhergehen, integriert werden können. Ebenso offen war, wie gegen die anhaltenden falschen Anreize im akademischen System vorgegangen werden kann, die mit der Rekrutierung, der Förderung und der Finanzierung von Forschung verbunden sind. Diese werden durch die Verwendung bibliometrischer Indikatoren und durch die Überbetonung der Publikationsrate gegenüber der Qualität und Relevanz dieser Publikationen angetrieben.

Schließlich wurden gesellschaftliche Veränderungen durch eine wissenschaftlich gebildete und interessierte Öffentlichkeit herbeigeführt, die einen zunehmend leichteren Zugang zu und ein besseres Verständnis für die Erkenntnisse haben, auf denen die Rahmenbedingungen ihres täglichen Lebens basieren. Das Aufkommen von Crowdfunding in der Forschung und von Citizen-Science-Projekten sowie ein größeres Interesse der Öffentlichkeit an Transparenz und Rechenschaftspflicht in der Forschung haben ebenfalls neue Herausforderungen mit sich gebracht.

Entwicklung eines neuen Europäischen Verhaltenskodex

Im Jahr 2016 wurde deutlich, dass der ESF/ALLEA-Kodex nicht mehr geeignet war, die Bedingungen für Wissenschaft und Forschung in Europa zu gestalten. Die Europäische Kommission wollte Integrität in der Forschung politisch stärker unterstützen und wandte sich an ALLEA (die ESF existierte zu diesem Zeitpunkt nicht mehr als Mitgliedsverband), um eine grundlegende Überarbeitung des Kodex vorzunehmen. Dieser sollte als Standardreferenzdokument für EU-finanzierte Forschungsprojekte im Rahmen des Forschungs- und Innovationsprogramms Horizont 2020 und darüber hinaus dienen.

ALLEA verfolgte bei der Erstellung eines neuen „Europäischen Verhaltenskodex für die Integrität in der Forschung" (ALLEA ECoC) einen Co-Creation-Ansatz, indem der Kodex in Absprache mit repräsentativen Organisationen und Verbänden für Forschende (sowohl etablierte als auch neu entstehende), Organisationen, die Forschung durchführen, Forschungsförderungsagenturen, Verlagen, dem Unternehmenssektor und politikgesteuerten Gruppen entworfen wurde. Durch diese unterschiedlichen Perspektiven war es möglich, Lücken im bisherigen Reglement zu erkennen und zu identifizieren, was ein Verhaltenskodex für die Integrität der Forschung abdecken sollte. Dieses Vorgehen trug auch dazu bei, dass der ALLEA ECoC in ganz Europa in allen Forschungsumgebungen breite Akzeptanz findet.

Der ALLEA European Code of Conduct

Der ALLEA ECoC enthält mehrere wichtige Neuerungen, um Änderungen in die von den Stakeholdern identifizierte Forschungslandschaft aufzunehmen. Es sollte ein kurzes, benutzerfreundliches und zugängliches Dokument sein, das eine weite Verbreitung in nationalen und lokalen Regelwerken haben kann und für alle Interessengruppen, einschließlich der Industrie, anwendbar ist. Dabei wurde eine klare und unmissverständliche Sprache angestrebt, die in einer mehrsprachigen Umgebung, wie der EU, leicht übersetzt werden kann. Der Kodex ist zudem nicht im Konjunktiv formuliert, als etwas, das als Handlungsoption verstanden werden könnte. Stattdessen findet man hier die Beschreibung von Integrität als Ist-Zustand in allen Forschungsprozessen und bei allen an diesen Prozessen beteiligten Akteur:innen.

Grundsätze

Es gibt Gemeinsamkeiten, aber auch eine Reihe von Unterschieden bei den Grundsätzen, die in vielen bedeutenden Dokumenten, wie dem „Singapore Statement on Research Integrity" (2011), dem ESF/ALLEA „Code of Conduct for Research Integrity" (2011), dem „Montreal Statement on Research Integrity" (2013) und dem Global Research Council „Statement of Principles on Research Integrity" (2013), festgelegt wurden. Um hier zu mehr Einheitlichkeit zu finden, wurden die Prinzipien verfeinert, die wesentlichen, der Forschung zugrunde liegenden Werte isoliert und der Forschungsprozess von der Konzeption bis zur Verbreitung betrachtet. In den Abschnitten des ALLEA ECoC über gute Praxis (z. B. offene Kommunikation, Sorgfaltspflicht) wurden mehr prozessorientierte Prinzipien aufgenommen. Unabhängigkeit der Forschung wird dabei zum Superprinzip, das alle anderen Aktivitäten leiten sollte, und ist daher prominent in der Präambel platziert, die den Ton des Dokuments bestimmt. Versuche, diese Unabhängigkeit zu beschädigen, werden im Abschnitt Verstöße ausdrücklich als inakzeptabel verurteilt.

Forschungsumgebung

In vielen Richtlinien zur Integrität in der Forschung liegt der Schwerpunkt auf der Änderung des Verhaltens einzelner Forschender. Das Umfeld, in dem Forschende arbeiten, hat jedoch entscheidenden Einfluss auf ihr Verhalten. Daher adressiert das ALLEA ECoC das Forschungsumfeld an erster Stelle bezüglich guter Forschungspraktiken, um die entscheidende Rolle zu betonen, die Forschungseinrichtungen und -organisationen bei der Schaffung, Pflege und Unterstützung einer starken Kultur der Integrität in der Forschung spielen.

Schulung, Supervision und Mentoring

Qualitativ hochwertiges Mentoring und Supervision in Kombination mit einer Ausbildung, die sich eher auf Normen als auf Prozesse konzentriert, hat das Potenzial, das Verhalten so zu beeinflussen, dass die Wahrscheinlichkeit von Fehlverhalten sinkt (z. B. May und Luth, 2013). Im ALLEA ECoC wurde der Abschnitt über Ausbildung, Supervision und Mentoring stark erweitert, um das wachsende Verständnis für die zentrale Rolle zu reflektieren, die Mentoring bei der Gestaltung des Verhaltens von Nachwuchswissenschaftler:innen einnimmt. Außerdem wird die Ausbildung in Forschungsdesign und -methodik als wesentliche Grundlage für eine gute Forschungspraxis hervorgehoben. Ausbildung wird dabei nicht nur für Nachwuchswissenschaftler als essenziell angesehen, sondern ihre entscheidende Bedeutung für die gesamte Forschungslaufbahn bekräftigt.

Recherche-Verfahren

Im ALLEA ECoC enthält ein neuer Abschnitt über Forschungsverfahren eine Reihe von Erwartungen, die Veränderungen in der Art und Weise widerspiegeln, wie Forschung bewertet und durchgeführt wird. So wird etwa hervorgehoben, bei der Planung von Forschung den aktuellen Stand der Technik zu berücksichtigen, um Doppelarbeit und Forschungsmittelverschwendung zu vermeiden. Sie betont auch die ordnungsgemäße und gewissenhafte Verwendung von Forschungsgeldern in einem Umfeld, in dem die Öffentlichkeit zunehmend Transparenz und gute Verwaltung fordert.

Schutzvorrichtungen

Der ursprüngliche Kodex enthielt viele Schutzklauseln, die sich auf die Einhaltung geltender Gesetze und Vorschriften und die Sorgfaltspflicht beziehen, die Forschende gegenüber Versuchspersonen, Kolleg:innen und der Allgemeinheit haben. Der ALLEA ECoC beinhaltet darüber hinaus auch eine Sorgfaltspflicht gegenüber der Umwelt. Er betont zudem, wie wichtig es ist, die Auswirkungen von z. B. Geschlecht, Alter, ethnischer Zugehörigkeit, kulturellem Hintergrund und weiterer Indikatoren auf die Entwicklung und Durchführung von Forschung und auf die Interpretation von Daten zu berücksichtigen.

Datenpraktiken und -verwaltung

Mit den Veränderungen in der Art und Weise, wie Forschungsdaten produziert, verwaltet und verbreitet werden, spiegelt das ALLEA ECoC den zunehmenden Trend zu offenen Daten wider. Er erkennt auch die daraus resultierende Notwendigkeit an, sicherzustellen, dass Forschende die Fähigkeiten und das Wissen haben, um Daten zu verwalten, angemessenen Zugang zu ihnen zu bieten und zu verstehen, dass diese ein zitierfähiges Produkt ihrer Forschung sein müssen.

Kollaboratives Arbeiten

Der ALLEA ECoC enthält einen neuen Abschnitt zu Forschungskollaborationen. Dieser trägt der zunehmenden interdisziplinären, sektorübergreifenden und grenzüberschreitenden Natur von Forschungsaktivitäten Rechnung und wurde durch das „Montreal Statement on Research in Cross-Boundary Research Collaboration“ (2013) beeinflusst. Hier geht es darum, dass sich die Partner:innen einer Kollaboration auf eine Reihe gemeinsamer (hoher) Standards einigen, gemeinsam die Verantwortung für die Zusammenarbeit übernehmen und die Rechte jedes/r Partner:in an seinem/ihren geistigen Eigentum respektieren.

Veröffentlichungen und Weitergabe

Die Open Science Agenda betont die große Bedeutung des offenen Zugangs zu Publikationen. Viele Förderorganisationen (einschließlich der Europäischen Kommission) haben dies zur Pflicht gemacht. Diese Entwicklung im Blick, wird im ALLEA ECoC hervorgehoben, wie wichtig es ist, Forschung so schnell und offen wie möglich für Kolleg:innen verfügbar zu machen. Konflikte entstehen auch im Bereich der Autorenschaft, und zwar darüber, wer bei gemeinsamen Publikationen in welcher Reihenfolge aufgeführt werden sollte. Das ALLEA ECoC verweist hier auf die Richtlinien, die das Committee of Publication Ethics (COPE, 2008) diesbezüglich entwickelt hat und ständig aktualisiert.

Verlangt wird zudem, dass Fehler in Publikationen unmittelbar bei Bemerken sofort korrigiert und falsche Daten oder Schlussfolgerungen zurückgezogen werden. Forschende werden dazu ermutigt, diese ehrliche Verhalten ihrer Kolleg:innen entsprechend zu würdigen. Das ALLEA ECoC erweitert die Verantwortung, die Forschende für die Verbreitung ihrer Forschungsergebnisse haben, um die Verpflichtung, tatsächlich alle Ergebnisse zu veröffentlichen und nicht zurückzuhalten, damit Fachkolleg:innen über den laufenden Forschungsprozess informiert sind und ihre eigene Forschung planen können. Dies bezieht auch unerwünschte oder negative Ergebnisse mit ein.

Überprüfen, Auswerten und Editieren

Das Peer-Review-System basiert auf altruistischer Freiwilligkeit, von der alle Forschenden profitieren. Das ALLEA ECoC erinnert sie daran, dass sie eine Verantwortung haben, sich an der Begutachtung, Überprüfung und Bewertung der Arbeit ihrer Kolleg:innen zu beteiligen. Dies muss jedoch in einer transparenten, fairen, vertraulichen und vertretbaren Weise geschehen. Gutachter:innen müssen alle Interessenkonflikte, die eine faire Begutachtung beeinflussen oder verzerren könnten, von vornherein offenlegen.

Verstöße gegen die Integrität der Forschung

Die sich entwickelnde Forschungslandschaft hat viele neue Möglichkeiten geschaffen, aber auch zahlreiche Wege eröffnet, das System zu untergraben. Abgesehen von den eindeutig schädlichen Praktiken, wie Fälschung, Täuschung und Plagiat, die kein rechtschaffener Forschender dulden würde, muss die Forschungsgemeinschaft ihre Aufmerksamkeit auch auf weniger offensichtliche fragwürdige Forschungspraktiken lenken. Ob absichtlich oder nicht, diese Praktiken haben einen negativen Einfluss auf die Qualität und die Glaubwürdigkeit der Forschung. Der ALLEA ECoC benennt einige wichtige Faktoren, die im ursprünglichen Kodex nicht enthalten waren, wie etwa Forschenden die Unabhängigkeit zu gewähren, ihre Arbeit ohne Einmischung von Geldgebern oder Sponsoren durchzuführen, die die Ergebnisse möglicherweise in ihrem Interesse manipulieren wollen.

Auswirkungen des ALLEA ECoC

Die Veröffentlichung des ALLEA ECoC im Jahr 2017 geschah in einem europäischen Umfeld, in dem sich allgemein die Verpflichtung zur Verbesserung der Forschungsintegrität weiter verbreitete. Dies hat sich in den meisten europäischen Ländern in einer stärkeren politischen Unterstützung der Forschungsintegrität niedergeschlagen. Die Staaten haben nationale und lokale Kodizes, Richtlinien und Politiken entwickelt (oder sind dabei), die häufig mit dem ALLEA ECoC abgestimmt sind. Viele Förderorganisationen verweisen in ihren Förderbedingungen nun entweder direkt auf den ALLEA ECoC oder auf davon abgeleitete nationale Richtlinien.

Um seine politische Reichweite zu stabilisieren und weiter zu erhöhen, wurde der ALLEA ECoC in alle EU-Sprachen sowie ins Chinesische, Japanische, Arabische und Türkische übersetzt. Dies hat es der Europäischen Kommission erleichtert, den ALLEA ECoC als Referenzdokument für Forschungsintegrität für alle EU-finanzierten Forschungsprojekte und als Modell für Organisationen und Forschende in ganz Europa anzuerkennen. Die EU unterstützt zudem die Forschung zu verschiedenen Teilbereichen der Forschungsintegrität selbst durch das Programm „Science with and for Society" (SwafS), das sich am ALLEA ECoC orientiert. Auf Basis dieses Programms entstehen Richtlinien, Schulungsinstrumente und gemeinsame Plattformen, die für eine breite Palette an Disziplinen und aufkommenden Technologien/Methoden anwendbar sind, wobei die von der EU unterstützte Wiki-Plattform „Embassy of Good Science" als Repositorium für diese Materialien dient.

Fazit

Auch wenn Europa jetzt einen gemeinsamen Rahmen für die Entwicklung von Strategien hat, liegen die größten Herausforderungen für die Umsetzung bei der täglichen Arbeit auf der Ebene der einzelnen Forschenden. Die Priorität muss nun darin liegen, ihnen ein Verständnis dafür zu vermitteln, was gutes und ethisches

Verhalten ausmacht und wie sie mit dem leistungsbezogenen Druck umgehen, der in der Forschungswelt auf ihnen lastet.

Ein breit angelegter Verhaltenskodex für Integrität in der Forschung bietet eine hervorragende Referenz für die Gestaltung von Lehrplänen und die Entwicklung von Lehrmaterialien, die das Bewusstsein des Einzelnen für die Bedeutung aller Elemente guter Forschungspraxis stärken können. Für die Zukunft müssen wir jedoch auch nach Möglichkeiten suchen, einige der falschen Anreize, die das Forschungssystem setzt, zu verringern. Dies wird eine gemeinsame Aufgabe der Forschungsgemeinschaft, ihrer Institutionen, der Verlage, der Forschungsförderer und des politischen Systems sein, das Forschungsprioritäten festlegt und bei Investitionsentscheidungen auf die öffentliche Meinung reagiert. Jede:r Akteur:in wird die Bereitschaft zeigen müssen, Verantwortung für jene Teile des Puzzles zu übernehmen, die er/sie beeinflussen und verändern kann. Dies kommt der europäischen Forschungsgemeinschaft als Ganzes zugute und stärkt das Vertrauen der Öffentlichkeit in Forschungsergebnisse.

Literatur

ALLEA – All European Academies (2017). *The European Code of Conduct for Research Integrity.* Verfügbar unter: https://allea.org/code-of-conduct/ [18.05.2021].

Committee on Publication Ethics (COPE) (2008). *Guidelines on Authorship and Contributorship.* Verfügbar unter: https://publicationethics.org/authorship [18.05.2021].

Europäische Kommission (2010). *Europa 2020: Eine Strategie für intelligentes, nachhaltiges und integratives Wachstum.* Brüssel: KOM(2010) 2020. Verfügbar unter: https://web.archive.org/web/20120513144647/http://bmwi.de/BMWi/Redaktion/PDF/E/eu-kommission-mitteilung-europa-2020,property=pdf,bereich=bmwi,sprache=de,rwb=true.pdf [18.05.2021].

European Science Foundation und ALLEA (2011). *The European Code of Conduct for Research Integrity.* Verfügbar unter: https://www.allea.org/wp-content/uploads/2015/07/Code_Conduct_ResearchIntegrity.pdf [18.05.2021].

Global Research Council (2013). *Statement of Principles on Research Integrity.* Verfügbar unter: https://www.globalresearchcouncil.org/fileadmin//documents/GRC_Publications/grc_statement_principles_research_integrity_FINAL.pdf [18.05.2021].

Godecharle, S., Nemery, B. & Dierickx, K. (2013). Guidance on research integrity: no union in Europe. *The Lancet*, 381, 1097–1098. Verfügbar unter: https://pubmed.ncbi.nlm.nih.gov/23540852/ [18.05.2021].

International Council for Science (2008). *Statement on promoting the integrity of science and the scientific record.* Verfügbar unter: https://council.science/wp-content/uploads/2017/04/CFRS_research_integrity_2008.pdf [18.05.2021].

Luhmann, N. (1979). *Trust and Power.* Chichester, UK: Wiley Publishers.

May D. R. & Luth M. T. (2013). The effectiveness of ethics education: a quasi-experimental field study. *Science and Engineering Ethics*, 19(2), 545–568.

National Academy of Sciences, National Academy of Engineering & Institute of Medicine (2009). *On Being a Scientist: A Guide to Responsible Conduct in Research.* Third Edition. Washington, DC: The National Academies Press. Verfügbar unter: https://doi.org/10.17226/12192 [18.05.2021].

OECD – Global Science Forum (2007). *Best Practices for Ensuring Scientific Integrity and Preventing Misconduct.* Verfügbar unter: https://www.oecd.org/science/inno/40188303.pdf [18.05.2021].

Rat der Europäischen Union (2015). *Schlussfolgerungen des Rates zur Integrität der Forschung.* Verfügbar unter: https://data.consilium.europa.eu/doc/document/ST-14201-2015-INIT/de/pdf [18.05.2021].

Second World Conference on Research Integrity (WCRI) (2011). *Singapore Statement on Research Integrity.* Verfügbar unter: https://wcrif.org/guidance/singapore-statement [18.05.2021].

Third World Conference on Research Integrity (WCRI) (2013). *Montreal Statement on Research in Cross-Boundary Research Collaborations.* Verfügbar unter: https://wcrif.org/montreal-statement/file [18.05.2021].

UNESCO (1974, überarbeitet 2017). *Recommendation on Science and Scientific Research.* Verfügbar unter: https://unesdoc.unesco.org/ark:/48223/pf0000260889.page=116 [18.05.2021].

Forschungsintegrität im internationalen Kontext: Errungenschaften, Kämpfe und Debatten bei der Nord-Süd-Zusammenarbeit in der Forschung

Simson Mwale

Einleitung

In den vergangenen Jahrzehnten wurden große Anstrengungen unternommen, um Strategien und Richtlinien zur Forschungsintegrität sowie Kapazitäten der Forschenden und Einrichtungen in Afrika auszubauen. Diese Entwicklung ist teilweise eine Folge der Forschungszusammenarbeit zwischen Ländern mit höherem Einkommen und Ländern mit niedrigerem und mittlerem Einkommen in Afrika, die in dieser Kooperation als „Nord-Süd"-Partner bezeichnet werden. Viele afrikanische Länder sind aktiv an Forschungsarbeiten und Projekten in einem sehr breiten Spektrum an wissenschaftlichen Bereichen mit Forschenden aus verschiedenen Teilen der Welt beteiligt. Eine große Bedeutung in diesem Kontext hat die Forschungsintegrität – und zwar sowohl im Sinne der wissenschaftlichen Integrität als auch der beruflichen Integrität der Forschenden. Echte internationale Partnerschaft in der Forschung scheint nach wie vor ein Ziel zu sein, dass noch in weiter Ferne ist. Da viele Länder sich nun langsam auf eine Welt nach COVID-19 vorbereiten, sollten diese ungleichen Partnerschaften stärker in den Fokus rücken. Dafür müssen die Beweggründe für die Forderung nach verantwortungsvollem Verhalten und einer verantwortungsvollen Praxis in der internationalen Forschung erneut deutlich benannt werden, denn die Wahrung der Forschungsintegrität bei Nord-Süd-Forschungsarbeiten ist essenziell für eine vertrauensvolle Zusammenarbeit.

Während der Titel dieses Beitrags „Forschungsintegrität im internationalen Kontext" lautet, ist ein Untertitel angebracht, um die Errungenschaften, Kämpfe und Debatten bei der Nord-Süd-Zusammenarbeit in der Forschung anzusprechen. Der Begriff „Nord-Süd-Zusammenarbeit in der Forschung" wird hier speziell für Forschungspartnerschaften verwendet, an denen beispielsweise Forschende und Einrichtungen in Europa (in diesem Fall der Norden) und solche in Afrika (d. h. der Süden) beteiligt sind. Zweifelsohne dient die internationale Forschungskooperation als Kanal für Austausch, Anpassung und Verbreitung des Wissens, das weltweit produziert wird. Trotz aller guten Vorsätze bestehen die Herausforderungen bei der internationalen Forschungszusammenarbeit jedoch weiterhin und sind in einigen Fällen sogar gewachsen. Eine offene Diskussion darüber ist demnach wichtig und Zweck dieses Artikels.

Entsprechend geht es hier um relevante Themen in Bezug auf die Umstände, denen Forschende im Süden begegnen, und die Teil des Dialogprogramms zur Nord-Süd-Forschungszusammenarbeit sein sollten. Dieser Artikel befasst sich mit den Anfangsphasen, Vorteilen, Barrieren und Debatten dieser Kooperation. Darüber hinaus wird vorgeschlagen, den Kreislauf der ungleichen Zusammenarbeit zu durchbrechen und somit die weitere Diskussion anzuregen. Dabei sind besonders die Bemühungen einzelner Forschender hervorzuheben, die weiterhin in einem schwierigen Umfeld tätig sind und sich ständig um die Stärkung der wissenschaftlichen und beruflichen Integrität auf der ganzen Welt bemühen.

Eine turbulente Geschichte der Nord-Süd-Forschungszusammenarbeit

Seit den 1940er-Jahren haben die großen Weltmächte bei der Verbreitung des wissenschaftlichen und industriellen Fortschritts in afrikanischen Ländern erhebliche Schritte unternommen (Freshwater u. a., 2006). Dies geschah in Form eines erheblichen, vielfältigen – und größtenteils gut gemeinten – Transfers enormer finanzieller und personeller Ressourcen aus dem Norden in den Süden (Perry & Pullanikkatil, 2018). In den ersten Jahren, so Boeren (2014), wurde Unterstützung aus dem Norden zur Ausbildung von Fachkräften geleistet. So gab man afrikanischen Studierenden Stipendien für ein Studium im Norden in der Erwartung, dass die Absolvent:innen nach ihrer Rückkehr zur Entwicklung ihrer jeweiligen Länder beitragen würden. Junge Universitäten in Afrika wurden bei der Errichtung von Anlagen, der Entwicklung von Lehrplänen und der Ausbildung von Mitarbeitenden unterstützt. Viele Regierungen des Nordens initiierten Programme für Stipendien und Projekte im Bereich der Hochschulbildung und Forschung, die der Stärkung der Kapazitäten in den Entwicklungsländern dienen sollten.

Zweifelsohne hat die Hochschulbildung in Afrika eine Achterbahnfahrt hinter sich. Boeren (2014) beschreibt einige Veränderungen, die sie in der Vergangenheit geprägt haben. Trotz der enormen Ausweitung des Zugangs zur Hochschulbildung in den späten 1970er-Jahren sind die dafür zur Verfügung stehenden Mittel nicht im gleichen Verhältnis angestiegen. Denn verschiedene Wirtschaftskrisen und die parallelen Kürzungen der Geberunterstützung für den Hochschulbereich haben den Bildungssektor allgemein und den Hochschulsektor im Besonderen hart getroffen. Die 1990er-Jahre waren dann von der Konzentration auf die Grundbildung gekennzeichnet. Dies beruhte auf der Annahme, dass diesbezügliche Investitionen eine höhere volkswirtschaftliche Rendite bringen würden als Investitionen in die Hochschulbildung. Umgekehrt wurden Hochschulen ermutigt, durch Marketingpraktiken und öffentlich-private Partnerschaften selbst zusätzliche Mittel zu erlangen. Um die Qualität der Bildung zu verbessern und die internationale Mobilität zu fördern, mussten sich Einrichtungen, Lehrpläne, Studierende und Mitarbeitende internationalisieren.

Boeren (2014) beobachtet weiter, dass die Veränderungen in der Bildungspolitik und der Finanzierung auch akademische Einrichtungen im Norden dazu zwangen, ihre Prioritäten und Strategien in Bezug auf internationale Zusammenarbeit zu überdenken. Als es darum ging, Fachbereiche zu erhalten und die Zusammenarbeit mit Partner:innen im Süden anzustreben, mussten sie selektiver werden. So wurde es beispielsweise als vorteilhafter angesehen, mit renommierten akademischen Einrichtungen und Partner:innen in reicheren Ländern als mit solchen in ärmeren Ländern zu kooperieren. Gleichzeitig schränkten die Entwicklungshilfegeber die Hauptziele der von ihnen finanzierten Programme für Zusammenarbeit im Hochschulbereich ein. Die Vergabe der Gelder sollte vollständig auf die Bedürfnisse der Entwicklungsländer ausgerichtet werden und nicht mehr zur Kofinanzierung von Hochschulen im Norden verwendet werden. Dieser Wandel in der Geberpolitik schmälerte in der Folge allerdings nicht nur die Möglichkeiten der Einrichtungen im Norden, Mittel aus Kooperationsprojekten zur Verfolgung eigener akademischer Interessen zu nutzen, sondern dämpfte auch ihre Motivation, sich auf eine Zusammenarbeit mit Einrichtungen in Afrika einzulassen.

Eines ist jedoch klar: Ungeachtet der sich im Laufe der Jahre ändernden Umstände der Zusammenarbeit und Unterstützung sind viele afrikanische Universitäten und Forschungseinrichtungen besser und stärker geworden. Afrikas Forschungsoutput wächst, obwohl er im Vergleich zu etablierten Volkswirtschaften klein bleibt (Freshwater u. a., 2006; Adam u. a., 2011). Es ist daher zu erwarten, dass die weitere Forschungsentwicklung in Afrika auch in Zukunft von externer Unterstützung und Zusammenarbeit profitieren wird. Dabei ist zu erwähnen, dass es angesichts schwindender Ressourcen aus dem Norden bis vor kurzem ein wachsendes Interesse an innerafrikanischer Forschungskooperation gab. Gleichwohl muss man einräumen, dass Forschende in Afrika in der Vergangenheit im Durchschnitt häufiger mit Akademiker:innen außerhalb Afrikas als mit Forschenden innerhalb des Kontinents zusammengearbeitet haben (Confraria u. a., 2020). Denn diese Form der internationalen Zusammenarbeit – sei es, um Zugang zu spezialisierter Technologie zu erhalten, innovative Ideen zu entwickeln oder globale Gesundheitskrisen anzugehen – bietet Forschenden sowohl im Norden als auch im Süden die Möglichkeit, ihre wissenschaftliche Arbeit und Lösungen für globale Probleme voranzutreiben. Ideen überschreiten Grenzen und unterliegen keiner einzelstaatlichen Kontrolle. Die Stärkung der wissenschaftlichen und beruflichen Integrität erfordert somit, dass Forschende im Süden oder Norden auf ihre Kolleg:innen in der ganzen Welt zugehen (Owen, 2018; Confraria u. a., 2020). Dieses Ziel wird auch mit Projekten wie dem von der EU finanzierten Erasmus Mundus + Programm, das sowohl die akademische innerafrikanische als auch die Nord-Süd-Mobilität für Universitätsstudierende und -mitarbeitende unterstützt.

Vorteile der Nord-Süd-Forschungszusammenarbeit

Die Vorteile der internationalen Forschungszusammenarbeit sind weitgehend anerkannt (Arvanitis & Gaillard, 2014). Dazu gehören unter anderem die Stärkung der allgemein schwachen Forschungsinfrastruktur und der technischen Kapazitäten in Afrika, der Zugang zu Fachwissen, ergänzendem Know-how und neuen

Techniken, die Schaffung von Lernmöglichkeiten, die Verbesserung von Networking-Aktivitäten, ein besserer Zugang zu Finanzierung und Ausrüstung, nationale und internationale Anerkennung usw. (Freshwater u. a., 2006; Bockarie, 2019; Mathews u. a., 2020). All diese Vorteile werden zutreffend in Ziel 17 (Globale Partnerschaften) der UN-Ziele für nachhaltige Entwicklung (Sustainable Development Goals – SDG) erkannt:

> „Enhance North-South, South-South and triangular regional and international cooperation on and access to science, technology and innovation, and enhance knowledge sharing on mutually agreed terms"

Dennoch bleibt abzuwarten, ob sich die bestehende Nord-Süd-Forschungszusammenarbeit wirklich auf die Erreichung des SDG-Partnerschaftsziels zubewegt.

Es gibt Belege für harmonische Zusammenarbeiten von Forschenden mit unterschiedlichen kulturellen und intellektuellen Hintergründen und deren Überwindung von möglichen Missverständnissen und Fehlkommunikationen (Owen, 2008; Arvanitis & Gaillard, 2014). Die Förderung guter Beziehungen zwischen den Teammitgliedern bei einer Forschungszusammenarbeit ist daher ein wichtiges und ständiges Anliegen (Freshwater u. a., 2006; King, 2012).

Das digitale Zeitalter vereinfacht internationale Zusammenarbeit. Neue elektronische Technologien haben sich in den letzten Jahren weit verbreitet und bieten sowohl Chancen als auch Herausforderungen für internationale Forschungszusammenarbeit (Freshwater u. a., 2006; Owen, 2018). Unter anderem werden Crowdsourcing-Methoden eingesetzt, um viele Menschen für die Arbeit an wissenschaftlichen Problemen zu rekrutieren oder Informationen bereitzustellen. Aber diese neuen Technologien bergen gleichfalls die Gefahr, dass die Technologie die Forschung lenkt und Forschende dazu ermutigt, Methoden oder Maßnahmen nur deshalb zu wählen, weil sie machbar und verfügbar sind.

Auch bei der Bewältigung globaler Gesundheitskrisen wie Ebola und COVID-19 gibt es vermehrt Partnerschaften zwischen Forschenden. Bei der Festlegung von Forschungsprioritäten bestehen echte Synergien zwischen kontinentalen Organisationen wie den Africa Centres for Disease Control and Prevention (Africa CDC), dem Regionalbüro für Afrika der Weltgesundheitsorganisation (WHO) und der African Academy of Sciences (AAS). Darüber hinaus hat im Laufe der Jahre das Phänomen der Co-Autor:innenschaft bei wissenschaftlichen Veröffentlichungen besonders im Kontext großer globaler Forschungseinrichtungen und von Kooperationsprogrammen erheblich zugenommen (King, 2012; Jeffery, 2014). Die Anzahl an Co-Autor:innenschaften wird häufig als Maß verwendet, den Umfang an internationaler Kooperation zu bestimmen. Einige wenige empirische Studien weisen jedoch darauf hin, dass dies als Indikator nicht hinreichend sei, da eine wissenschaftliche Zusammenarbeit auch stattfinden könne, ohne dass sie in eine gemeinsam verfasste, schriftliche Arbeit münde (Morris, 2015).

Eine weitere Folge der Nord-Süd-Zusammenarbeit ist letztlich die Entwicklung internationaler Forschungsstandards, ethischer Grundsätze, Kodizes und Richtlinien wie dem „Europäischen Verhaltenskodex für Integrität in der Forschung" (2017), dem „Code of Conduct for Responsible Research" (2017) der WHO, dem „Montreal Statement on Research Integrity" (2013) und dem „Singapore Statement on Research Integrity" (2010). Damit wurden zentrale Werte und Grundsätze definiert, die in direktem Zusammenhang mit der Forschungsintegrität und internationalen Untersuchungen zum Fehlverhalten in der Forschung stehen, sowie die Förderung eines erhöhten internationalen Bewusstseins für dieses Thema und die Vernetzung von Expert:innen und Institutionen vorangetrieben (Klitzman, 2011; Mandal & Parija, 2014). Darüber hinaus sind dort praktische Empfehlungen und Werkzeuge enthalten, die bei der Untersuchung möglicher Fälle von Fehlverhalten bei der internationalen Forschungszusammenarbeit helfen sollen.

Die Erfahrung hat jedoch gezeigt, dass Ethikkodizes und -richtlinien, die für die Forschung in entwickelten Ländern erstellt wurden, auf die Forschung in Entwicklungsländern in der Praxis häufig nicht praktikabel angewendet werden können und eine Reihe von strittigen Fragen aufwerfen (Morris, 2015). Aus diesem Grund wird zunehmend versucht, Richtlinien zu erstellen, die maßgeschneidert sind für den Kontext der Entwicklungsländer. Im Allgemeinen dominieren die Biowissenschaften und die medizinische Forschung diese Bemühungen, sodass für all jene, die die Zusammenarbeit in der sozialwissenschaftlichen Forschung in Entwicklungsländern betreiben wollen, kaum brauchbare Hinweise verfügbar sind (Mandal & Parija, 2014).

Morris (2015) weist darauf hin, dass Forschende hier auch Schwierigkeiten haben, Beratung hinsichtlich der Beschäftigung lokaler Forschungsassistent:innen zu erhalten. Weil diese Expertise selbst von Geberorganisationen nicht zur Verfügung gestellt wird, müssen sich die Forschenden Hilfe bei zahlreichen unterschiedlichen Quellen suchen (z. B. aus beruflichen Verhaltenskodizes in verwandten Disziplinen, aus nationalen und internationalen Gesetzen, aus internationalen Verträgen usw.).

Barrieren und Debatten bei der Nord-Süd-Forschungszusammenarbeit

Die internationale Forschungszusammenarbeit hat ihre eigenen Herausforderungen. Einige sind leichter zu überwinden, wie die Gewöhnung an die Arbeitskultur in einem anderen Land. Andere dagegen, wie Sprachunterschiede, die Einhaltung von Projektfristen und die Sicherheitslage oder politische Situation des Gastlandes können das Projekt jedoch erheblich erschweren (Freshwater u. a., 2006; Bosch & Titus, 2009; Owen, 2018). Es gibt eine lange Tradition ungleicher Partnerschaften in der Forschungszusammenarbeit zwischen afrikanischen Forschungseinrichtungen und solchen in Industrieländern. Ein Blick in die Literatur, beispielsweise zur Gesundheitsforschung zwischen Entwicklungsländern und entwickelten Ländern, bestätigt, dass es in allen Phasen des Forschungsprozesses Machtungleichgewichte und Ungleichheiten gab und gibt: von der Finanzierung über die Festlegung des Programms, die Datenerhebung und die Analyse bis hin zum Forschungsoutput (Walsh u. a., 2016; Mathews u. a., 2020). Einige dieser Ungleichgewichte sind strukturell bedingt, etwa die Finanzierung des Projekts, andere in der ungleichen Partnerschaft begründet, wie die Frage, wer der/die Hauptforscher:in wird.

Bis heute geht dieses stark unausgewogene Machtverhältnis zugunsten von Forschungseinrichtungen aus dem Norden und zulasten afrikanischer Forschender und Einrichtungen (Adam, 2011; Maswime & Atun, 2020). Häufig wird diese ungleiche Machtdynamik durch einen Top-Down-Ansatz verschärft. Sie ist eine Form der Ausbeutung, bei der eine externe Gebereinrichtung oder -organisation das Gastinstitut oder die Gastorganisation ausnutzt (EU, 2010; Maswime & Atun, 2020). Es wurde auch beobachtet, dass Forschungszusammenarbeit zwischen Industrie- und Entwicklungsländern stets mit einem Vertrag beginnt, der die Forschenden innerhalb einer hierarchischen Struktur positioniert. Dies geschieht in einem Rahmen, „*which goes back to colonial times, when the colonised were regarded as empty vessels to be filled*" (Chilisa, 2005, 676). Vereinbarungen, die sich auf Daten und Ergebnisse, Veröffentlichungen und Autor:innenschaft beziehen, sind relativ selten, und nur wenige solcher Vereinbarungen verlangen, dass die auf dem Förderantrag genannten Projektpartner:innen diese Vereinbarung vor Beginn der Forschung unterzeichnen. Morris (2015) beschreibt in einer Studie, dass sich solche Abkommen in der Regel auf die Bestimmungen der „Vancouver Recommendations for the Conduct, Reporting, Editing, and Publication of Scholarly Work in Medical Journals" stützen, manchmal mit zusätzlichen Klauseln, die die Einbeziehung von Mitarbeitenden aus dem Gastland bei der Veröffentlichung der Forschungsergebnisse regeln.

Viele Forschende im Süden haben weiterhin den Eindruck, dass die Forschungsprogramme von den Interessen ihrer Kooperationspartner:innen im Norden und nicht von den Bedürfnissen der beteiligten lokalen Gemeinschaften oder Einrichtungen gelenkt werden (Walsh u. a., 2016; Maswime & Atun, 2020). Mit den Worten eines sambischen Forschers:

> „They [gemeint sind die Forscher:innen aus dem Norden] needed the African data to push their agenda forward. So in a way it was almost contract research. It was really their study idea but our study site." (Walsh u. a., 2016, 6)

Die von Walsh beschriebene Situation ist nicht nur unethisch, sondern verstößt auch gegen international anerkannte Standards der Forschungsintegrität. Andere Forschende aus dem Süden bringen die Tatsache, dass Wissenschaftler:innen oder Einrichtungen aus dem Norden zur Festlegung der Inhalte von Forschungsprogrammen tendieren, mit der langjährigen Kultur der Entwicklungshilfe und einer anhaltenden Erfahrung der Kolonisierung in Verbindung (Walsh u. a., 2016; Maswime & Atun, 2020). Bemerkenswert ist, dass die meisten afrikanischen Länder weiterhin beträchtliche Hilfe erhalten, was anscheinend dazu beiträgt, dass Forschende oder Einrichtungen aus dem Norden mit den Mitteln kommen, um vor Ort Probleme zu lösen und das Programm zu bestimmen (Walsh u. a., 2016). Diese Art der ungleichen Zusammenarbeit führt zum Teil auch dazu, dass Forschungsfragen und Datenerhebungsinstrumente im Norden entwickelt und dann an den Kontext eines afrikanischen Landes angepasst werden – und das auch bei Studien, die ausschließlich in einem afrikanischen Land durchgeführt werden sollen (de-Graft Aikins, 2008).

Dennoch sind Bemühungen zu erkennen, einige dieser Hindernisse zu beseitigen. Diese sind eher subtil und Möglichkeiten eröffnen sich nur langsam und noch nicht auf einem Niveau, das in Kürze eine Veränderung des ungleichen Status quo erwarten lässt. So wurde beispielsweise 2016 das vom Global Challenges Research Fund (GCRF) finanzierte Sustainable Futures in Africa (SFA) Network mit Hubs in Nigeria, Uganda, Botswana, Malawi und Großbritannien gegründet. Damit sollen neue Wege zur Einbindung von Gemeinschaften beschritten werden, um ihnen die Einbindung ihres traditionellen Wissens und die Mitgestaltung der Forschungsprogramme zu ermöglichen (Perry & Pullanikkatil, 2018).

Obwohl die Möglichkeiten der Veröffentlichung für Forschende aus dem Norden und aus dem Süden im Allgemeinen als gleichberechtigt und ethisch angesehen werden, bleiben einige Erfahrungen in Bezug auf die Autor:innenschaft umstritten. So gibt es Berichte über Projektmitarbeitende aus dem Norden, die den größten Teil des Verschriftlichens der Forschungsergebnisse an sich ziehen und sich selbst als Erstautor:innen einsetzen, was sie auch damit rechtfertigen, die Sichtbarkeit und die Kapazitäten von Forschenden aus dem Süden aufbauen zu wollen (Walsh u. a., 2016). Forschungsarbeiten liefern einige Belege für Ungleichheiten in der Autor:innenschaft von Arbeiten aus nördlichen und südlichen Blickwinkeln (Adam u. a., 2011; Jeffery, 2014; Walsh u. a., 2016). Die meisten dieser Studien zeigen, dass viele Veröffentlichungen, deren Forschungsgegenstand im Süden liegt, Autor:innen aus dem Norden haben und in den meisten Fällen auch die Erstautor:innen von dort stammen. Für Forschende aus dem Norden scheint es völlig akzeptabel zu sein, sich prinzipiell als „Erst- und Seniorautor:in" zu betrachten. Dies ist jedoch unethisch.

Weitere Ungleichheiten wurden bei der Handhabung der Datenerfassung und Datenanalyse festgestellt. Carbonnier & Kontinen (2014) beobachten, dass Forschende aus dem Norden dazu neigen, die Datenanalyse zu leiten, da sie davon ausgehen, dass sie über größere Kapazitäten für die Datenanalyse verfügen. Forschende aus dem Süden sind dagegen meist für den Prozess der Datenerhebung verantwortlich, da vorausgesetzt wird, dass sie die zeitlichen Kapazitäten und ein gutes Verständnis für die Kultur und den Kontext der Gemeinschaften haben. Die Stärkung der Forschungskapazitäten ist also in der Regel eine Einbahnstraße, eine Nord-Süd-Sichtweise (Walsh u. a., 2016), die auf der irrigen Annahme beruht, nur Forschende aus dem Norden hätten Wissen und Kapazitäten, die sie dem Süden vermitteln könnten, aber nicht umgekehrt. Der vom Verbundprojekt TRUST (Equitable Research Partnerships) entwickelte „Global Code of Conduct for Research in Resource-Poor Settings" hält daher im Umgang mit solchen Herausforderungen in Artikel 4 fest:

> „Local researchers should be included, wherever possible, throughout the research process, including in study design, study implementation, data ownership, intellectual property and authorship of publications." (Schroeder et al., 2019, 6)

Dennoch ist anzumerken, dass allein die Freiheit für Forschende im Norden, sich bei ihren Projekten für oder gegen eine Einbeziehung südlicher Forschungspartner:innen zu entscheiden, das Nord-Süd-Ungleichgewicht weiterhin begünstigt. Die Einbindung lokaler Forschender sollte verpflichtend und keine Option sein.

Bei der Zusammenarbeit zwischen Norden und Süden wurde häufig eine Methode angewandt, die in der letzten Zeit als Ansatz des „Liste abhakens" (tick-box approach) beschrieben wurde. Laut Perry und Pullanikkatil (2018) ist damit gemeint, dass einige globale Süd-Partner listenweise Kästchen mit Anforderungen abhaken als Nachweis, dass das Forschungsprojekt die Förderkriterien erfüllt. In den meisten Fällen, so stellen die Autor:innen fest, geht aus diesen Listen lediglich hervor, dass lokale Berater:innen und/oder Einheimische zur Beratung herangezogen wurden. Sie treffen aber keine inhaltlichen Aussagen zur Qualität der Zusammenarbeit.

Viele formal finanzierte Forschungen, die im Namen der Entwicklung und sozialen Gerechtigkeit durchgeführt werden, haben mit dem großen Versprechen von Fachwissen- und Ressourcentransfer begonnen. Die Praxis des „Listen abhakens" erfüllt jedoch lediglich die Zwecke des/r „Expert:in", der/die typischerweise aus dem Norden stammt (Perry & Pullanikkatil, 2018). Sie verstärkt eine Compliance-Kultur, in der ethisch zu sein lediglich bedeutet, die Vorschriften und Verbote einzuhalten. Dass alle Kästchen abgehakt wurden, ist jedoch noch keine Garantie dafür, dass eine bestimmte internationale Forschungszusammenarbeit die festgelegten Standards der Forschungsintegrität einhält und dauerhaft erfüllt.

Ein weiterer schwerwiegender Fehler in der Nord-Süd-Forschungszusammenarbeit ist die „Fallschirm"-Forschung, die sich auf die Praxis von Wissenschaftler:innen und Forschungsgruppen aus dem Norden bezieht, in afrikanischen Ländern oder anderen ärmeren Teilen der Welt zu forschen und Daten zu sammeln, ihre Ergebnisse in renommierten Zeitschriften zu veröffentlichen und ihren lokalen

Mitarbeiter:innen wenig oder gar keine Anerkennung zukommen zu lassen (Bockarie, 2019). Obwohl die „Fallschirm“-Forschung in der wissenschaftlichen Gemeinschaft zunehmend erkannt und verurteilt wird, ist anzumerken, dass Diskussionen über Vorwürfe zu Forschungsaktivitäten dieser Art keineswegs ein Hinweis darauf sind, dass Forschende aus Industrieländern keine Rolle bei der Gestaltung afrikanischer Lösungen für afrikanische Probleme zu spielen haben. Gleichermaßen suggerieren solche Diskussionen nicht, dass Forschende aus dem Norden nicht in Afrika forschen sollten. Im Gegenteil: Sie leisten durch ihre Forschung in Afrika weiterhin enorme Beiträge zur Entwicklungsagenda des Kontinents. Die Nord-Süd-Forschungspartnerschaften sind entscheidend für die Bewältigung globaler Gesundheitskrisen wie HIV/AIDS, Tuberkulose und Malaria, von denen der Kontinent unverhältnismäßig stark betroffen war und ist. Sie werden jedoch dann zum Problem, wenn lokale Forschende ins Abseits gedrängt werden und ein Aufbau von Kapazitäten und Kompetenzentwicklung nicht stattfindet. Daher müssen Anstrengungen unternommen werden, ein Modell der Nord-Süd-Partnerschaft und der internationalen Zusammenarbeit zu fördern, das der „Fallschirm“-Forschung den Weg versperrt und sich Forschenden entgegenstellt, die einen eher parasitären als symbiotischen Ansatz zur Forschung in und über Afrika verfolgen. Ein gutes Beispiel ist das Childhood Acute Illness and Nutrition (CHAIN) Network, das von einer Gruppe von Forschenden zum Thema Unterernährung mit Sitz am College of Medicine der Universität Malawi gegründet wurde, um unter anderem die Nord-Süd-Zusammenarbeit zu stärken und „Fallschirmforschung“ zu vermeiden (Bockarie, 2019).

Die größte Herausforderung für afrikanische Forschende ist die fehlende Finanzierung durch ihre jeweiligen Regierungen; eine Situation, die sie häufig dazu zwingt, auf die Finanzierung durch externe Quellen angewiesen zu sein (Confraria u. a., 2020). Forschungsgelder fließen fast ausschließlich – bis auf wenige Ausnahmen – über nördliche Institutionen und Forschende (Walsh u. a., 2016). Das Machtinstrument der Finanzierung sichert den nördlichen Gebern und Forschenden dabei nicht nur die Kontrolle über viele andere Elemente des Forschungsprozesses, sondern festigt auch ihre dominante Position, sowohl das Programm als auch das Format der Partnerschaft vorschreiben zu können (Walsh u. a., 2016). In Bezug auf diese externen Finanzierungsmöglichkeiten gibt es viele Einschränkungen. So ist die Förderungsberechtigung oft vordefiniert, d. h. Forschende aus dem Norden haben für feststehende Themen einen eingegrenzten Zugang zu ihren eigenen nationalen oder regionalen Forschungsförderungseinrichtungen. Dieser Bereich liegt daher außerhalb der Kontrolle von Forschenden aus dem Norden und Süden (Walsh u. a., 2016) und stellt damit ebenfalls ein Hindernis bei der Programmfestlegung internationaler Forschungskooperationen dar.

Bestehende Berichte weisen auch darauf hin, dass einige Geber südlichen Forschenden oder Einrichtungen bei der Verwaltung von Mitteln und der Rechnungslegung über das Forschungsbudget nicht vertrauen und stattdessen mehr Vertrauen in nördliche Partner:innen haben (Walsh u. a., 2016). Die Geber zeigen zudem eine mangelnde Bereitschaft, ihre südlichen Partner beim Aufbau institutioneller Kapazitäten zu unterstützen, um diese wahrgenommene Unfähigkeit zu beheben und ihnen die Verwaltungshoheit über die finanziellen Ressourcen zu übertragen.

Solange die Finanzierung ausschließlich aus dem Norden kommt, bleibt die Macht im Norden und das wirkt sich negativ auf die Nord-Süd-Zusammenarbeit aus. Wünschenswert wäre, dass der direkte Zugang zu Finanzquellen Forschenden aus dem Norden keinen Anlass gibt, unethisch zu handeln, wenn es um Nord-Süd-Forschungspartnerschaften geht. Denn es gibt einen Unterschied zwischen wirtschaftlicher und geistiger Armut und der Süden leidet nicht unbedingt an Letzterer. Über die wenigen Finanzierungsmechanismen für die internationale Zusammenarbeit in Afrika hinaus sollten internationale Geber in Erwägung ziehen, Forschungsprojekte in Afrika direkt zu finanzieren oder Stiftungen für die Forschung innerhalb Afrikas aufzubauen und zu unterstützen. Darüber hinaus betrifft die Herausforderung der Finanzierung auch Promovierende und Nachwuchswissenschaftler:innen. In den meisten afrikanischen Ländern werden Promotionstudien nur selten gefördert, sodass die Studierenden ihre Forschungsaktivitäten selbst finanzieren müssen. Diese Notlage wirkt sich negativ auf Afrikas Forschungs- und Wissenschaftsoutput aus.

Der Zugang zu Finanzierungsquellen hat darüber hinaus Auswirkungen darauf, wer bei einem Projekt als Hauptforscher:in auftritt und ob ein gleichberechtigtes Verhältnis der Partner überhaupt in Erwägung gezogen wird. Forschende im Süden werden häufig auf mittlere Forschungspositionen verwiesen (Walsh u. a., 2016), vor allem aufgrund fehlender aufsichtsrechtlicher Anforderungen. Als Vorbild könnte hier der sambische „National Health Research Act“ (Act No. 2 of 2013) gelten, der vorschreibt, dass bei jeder Kooperationsstudie ein Sambier der/die Hauptforschende oder Co-Hauptforschende sein muss (GRZ, 2013; Walsh u. a., 2016). Manchmal ist die Einbeziehung eines/r Forscher:in aus dem Süden als Haupt- oder Co-Hauptforschende:r auch Teil des Forschungsantrags oder der Forschungsförderung (Morris, 2015).

Ein weiterer strittiger Punkt ist schließlich die Zahlung von Aufwandsentschädigungen an Studienteilnehmer:innen oder Testpersonen, die nach Ansicht der Antragsteller:innen für die aufgewendete Zeit, Reisen und Unannehmlichkeiten entschädigt werden sollten. Diese Vergütungen dürfen nicht so hoch sein, dass sie die Zustimmung oder Teilnahme des oder der Proband:in quasi erzwingen, und sollten von einer ethischen Prüfungskommission überprüft werden (Mandal & Parija, 2014). Das Thema bleibt vor allem deshalb strittig, weil die verschiedenen Gesetze, Verordnungen und ethischen Richtlinien, die die Durchführung von Forschung mit Testpersonen regeln, relativ wenige spezifische Hinweise darauf geben, was ein Zahlungsangebot ethisch akzeptabel macht und was nicht (Largent & Lynch, 2017). Obwohl die Bezahlung von Testpersonen an sich nicht unethisch ist, wirkt sie sich doch entscheidend auf die Rekrutierung aus. Und diese Praxis der Aufwandsentschädigung benachteiligt sowohl Doktorand:innen als auch Nachwuchswissenschaftler:innen im Süden, die in den meisten Fällen ihre Forschungsaktivitäten selbst finanzieren müssen.

Alte Muster durchbrechen für echte Veränderung

Obwohl es für Nord-Süd-Forschungszusammenarbeit zahlreiche Richtlinien gibt, einschließlich der oben genannten, müssen noch einige Unzulänglichkeiten überwunden werden. Im Großen und Ganzen werden die Regeln der Forschungszusammenarbeit, wie Ehrlichkeit, Rechenschaftspflicht, professionelle Höflichkeit, Fairness und guter Umgang miteinander weitgehend befolgt. Aber die Erfahrung zeigt, dass einiges mehr nötig ist, um sicherzustellen, dass alle Beteiligten auch tatsächlich von den Ergebnissen der Forschungszusammenarbeit profitieren. Der oben zitierte Kodex des Verbundprojekts TRUST räumt ein, dass *„research partnerships between high-income and lower-income settings can be highly advantageous for both parties“* (Schroeder et al. 2019, 5), aber *„they can lead to ethics dumping, the practice of exporting unethical research practices to lower-income settings“* (Schroeder et al. 2019, 5). Ethisches Dumping ist unethisch und dem wissenschaftlichen Fortschritt abträglich. So lautet ein altes Sprichwort: *„The bird does not change its feathers because of bad weather.“*

Es besteht nach wie vor die große Erwartung, dass es eine Charta oder einen Vertrag geben wird, der nicht nur verantwortungsvolle Forschung und professionelle Integrität bei der internationalen Zusammenarbeit garantiert, sondern tatsächlich ein Umfeld schafft, in dem sich Forschende und ihre Einrichtungen respektiert und wertgeschätzt fühlen. Es ist an der Zeit, dass die Wissenschaftsgemeinschaft ernsthaft in Erwägung zieht, einen rechtsverbindlichen Vertrag zur Regelung der internationalen Forschungszusammenarbeit zu erstellen. Dennoch kann das Vorhandensein eines Verhaltenskodex, einer Richtlinie zur verantwortungsvollen Forschung oder eines rechtsverbindlichen Vertrages allein noch nicht garantieren, dass Forschende und Forschungseinrichtungen diesen wahrnehmen oder verinnerlichen. Eine Möglichkeit, die persönliche Forschungsintegrität aufzubauen und zu stärken, besteht darin, sich an Schüler:innen der Primar- und Sekundarstufe bzw. der weiterführenden Schulen zu wenden und gleichzeitig die Ausbildung zur Forschungsintegrität auf Universitätsebene zu verbessern und zu erweitern. Ein Beispiel dafür ist das Path2Integrity-Projekt (Prieß-Buchheit et al. 2020), das formelle und informelle Schulungen zur Integrität in der Forschung anbietet, Material dafür bereitstellt und versucht, eine Kultur der Integrität in Bildungseinrichtungen zu fördern. Auch wenn solche Bemühungen den Forschenden selbst noch keine Integrität verleihen, ist doch nachweisbar, dass sie entscheidend sind, um die Forschungskultur insgesamt zu verbessern, Integritätsnormen zu stärken und Forschenden, denen es möglicherweise an persönlicher Integrität mangelt, von Fehlverhalten in der Forschung abzuschrecken (Satalkar & Shaw, 2019).

Es ist auch notwendig, Kapazitäten in weniger entwickelten Ländern aufzubauen, ständig eine Kultur der Integrität zu fördern und Fehlverhalten bei der internationalen Forschungszusammenarbeit zu verhindern. Ebenso bedeutend ist die Stärkung der Research Ethics Committees/Ethikkommissionen. Denn die Zahl der Ethikkommissionen auf dem afrikanischen Kontinent nimmt zwar zu, in vielen Entwicklungsländern sind sie jedoch ineffektiv, unterfinanziert und ungleich verteilt (Klitzman, 2011; Morris, 2015).

Die Erfahrung hat ebenfalls gezeigt, dass internationale Forschungszusammenarbeit Offenheit und Flexibilität erfordert, also eine Bereitschaft, die Kultur zu erlernen und vor dem Hintergrund unterschiedlicher institutioneller Gestaltungen, Bildungshintergründe, Forschungsgewohnheiten, Finanzierungsmuster und politischer Anliegen zusammenzuarbeiten (Bosch & Titus, 2009; Arvanitis & Gaillard, 2014). Forschungsmitarbeiter:innen sollten daher bedenken, dass kulturübergreifende Studien nur dann integer sein können, wenn die übergeordneten Machtfragen im Rahmen des Forschungsprozesses – von der Festlegung der Programme über den Aufbau von Kapazitäten bis hin zur Autor:innenschaft – und auch die Art und Weise, wie Forschungsakteure und -einrichtungen funktionieren und interagieren, mit Bedacht angegangen werden (Freshwater u. a., 2006).

Aus politischer Sicht ist die internationale Zusammenarbeit letztlich eines der effizientesten Mittel zum Aufbau von Forschungskapazitäten und zur Schaffung von Lernmöglichkeiten für afrikanische Forschende (Confraria u. a., 2020). Angesichts der begrenzten Ressourcen, über die die meisten afrikanischen Universitäten verfügen, kann der Aufbau internationaler Zusammenarbeit einzelnen Forschenden den Zugang zu Infrastrukturen und wissenschaftlichen Netzwerken ermöglichen, zu denen sie keinen Zugang hätten, wenn sie isoliert arbeiten würden (Confraria u. a., 2020). Erprobte Strategien, die darauf abzielen, die Verbindungen bei der Nord-Süd- oder Süd-Süd-Forschungszusammenarbeit zu verbessern, sollten von Regierungen und internationalen Forschungsförderungseinrichtungen unterstützt werden. Zu diesen Maßnahmen gehören: die Ausweitung von Stipendien, um Promovierenden und Nachwuchswissenschaftler:innen die Möglichkeit zu geben, sich mit ihren Kolleg:innen im Norden auszutauschen; die Erhöhung der Forschungsgelder, die von Regierungen und internationalen Organisationen für Forschungsprojekte in Afrika bereitgestellt werden; die Gewinnung von Wissenschaftler:innen aus dem Norden, die in afrikanischen Einrichtungen arbeiten und forschen (Confraria u. a., 2020). Diese Strategien entsprechen dem SDG 17, das unter anderem fordert, *„the science, technology and innovation capacity for least developed countries“* (Online, The Global Goals, http://www.globalgoals.org/17-partnerships-for-the-goals, 22.7.2021) zu fördern und *„substantially expand globally the number of scholarships available to developing countries“* (Online, The Global Goals, http://www.globalgoals.org/17-partnerships-for-the-goals, 22.7.2021). Die Zukunft der Nord-Süd-Forschungszusammenarbeit liegt eindeutig in der gegenseitigen Abhängigkeit. Da die Herausforderungen und Forschungsfragen immer globaler werden, sollten die Nord-Süd-Forschungspartnerschaften über die oft kurzfristigen, gewinnorientierten und egozentrischen Sichtweisen, die eine langfristige globale Perspektive untergraben, hinausgehen. Denn der gegenseitige Nutzen ist die beste Grundlage für den Aufbau nachhaltiger Forschungszusammenarbeit. Diese sollten deshalb auf wohlmeinenden Verhandlungen, angemessener Planung, ausgeglichenem Geben und Nehmen und Respekt vor den Partner:innen beruhen.

Veränderung ist unverzichtbar

Zusammenfassend lässt sich sagen, dass die Nord-Süd-Forschungszusammenarbeit weiterhin eine wichtige Rolle für Afrikas Entwicklungsagenda spielen wird. Es besteht kein Zweifel daran, dass diese Zusammenarbeit im Hinblick auf den Zugriff auf Fachwissen, ergänzendes Know-how und neue Technologien, die Schaffung von Lernmöglichkeiten, den Ausbau von Networking-Aktivitäten, den besseren Zugang zu Finanzierung und Ausrüstung sowie nationale und internationale Anerkennung erheblich zur Stärkung der allgemein schwachen Forschungsinfrastruktur und der technischen Kapazitäten in Afrika beigetragen haben. Jedoch ist der Kampf gegen ungleiche Machtverhältnisse oder Fallschirmforschung und deren weitreichende Auswirkungen auf Nord-Süd-Forschungspartnerschaften ein Kampf zugunsten der Wahrung der Forschungsintegrität bei der internationalen Forschungszusammenarbeit. Damit dies zu sinnvollen Ergebnissen führt, müssen sich viele Dinge ändern, einschließlich der folgenden: (i) Ein Mangel an Kapazitäten im Süden sollte nicht als Entschuldigung für die Aufrechterhaltung des Nord-Süd-Machtungleichgewichts dienen. (ii) Ethikkodizes und Richtlinien sind strikt zu befolgen, insbesondere in einkommensschwachen Ländern, die am stärksten von Fehlverhalten und Ausbeutung in der Forschung sowie von ethischem Dumping bedroht sind. (iii) Die wissenschaftliche Gemeinschaft sollte die Ausarbeitung eines rechtsverbindlichen Vertrags zur Regelung internationaler Forschungszusammenarbeit in Erwägung ziehen. (iv) Jene Forschungsmethoden sollten stärker in den Fokus rücken, die es Forschenden ermöglichen, aufrichtig und ethisch mit Gemeinschaften, ihren Forschungskolleg:innen und anderen Beteiligten zu kommunizieren und zusammenzuarbeiten. Ohne echte Nord-Süd-Forschungspartnerschaften wird es schwierig, eine sichere und ehrliche gemeinsame Grundlage zu schaffen, auf der neues Wissen geteilt und neue Lösungen mitgestaltet werden können. Im Mittelpunkt dieser Bemühungen muss stehen, junge Menschen im Norden und Süden in Primar-, Sekundar- und Hochschuleinrichtungen im Rahmen praktischer Anleitungen zu ethischem Verhalten anzuregen. Es gibt

Belege dafür, dass Forschende mit hoher Integrität ihre Werte bereits als Kinder verinnerlicht haben, während diejenigen mit schwacher Integrität diese Werte als Erwachsene nur noch selten erwerben. Es müssen daher alle Anstrengungen unternommen werden, um den dringend benötigten Wandel in der Nord-Süd-Forschungszusammenarbeit herbeizuführen.

Danksagung

Vielen Dank an Dr. Peter N. Bwanali, sj. und Dr. Peter J. Henriot, sj. für ihre hilfreichen Kommentare und Anregungen zum Entwurf des Artikels. Der Inhalt dieses Artikels ist alleinige Verantwortung des Autors und repräsentiert nicht notwendigerweise die offiziellen Ansichten von SECAM und den damit verbundenen Organisationen.

Literatur

Adam, T. et al. (2011). Trends in health policy and systems research over the past decade: still too little capacity in low-income countries. *PLoS One*, 6(11), e27263.

Arvanitis, R. & Gaillard, J. (2014). *Research collaboration between Europe and Latin America: mapping and understanding partnership.* Paris: Editions des archives contemporaines. Verfügbar unter: https://www.documentation.ird.fr/hor/fdi:010061605 [07.04.2021].

Bockarie, M. S. (2019). How a partnership is closing the door on "parachute" research in Africa. *The conversation.* Verfügbar unter: https://theconversation.com/how-a-partnership-is-closing-the-door-on-parachute-research-in-africa-102217 [07.04.2021].

Boeren, A. (2014). Academic Collaboration with African Universities. *International Higher Education*, 74(winter edition), 19–20.

Bosch, X. & Sandra., T. (2009). Cultural challenges and their effect on international research integrity. *The Lancet*, 373(9664), 610–612.

Chilisa, B. (2005). Educational research within postcolonial Africa: A critique of HIV/AIDS research in Botswana. *International Journal of Qualitative Studies in Education*, 18(6), 659–684.

Confraria, H., Blanckenberg, J., Swart, C. (2020). Which Factors Influence International Research Collaboration in Africa? In M. Ramutsindela & D. Mickler (Hrsg.), *Africa and the Sustainable Development Goals.* Sustainable Development Goals Series (243–255). Cham: Springer.

de-Graft Aikins, A. (2008). One size doesn't fit all: insights from North-South academic partnerships in Africa. *NORRAG News. Special issue: The Politics of Partnership: Peril of Promise*, 41 (December), 99–102.

European Union (2010). *European Textbook on Ethics in Research*. Luxembourg: Publications Office of the European Union.

Freshwater, D., Sherwood, G. & Drury, V. (2006). International research collaboration – Issues, benefits and challenges of the global network. *Journal of Research in Nursing*, 11(4), 295–303.

Jeffery, R. (2014). Authorship in multi-disciplinary, multi-national North-South research projects: Issues of equity, capacity and accountability. *A Journal of Comparative and International Education*, 44(2), 208–229.

King, C. (2012). Multiauthor papers: onward and upward. *Science Watch*, 23, 1–2.

Klitzman, R. (2011). The ethics police? IRBs' views concerning their power. *PLoS ONE*, 6(12), 1–7.

Largent, E. A. & Lynch, H. F. (2017). Paying Research Participants: Regulatory Uncertainty, Conceptual Confusion, and a Path Forward. *Yale Journal of Health Policy Law Ethics*, 17(1), 61–141.

Mandal, J. & Parija, S. C. (2014). Informed consent and research. *Tropical Parasitology*, 4, 78–79.

Maswime, S. & Atun, R. (2020). International research collaborations: how can we shift the power towards Africa? *The Conversation*. Verfügbar unter: https://theconversation.com/international-research-collaborations-how-can-we-shift-the-power-towards-africa-142421 [07.04.2021].

Matthews, K. R. W., Yanga, E., Steven, E. L., Vaidyanathan, B. R. & Gormanc, M. (2020). International scientific collaborative activities and barriers to them in eight societies. *Accountability in* Research, 27(8), 477–495.

Morris, N. (2015). Providing ethical guidance for collaborative research in developing countries. *Research Ethics*, 11(4), 211–235.

Owen, B. (2018). *The benefits and challenges of international research collaboration*. Verfügbar unter: https://www.universityaffairs.ca/features/feature-article/the-benefits-and-challenges-of-international-research-collaboration/ [07.04.2021].

Perry, M. & Pullanikkatil, D. (2018). North-South research partnerships must break old patterns for real change. *The Conversation*. Verfügbar unter: https://theconversation.com/north-south-research-partnerships-must-break-old-patterns-for-real-change-100852 [07.04.2021].

Prieß-Buchheit, J., Aro, A., Demirova, I., Lanzerath, D., Stoev, P. & Wilder, N. (2020) Rotatory role-playing and role-models to enhance the research integrity culture. Research Ideas and Outcomes 6: e53921. https://doi.org/10.3897/rio.6.e53921

Satalkar, P. & Shaw, D. (2019). How do researchers acquire and develop notions of research integrity? A qualitative study among biomedical researchers in Switzerland. *BMC Medical Ethics*, 20(72), 1–12.

Schroeder, D., Chatfield, K., Singh, M., Chennells, R. & Herissone-Kelly P. (2019). A Value-Based Global Code of Conduct to Counter Ethics Dumping. In *Equitable Research Partnerships. SpringerBriefs in Research and Innovation Governance.* Springer, Cham. Verfügbar unter: https://doi.org/10.1007/978-3-030-15745-6_2 [27.11.2021].

Walsh, A., Brugha, R. & Byrne, E. (2016). "The way the country has been carved up by researchers": ethics and power in north-south public health research. *International Journal for Equity in Health*, 15(204), 1–11.

Zdravkovic, M., Chiwona-Karltun, L. & Zink, E. (2016). Experiences and perceptions of South-South and North-South scientific collaboration of mathematicians, physicists and chemists from five southern African universities. *Scientometrics*, 108(2), 717–743.

Ist wissenschaftliche Integrität geschlechtsneutral?

Katharina Miller

Einleitung

Der Kairos ist angesichts der derzeitigen Pandemie mehr denn je gegeben, sich eingehend mit wissenschaftlicher Integrität zu befassen. Aktuell werden wissenschaftliche Ergebnisse vielfach infrage gestellt, die Integrität der Forschenden selbst nicht selten plump verneint.

Wissenschaftliche Integrität kann aus vielen verschiedenen Blickwinkeln betrachtet werden. Zum einen kann sie in den Vordergrund rücken, wenn ein konkretes Fehlverhalten in der wissenschaftlichen Praxis vorliegt (siehe Bouter, 2021). Zum anderen stellen sich viele die Frage, welche Informationen zuverlässig und vertrauenswürdig sind (Prieß-Buchheit et al. 2021) oder auf welche Weise Wissenschaftler:innen zuverlässige und vertrauenswürdige Informationen erarbeiten können (Prieß-Buchheit, 2021). Der folgende Artikel widmet sich wiederum einer ganz anderen Perspektive, nämlich inwieweit wissenschaftliche Integrität geschlechterneutral ist – oder eben nicht.

Die Deutsche Forschungsgemeinschaft beschreibt wissenschaftliche Integrität in der Präambel ihres Kodexes zur wissenschaftlichen Integrität als „Ausprägung wissenschaftlicher Selbstverpflichtung, die den respektvollen Umgang miteinander, mit Studienteilnehmerinnen und -teilnehmern, Tieren, Kulturgütern und der Umwelt umfasst und das unerlässliche Vertrauen der Gesellschaft in die Wissenschaft stärkt und fördert" (DFG, 1998). Der europäische Verhaltenskodex für Integrität in der Forschung nennt darüber hinaus vier Grundpfeiler, auf denen wissenschaftliche Integrität aufbaut: Zuverlässigkeit, Ehrlichkeit, Respekt und Rechenschaftspflicht in der Wissenschaft (ALLEA, 2018).

Beide Definitionen sollen im Folgenden als Grundlage zur Auseinandersetzung mit der Frage dienen, ob wissenschaftliche Integrität geschlechterneutral ist.

Arbeiten Wissenschaftlerinnen mit mehr Integrität als ihre männlichen Kollegen?

Seit vielen Jahren setzt sich die Korruptionsforschung wissenschaftlich mit der Frage auseinander, ob Frauen weniger korrupt sind als Männer (mit vielen Beispielen: Blanes u. a., 2016). Noch vor 30 Jahren gingen viele Wissenschaftler:innen davon aus, dass Frauen tatsächlich das fairere Geschlecht seien (Gottfredson, 1990). Im Jahr 2013 wurde dazu eine experimentelle Analyse durchgeführt, die zum Ergebnis kam, dass sich die Anwesenheit von Frauen in der Politik negativ auf korruptes Verhalten auswirke (Rivas, 2013, 10). Das führte soweit, dass etwa die peruanische Regierung bewusst Frauen in der Politik einsetzte, um Korruption vorzubeugen (Blanes u. a., 2016, 53).

Aufgrund dessen liegt die Fragestellung nahe, ob Wissenschaftlerinnen sich der wissenschaftlichen Integrität stärker verpflichtet fühlen als ihre männlichen Kollegen, also – um die oben erwähnten Definitionen von DFG und ALLEA aufzugreifen – ob die „wissenschaftliche Selbstverpflichtung" bei Frauen ausgeprägter ist als bei Männern und ob Frauen ehrlicher sind als Männer.

Van der Hoven und Mol (2021) haben sich diese Frage ebenfalls gestellt. In einem der Blogbeiträge ihres von der Europäischen Kommission subventionierten Projekts zu wissenschaftlicher Integrität „H2020 Integrity" fassen sie die Forschung der letzten Jahre zu diesem Thema zusammen. In diesem Rahmen stellen sie die Ergebnisse einer Metaanalyse zu akademischem Fehlverhalten vor (wie zum Beispiel das Abschreiben bei Studierenden etc.). Diese will festgestellt haben, dass Frauen im Durchschnitt eine weniger positive Einstellung zu akademischem Fehlverhalten hätten als Männer. Darüber hinaus gäbe es weniger disziplinarische Angelegenheiten in Bezug auf akademische Unehrlichkeit unter weiblichen Studierenden als unter ihren männlichen Kollegen. Des Weiteren mieden Frauen signifikant häufiger als Männer akademische Unehrlichkeit. Dem setzen van der Hoven und Mol jedoch mehrere Studien entgegen, die keine überzeugende Unterstützung für diese Hypothesen und signifikanten Geschlechtsunterschiede finden konnten.

Da die Datenlage demnach nicht schlüssig war, führte van der Hoven eine noch nicht veröffentlichte Umfrage durch (2021). Sie befragte dafür 1266 Masterstudierende der Naturwissenschaften in ihrem ersten Studienjahr nach ihrer Einstellung zu wissenschaftlicher bzw. akademischer Integrität. Den ersten noch nicht veröffentlichten Auswertungen zufolge ergibt diese Studie keine signifikanten Unterschiede zwischen Männern und Frauen in Bezug auf die Einstellung zu wissenschaftlicher bzw. akademischer Integrität.

Zurückkommend auf die oben erwähnten, vermeintlichen Geschlechterunterschiede im Bereich der Korruption, schlagen Blanes u. a. (2016) eine Alternative zur Fragestellung vor, ob Frauen weniger korrupt seien als Männer. In ihrem Forschungsprojekt gehen sie davon aus, dass die Korrelation und sogar die Kausalität der Beziehung zwischen Frauen und dem Ausmaß der Korruption bereits falsch sind. Die Autor:innen stellen eindrücklich dar, dass Frauen nicht aufgrund ihres biologischen Geschlechts weniger korrupt seien als Männer, denn zur Korruption führten nicht das Geschlecht, sondern das formelle und informelle institutionelle Umfeld. Demnach erklärten vielmehr gerechtere Systeme und die damit einhergehenden demokratischen Strukturen, die politische Kultur und die Mechanismen der Rechenschaftspflicht den Rückgang der Korruption und eben nicht die Anwesenheit oder das Innehaben eines gerechteren Geschlechts, was in diesem Fall den Frauen zugeordnet wurde. Dem folgend haben Abades Neves und Miller (2021) in einem noch nicht veröffentlichten Artikel herausgearbeitet, dass Frauen ebenso korrupt sind wie Männer, wenn sie hierzu die Möglichkeit haben. Und diese Möglichkeit entsteht, wenn Frauen über ausreichende finanzielle Mittel verfügen, sich in entsprechenden Führungspositionen befinden und die sozialen Normen einer Gesellschaft ihnen diese Freiheit bieten.

Das Ausmaß der Korruption kann also nicht allein durch das biologische Geschlecht von Politiker:innen bestimmt werden, da auch die politische Kultur und institutionelle Mechanismen ein weniger korruptes Verhalten fördern können. Des Weiteren zeigen Blanes u. a. (2016) mit ihrer geschlechtsspezifischen und feministischen Analyse der wissenschaftlichen Auseinandersetzung mit Geschlecht und Korruption, dass der Wissenschaft bei der Untersuchung der Beziehung zwischen Geschlecht und Korruption bisher ein inhärenter Fehler unterlaufen ist – und zwar bereits bei der Ausgangsfragestellung, ob Frauen das gerechtere Geschlecht seien. Blanes u. a. Analyse belegt, dass der zugrunde liegende Prozess der Schaffung von Wissenschaft, die den Zusammenhang zwischen Geschlecht und Korruption entweder unterstützt oder widerlegt, selbst fehlerhaft ist: Diese Kontroverse hat kulturelle und kontextuelle Werte unter dem Deckmantel einer konstitutiven wissenschaftlichen Tatsache reproduziert.

Zusammenfassend lässt sich sagen, dass die Frage, ob Frauen das gerechtere Geschlecht sind oder nicht, lediglich die Kategorisierung und die binären Annahmen der Gesellschaft reproduziert, anstatt sich wissenschaftlich mit geschlechtsspezifischem Verhalten auseinanderzusetzen. Dies würde nämlich die Möglichkeit eröffnen, sich geschlechtsspezifischen Themen wie zum Beispiel der Sextortion zu widmen (Hendry, 2021). Es handelt sich hierbei um eine spezielle Ausprägung der Korruption, nämlich „the abuse of power to obtain a sexual benefit *or advantage*" (Hendry, 2021), also Machtmissbrauch zur Erlangung eines sexuellen Vorteils. Der Ausdruck Sextortion ist eine Kreation der „International Association of Women Judges" (Hendry, 2021). So hatten die Mitglieder dieses internationalen Vereins unter anderem festgestellt, dass in Lateinamerika Frauen häufig nur über die Landesgrenzen gelassen wurden, wenn sie den männlichen Beamten an den Grenzübergängen sexuelle Vorteile (meist in Form des sexuellen Geschlechtsakts) gewährten (Hendry, 2021). Afrikanische Richterinnen stellten darüber hinaus fest, dass ihre Landsfrauen ihnen nahestehende Personen, die sich im Gefängnis aufhielten, in vielen Fällen nur dann mit den nötigen Medikamenten besuchen durften, wenn sie den männlichen Beamten in den Gefängnissen sexuelle Vorteile „anboten". Auch in Deutschland gab es kürzlich einen Fall von Sextortion, der zu einem Beschluss des Bundesgerichtshof führte, ohne dass die Richter:innen diesen als Sextortion benannt hätten. Ein Polizeibeamter hatte unter Ausnutzung seiner Machtposition weibliche Mitarbeiterinnen und Anwärterinnen bestochen, um sexuelle Vorteile zu erhalten (Abade, Miller, 2021). Um dieser Verbindung zwischen der Ausnutzung einer Machtposition und der Ausübung von Sexualdelikten einen Namen zu geben, haben die Mitglieder der „International Association of Women Judges" den Begriff Sextortion gewählt (Hendry, 2021). Entscheidend hierfür war das Muster des Machtmissbrauchs im Austausch für Sex. Da Korruption typischerweise in finanziellen Begriffen ausgedrückt wird und das sexuelle Element damit nicht abdeckt wurde, konnte es sich nicht um Korruption handeln. Gleichzeitig wird bei Sexualdelikten oft der Autoritätsmissbrauch nicht anerkannt, der ein zentraler Bestandteil des in diesen Fällen begangenen Unrechts ist. Sextortion enthält beide Elemente: das sexuelle Element und Korruption (Hendry, 2021).

Diese Beispiele dienen der Demonstration, was Blanes u. a. (2016) meinen, wenn sie eine wissenschaftliche Konzentration auf die Korrelation zwischen geschlechtsspezifischem Verhalten und Korruption fordern. Analog dazu sollte sich die Forschung auf geschlechtsspezifisches Verhalten und wissenschaftliche Integrität konzentrieren. Dieser wissenschaftliche Fokus würde einen nützlicheren und repräsentativeren Forschungsinhalt zum Thema „Wissenschaftliche Integrität und Geschlecht“ hervorbringen und einen genaueren Blick auf die bereits oben beschriebenen fehlenden, signifikanten Unterschiede in Bezug auf die Einstellung zu wissenschaftlicher bzw. akademischer Integrität zwischen Männern und Frauen ermöglichen.

Zusätzlich ist es wichtig, dass die Auseinandersetzung mit wissenschaftlicher Integrität und Geschlecht auch die Intersektionalität einbezieht. Damit ist gemeint, dass zum Beispiel Frauen unterschiedlicher Identitäten (beispielsweise hinsichtlich ihrer Abstammung) und Hintergründe ins Blickfeld der Forschenden geraten und nicht nur die Wissenschaftlerinnen oder Studienteilnehmerinnen der abendländischen Kultur. Des Weiteren sollten Wissenschaftler:innen anfangen, das soziale Geschlecht im wissenschaftlichen Sinn in ihre Forschung einzubeziehen und diese nicht auf die biologischen Geschlechtskategorien zu reduzieren.

Korrelation zwischen geschlechtsspezifischem Verhalten und wissenschaftlicher Integrität

Im Folgenden soll untersucht werden, in welcher Korrelation das geschlechtsspezifische Verhalten und die wissenschaftliche Integrität zueinander stehen.

Status quo in der Wissenschaftsgemeinschaft

Zunächst einmal kann festgestellt werden, dass weder die Definition der DFG noch der Europäische Verhaltenskodex für Integrität von ALLEA eine Geschlechterdifferenzierung vornehmen. Dasselbe gilt für die Erklärungen, Stellungnahmen und Prinzipen, die seit 2010 von den World Conferences on Research Integrity entwickelt und veröffentlicht wurden. Diese Grundsätze dienen Wissenschaftler:innen, die sich mit wissenschaftlicher Integrität auseinandersetzen, als Maßstäbe (Bouter, 2022). Es handelt sich hierbei um das „Singapore Statement on Research Integrity“ aus dem Jahr 2010, um das „Montreal Statement“ von 2013, um die „Amsterdam Agenda“ von 2017 und zuletzt die „Hong Kong Principles“ von 2019. Auch auf Nachfrage bei einem/einer der Co-Autor:innen der Hong Kong Principles wird eine geschlechterdifferenzierte Auseinandersetzung mit wissenschaftlicher Integrität verneint und darüber hinaus deren Notwendigkeit grundsätzlich infrage gestellt.

Einzelne Aktivitäten im Bereich „Geschlechtsspezifisches Verhalten und wissenschaftliche Integrität"

Im Folgenden werden einige Forschungsaktivitäten genannt, die sich mit der Thematik „Geschlechtsspezifisches Verhalten und wissenschaftliche Integrität" auseinandersetzen.

Forderung, Abstammungs- und Geschlechterfragen in die forschungsethische Bildung einzubeziehen

Auf der „World Conference on Research Integrity" in Hong Kong im Jahr 2019 stellte die Wissenschaftlerin Lisa Rasmussen ein Poster vor (Rasmussen, Davis, 2019), das mit dem Titel „Responsible Conduct of Research Education Should Include Issues of Race and Gender" als Aufforderung an Rasmussens Kolleg:innen bzw. an die gesamte Forschungsgemeinschaft verstanden werden kann, Abstammungs- und Geschlechterfragen in die forschungsethische Bildung miteinzubeziehen. Rasmussen stellt auf ihrem Blog eher nüchtern fest, dass einige ihrer Kolleg:innen nichts mit dieser Aufforderung hätten anfangen können (Rasmussen, Davis, 2019). Das Poster ist in drei Blöcke aufgeteilt, wobei einer sich mit Autor:innenschaft und Veröffentlichungen, ein weiterer mit Zusammenarbeit in Forschungsgruppen und der dritte mit kognitiven Verzerrungen (*bias*) in der Methodik auseinandersetzt.

Im ersten Block „Autor:innenschaft und Veröffentlichungen" stellt Rasmussen (2019) fünf Thesen auf, nach denen geschlechtsspezifisches Verhalten mit wissenschaftlicher Integrität korreliert.

Die erste These lautet, dass es bei der Annahme von Veröffentlichungen einen Geschlechtsunterschied gibt. Es würden weitaus weniger Artikel von Frauen als von Männern angenommen, obwohl sie genauso viele eingereicht hatten. Rasmussen belegt dies mit einer Studie von Symonds u. a. (2006). Die Autor:innen dieser

Studie hatten die Veröffentlichungen von 168 Biowissenschaftler:innen aus dem Bereich der Ökologie und Evolutionsbiologie untersucht, um die geschlechtsspezifischen Unterschiede in der Forschungsleistung zu bewerten. Die Autor:innen erklären, dass sich schon sehr früh in der Karriere von Wissenschaftler:innen deutliche Diskrepanzen in der Publikationsrate zwischen Männern und Frauen zeigen. Diese wiederum haben Auswirkungen auf die spätere Zitation ihrer Arbeiten.

Rasmussens zweite These lautet, dass es Unterschiede zwischen den Geschlechtern bezüglich der ersten Veröffentlichung gibt, denn Frauen veröffentlichen in der Regel später als Männer. Rasmussen belegt dies mit einer Studie von Feldon u. a. (2017). Die Autor:innen dieser Studie zeigen auf, dass in einer nationalen Kohorte von 336 Doktorand:innen aus 53 Forschungseinrichtungen im ersten Jahr der Biowissenschaften (d. h. Mikrobiologie, Zellbiologie, Molekularbiologie, Entwicklungsbiologie und Genetik) die Teilnehmerinnen deutlich mehr Forschungsstunden als ihre männlichen Kollegen leisteten (Feldon u. a., 2017). Außerdem gaben die Teilnehmerinnen deutlich häufiger als die Teilnehmer an, dass sie ihre Arbeitsstunden auf die Anforderungen der ihnen zugewiesenen Projekte im Laufe des Studienjahres zurückführten. Trotzdem wurden Männer mit 15 % höherer Wahrscheinlichkeit als Autoren in veröffentlichten Zeitschriftenartikeln aufgeführt, was auf ein ungleiches Verhältnis von Zeit und Leistung hinweist. In Anbetracht des kumulativen Vorteils, der sich für Studierende ergibt, die früh in ihrer akademischen Laufbahn veröffentlichen, und der zentralen Rolle, die die wissenschaftliche Produktivität bei akademischen Einstellungsentscheidungen spielt, deuten diese Ergebnisse insgesamt auf eine wichtige potenzielle Ursache für die anhaltende Unterrepräsentation von Frauen an Universitätsfakultäten in diesen Bereichen hin (Feldon u. a., 2017).

Rasmussens dritte These besagt, dass es einen Unterschied in der Art und Weise des Autozitierens gibt, wobei Wissenschaftlerinnen sich weniger häufig selbst zitieren als ihre männlichen Kollegen. Sie bezieht sich dabei auf King u. a. (2017). Unter Verwendung neuartiger Methoden und eines Datensatzes von 1,5 Millionen Forschungsarbeiten in der wissenschaftlichen Datenbank JSTOR, die zwischen 1779 und 2011 veröffentlicht wurden, stellen die Autor:innen fest, dass fast 10 % der Referenzen in einer Veröffentlichung Selbstzitate der Autor:innen sind. Die Ergebnisse zeigen auch, dass Männer zwischen 1779 und 2011 ihre eigenen Arbeiten 56 % häufiger zitiert haben als Frauen. In den letzten beiden Jahrzehnten, für die Daten vorliegen, haben Männer 70 % mehr Selbstzitate verfasst als Frauen. Bei Frauen ist die Wahrscheinlichkeit, dass sie ihre eigenen früheren Arbeiten überhaupt nicht zitieren, um mehr als 10 Prozentpunkte höher als bei Männern. Während diese Muster eher auf Unterschiede in der Anzahl der von Männern und Frauen veröffentlichten Arbeiten als auf geschlechtsspezifische Muster des Selbstzitierverhaltens zurückzuführen sein könnten, ist dieses geschlechtsspezifische Gefälle bei den Selbstzitierraten in den letzten 50 Jahren trotz der zunehmenden Vertretung von Frauen in der akademischen Welt um 14 Prozentpunkte gestiegen. King u. a. schlüsseln die Selbstzitiermuster nach Wissenschaftsbereich und Anzahl der Autor:innen auf und erläutern mögliche Mechanismen, die hinter diesen Beobachtungen stehen. Diese Ergebnisse haben wichtige Auswirkungen auf die wissenschaftliche Sichtbarkeit und den kumulativen Vorteil in der akademischen Laufbahn (King u. a., 2017).

Rasmussens vierte These lautet, dass es einen Unterschied in der ersten und der letzten Autor:innenposition gibt, wobei Frauen tendenziell eher nicht an diesen prestigeträchtigen Positionen stehen. Dabei bezieht sie sich auf eine Analyse von West u. a. (2013). Deren groß angelegte Analyse auf der Grundlage von über acht Millionen Veröffentlichungen in den Natur-, Sozial- und Geisteswissenschaften zeigt eine Reihe von Ungleichheiten zwischen männlichen und weiblichen Wissenschaftler:innen auf. Selbst dort, wo die Anzahl der Veröffentlichungen zwischen den Geschlechtern gleich zu sein scheint, zeigt sich bei näherer Betrachtung, dass in bestimmten Bereichen Männer in den prestigeträchtigen Positionen der Erst- und Letztautoren überwiegen. Darüber hinaus sind Frauen als Autorinnen von Arbeiten, die nur eine:n Autor:in haben, deutlich unterrepräsentiert. Wissenschaftler:innen sollten sich der subtilen Art und Weise bewusst sein, in der geschlechtsspezifische Ungleichheiten bei der wissenschaftlichen Autor:innenschaft auftreten können.

Rasmussens letzte These ist, dass die anonyme Begutachtung von Veröffentlichungen oder Projekten zu mehr Preisen und Ehrungen für Wissenschaftlerinnen führt (Bhattacharjee, 2012).

Im zweiten Block setzt Rasmussen sich mit der wissenschaftlichen Zusammenarbeit auseinander. Hier stellt sie drei Thesen auf, nach denen geschlechtsspezifisches Verhalten mit wissenschaftlicher Integrität korreliert. Zunächst vertritt sie die These, dass eine nicht kollegiale Arbeitsumgebung mehr Fehlverhalten verursacht, und belegt dies mit einer Studie, die von Fisher u. a. (2009) durchgeführt wurde. Auch Edmondson (2019) vertritt diese These, nämlich dass eine nicht existierende *psychological safety* (psychologische Sicherheit) mehr Fehlverhalten und im Endeffekt weniger Erfolg in Gruppen oder in Organisationen mit sich bringt. Allerdings haben weder Fisher noch Edmondson ihre Forschung nach Geschlecht aufgeschlüsselt, weshalb die von Rasmussen vertretene These für die Ausgangsfrage der Korrelation zwischen Geschlecht und wissenschaftlicher Integrität nicht hilfreich ist.

Die zweite These von Rasmussen (2019) ist, dass eine Teilnahme von Frauen in Forschungsgruppen sich positiv auf die Zusammenarbeit auswirkt, und belegt dies mit Bear und Woolley (2011). Da Frauen in MINT-Fächern weiterhin unterrepräsentiert sind und wissenschaftliche Innovationen zunehmend durch Teamkooperationen entstehen, haben Bear und Wolley (2011) die vorhandene Literatur zu den Auswirkungen von Geschlechtervielfalt auf Teamprozesse und -leistungen überprüft. Neuere Erkenntnisse deuten stark darauf hin, dass die Teamzusammenarbeit durch die Anwesenheit von Frauen in der Gruppe stark verbessert wird, und dieser Effekt wird hauptsächlich durch Vorteile für Gruppenprozesse erklärt. Die Evidenz bezüglich des Einflusses der Geschlechtervielfalt auf die Teamleistung ist mehrdeutig und hängt von einer Vielzahl kontextueller Faktoren ab. Angesichts der Bedeutung der Zusammenarbeit in der Wissenschaft kann die Förderung der Rolle von Frauen in diesem Bereich positive praktische Konsequenzen für Wissenschaft und Technologie haben.

Des Weiteren stellt Rasmussen drittens die These auf, dass sich eine kompetitive Umgebung negativ auf Wissenschaftlerinnen auswirkt, wobei sie sich auf die Forschung von Anderson u. a. (2007) stützt. Die Autor:innen selbst haben jedoch ihre Ergebnisse nicht nach Geschlecht aufgeschlüsselt, weshalb die These Rasmussens zwar richtig sein kann, allerdings in ihrem Poster (noch) nicht entsprechend belegt ist.

Rasmussens zweite These, siehe oben, besagt, dass es eine unterschiedliche Wahrnehmung zwischen Wissenschaftlerinnen und ihren männlichen Kollegen bezüglich ihrer eigenen Beiträge in Gruppenarbeiten gibt: Wissenschaftler schätzen ihre eigene Mitarbeit höher ein als die ihrer Kolleginnen. Rasmussen belegt dies mit Analysen von Macaluso u. a. (2016) und Reese (2013). Auch van der Hooven (2021) bestätigt diese These.

Der letzte Block setzt sich mit kognitiven Verzerrungen in der Methodik auseinander. Hier stellt Rasmussen vier Thesen auf.

Zunächst kann die Verwendung von Tieren mit nur einem Geschlecht die Forschungsergebnisse verzerren (Editorial Board, New York Times, 2015). Eine Studie, die in der Fachzeitschrift „Nature Neuroscience" veröffentlicht wurde, deutet darauf hin, dass Ergebnisse, die bei der Forschung an männlichen Tieren erzielt wurden, möglicherweise nicht in gleicher Weise für Frauen nutzbar sind wie für Männer. Die Autor:innen der Studie berichten, dass etwa die Überempfindlichkeit gegenüber Schmerzen bei männlichen und weiblichen Mäusen unterschiedlich funktioniert. Bei männlichen Tieren scheinen Immunzellen, so genannte Mikroglia, für die Schmerzüberempfindlichkeit mit verantwortlich zu sein und die Hemmung ihrer Funktion lindert auch den Schmerz. Bei weiblichen Mäusen sind jedoch andere Zellen beteiligt und eine gezielte Bekämpfung der Mikroglia hat keine Wirkung. Wenn diese Unterschiede bei Mäusen auftreten, könnten sie auch beim Menschen vorkommen. In der Folge könnte ein Schmerzmittel, das auf die Mikroglia abzielt, bei Frauen nicht die gleiche Wirkung haben wie bei Männern.

Weiter stellt Rasmussen die These auf, dass die Verwendung von Abstammungskategorien eine kognitive Verzerrung zur Folge haben kann. Rasmussen argumentiert dabei intersektional. Das bedeutet zum einen, dass nicht alles lediglich aus dem Blickwinkel des biologischen Geschlechts (also Unterschiede zwischen Männern und Frauen) diskutiert werden, sondern sich diese Diskussion dem sozialen Geschlecht öffnen sollte. Zum anderen bedeutet dies auch, dass nicht nur die weiße Frau als Messlatte dient, sondern so weit wie möglich alle Frauen entweder als Wissenschaftlerinnen ihren Platz und Gehör finden oder eben Studienteilnehmerinnen werden können, ohne dass sie diskriminiert und stigmatisiert werden.

Rasmussen belegt ihre These mit Kaplan und Bennett (2003). Diese haben analysiert, dass Wissenschaftler:innen, Mediziner:innen und politische Entscheidungsträger:innen drei Herausforderungen vor sich haben, wenn sie über Abstammung und ethnische Zugehörigkeit schreiben oder entscheiden. Zum einen müssen sie teilweise gesetzliche Einschränkungen von Daten über Abstammung und ethnische Zugehörigkeit berücksichtigen. Zusätzlich stehen sie häufig vor der Unterscheidung zwischen Abstammung und ethnischer Zugehörigkeit als Risikofaktor oder als Risikomarker im negativen Sinne. Darüber hinaus sollen sie einen Weg finden, über Abstammung und ethnische Zugehörigkeit zu schreiben, der nicht stigmatisiert und keine Dichotomie von „wir" und „sie" zwischen Angehörigen der Gesundheitsberufe und der nicht-weißen Bevölkerungsgruppen impliziert. In diesem Sinne erklären Perez Rodriguez und Fuente (2017), dass die Berücksichtigung von Abstammungsunterschieden in der Biologie von Krankheiten und Behandlungsmöglichkeiten ein Markenzeichen der modernen Medizin sei. Allerdings stellen Perez Rodriguez und Fuente (2017) diese infrage. Sie habe nämlich keine wissenschaftliche Grundlage und die Prämisse selbst, nämlich die Existenz biologischer Unterschiede zwischen den allgemein bekannten „Rassen“, sei insofern falsch, als „Rassen“ nur soziokulturelle Konstruktionen seien. Sie folgern dann, dass es an der Zeit sei, die medizinische Forschung von der schädlichen Suche nach vermeintlichen Rassenunterschieden in den biologischen Erscheinungsformen von Krankheiten zu befreien. Die von den National Institutes of Health (NIH) nicht nur geduldete, sondern geforderte Praxis, die Abstammungsidentifikation als demografisches Merkmal mit angenommenen biologischen Implikationen zu verwenden, sei nämlich im besten Fall äußerst fehlerhaft und trüge im schlimmsten Fall ungewollt dazu bei, den Trugschluss natürlicher Unterschiede zwischen Personen verschiedener Hautfarbe aufrechtzuerhalten, der in der Vergangenheit zur Förderung der Abstammungsdiskriminierung benutzt wurde.

Die dritte These Rasmussens bezieht sich auf Rassismus und Sexismus. Diese haben häufig zu einem fragwürdigen Einsatz von Studienteilnehmer:innen geführt, wie gerade Deutsche aufgrund ihrer eigenen Vergangenheit und den Naziverbrechen wissen. Rasmussen belegt ihre eigene These zunächst mit Garrison (2013). Dieser fasst in seinem Artikel die Auswirkungen des berühmten Havasupai-Falls auf die Genforschung zusammen (Garrison, 2013). Im Jahr 2004 reichte der Stamm der Havasupai eine Klage gegen das Arizona Board of Regents und Forscher der Arizona State University (ASU) ein, nachdem Angehörige des Stammes herausgefunden hatten, dass ihre DNA-Proben, die ursprünglich für genetische Studien über Typ-2-Diabetes gesammelt worden waren, in mehreren anderen genetischen Studien verwendet worden waren. Die Klage wurde im April 2010 mit einem Vergleich beigelegt, der eine finanzielle Entschädigung und die Rückgabe der DNA-Proben an die Havasupai vorsah, den Wissenschaftler:innen jedoch keinen rechtlichen Präzedenzfall bot.

In der Folge gaben die Vorsitzenden der institutionellen Prüfungsausschüsse (IRB) und Humangenetik-Forscher:innen an US-Forschungseinrichtungen in halbstrukturierten Interviews Auskunft über ihre Sichtweise der Havasupai-Klage. Nach Ansicht der Befragten hat die Klage die Aufmerksamkeit auf die Bedenken indigener Völker gegenüber genetischen Studien gelenkt und ihr eigenes Bewusstsein für die Ansichten dieser Bevölkerungsgruppe geschärft. Die Befragten sahen jedoch keine direkten Auswirkungen des Havasupai-Falls auf ihre Arbeit – wenn doch, dann war es die gefühlte Notwendigkeit, sich selbst zu schützen, indem sie jeweils eine breite Zustimmung dafür einholten oder sich ganz von der Forschung mit indigenen Gemeinschaften zurückzogen. Dies wirft jedoch wichtige Fragen der Gerechtigkeit für Teilnehmer:innen auf, die indigenen Gruppen oder anderen Minderheiten angehören. Wenn Wissenschaftler:innen und IRBs ihre Praktiken im Lichte dieses Falles nicht ändern, werden diese Bevölkerungsgruppen wahrscheinlich weiterhin von der Mehrheit der Forschungsstudien ausgeschlossen bleiben und weniger Zugang zu Ressourcen und potenziellem Nutzen aus der Teilnahme an genetischer Forschung haben (Garrison, 2013). Es wäre also von großem Interesse für die Wissenschaftsgemeinschaft, einen verantwortlichen Umgang mit Studienteilnehmer:innen aus indigen- und/oder Minderheitengruppen zu finden, ohne diese zu diskriminieren, zu stigmatisieren oder auszugrenzen.

Hierzu passt die letzte These Rasmussens bezüglich der Betreuung von Studierenden durch Mentor:innen aus anderen kulturellen Gruppen: Letztere würden dann eher Forschung an Minderheitengruppen betreiben als Studierende, die von Mentor:innen derselben kulturellen Gruppen betreut werden. Rasmussen belegt dies mit Fischer u. a. (2013).

Sextortion in der Wissenschaft

Respekt und respektvoller Umgang miteinander sind wesentliche Grundsätze innerhalb der wissenschaftlichen Integrität, was sowohl im europäischen als auch im deutschen Verhaltenskodex festgeschrieben ist. Dies betrifft natürlich auch den Umgang zwischen Wissenschaftler:innen sowie zwischen Wissenschaftler:innen und anderen Interessengruppen – etwa ihr Verhalten gegenüber Studierenden oder Doktorand:innen. Faktoren, die diesen Respekt unterminieren, sind sexuelle Belästigung oder anderweitige Sexualdelikte. Bereits 2018 forderte die Wissenschaftlerin Erika Marín-Spiotta in der Zeitschrift „Nature“, dass wissenschaftliche Integrität auch für den Umgang von Wissenschaftler:innen mit Menschen gelten sollte, nicht nur für den Umgang mit Daten (Marín-Spiotta, 2018). In ihrem Artikel bezog sie sich vor allem auf die häufigen Vorfälle sexueller Belästigung oder andere Sexualdelikte im wissenschaftlichen Umfeld. Marín-Spiotta geht so weit, zu fordern, sexuelle Belästigung als wissenschaftliches Fehlverhalten einzustufen.

Wie oben schon beschrieben, handelt es sich bei Sexualdelikten, die durch Personen begangen werden, die eine Machtposition innehaben, um Sextortion. Nach

Kenntnissen der Autorin wird Sextortion in der Wissenschaft als solche bislang noch nicht thematisiert. Auch Rasmussen hat diese nicht in ihrem Poster aufgenommen. Insgesamt handelt es sich vermutlich in erster Linie um ein Problem, das Frauen als Opfer betrifft, wobei auch Männer im wissenschaftlichen Umfeld sexuelle Belästigung erleben können, wenn auch in geringerem Maße als Frauen (Witze, 2018). Eine 2016 veröffentlichte Studie ergab, dass Doktorandinnen an einer öffentlichen Universität im pazifischen Nordwesten der USA mit einer 1,64-mal höheren Wahrscheinlichkeit als männliche Kollegen von Fakultätsmitgliedern oder Mitarbeiter:innen sexuell belästigt wurden (Witze, 2018).

Eine Wissenschaftlerin, die zum Thema der Opfer von sexueller Belästigung und ihren Unterstützer:innen forscht, ist Ana Vidu (Vidu u. a., 2017). Vidu fordert unter anderem den Schutz für die Unterstützer:innen der Opfer, um zu vermeiden, dass diese selbst zu Opfern werden, nämlich zu sogenannten Opfern sexueller Belästigung zweiten Grades.

Es wäre ein wichtiger Schritt in die richtige Richtung, wenn sowohl die Belästigung als wissenschaftliches Fehlverhalten eingestuft würde, die Sextortion auch in der Wissenschaft als solche diskutiert und Gegenstand von Forschungsprojekten wäre und Opfer sexueller Belästigung sowie jene der zweiten Ordnung geschützt würden.

Bewertung in der Wissenschaft

Ein weiterer Aspekt des respektvollen Umgangs miteinander in der wissenschaftlichen Integrität liegt im Bereich der Bewertung. Dies unterstützt auch Rasmussen (2019) bezogen auf die Annahme oder Ablehnung von Veröffentlichungen. Towfight u. a. (2018) führten eine Studie durch, die belegt, dass bei der Bewertung von Rechtsreferendar:innen Frauen und nicht deutschstämmige Prüflinge häufig diskriminiert werden. Die Studie kam unter anderem zu dem Ergebnis, dass Frauen im zweiten juristischen Staatsexamen um knapp 2 % schlechter abschneiden als ihre männlichen Kollegen. Vor allem bezüglich der für Jurist:innen so wichtigen Prädikatsnoten sind Rechtsreferendarinnen viel schlechter gestellt als ihre männlichen Kollegen, denn 12 % mehr Rechtsreferendare erreichen die überaus karriererelevante Notenschwelle von 9 Punkten. Dies ist deshalb relevant, weil zum Staatsdienst nur zugelassen wird, wer mit einer Note von 9 Punkten oder besser ein so genanntes Prädikatsexamen vorweisen kann. Die drei Autoren der Studie haben ferner festgestellt, dass weitere Faktoren wie Abiturnote, Alter und Prüfungszeitpunkt die statistischen Unterschiede zwischen männlichen und weiblichen Prüflingen noch vergrößern.

Laut Towfight u. a. (2018) führt auch ein Migrationshintergrund zu schlechteren Noten. So schneiden aus dem Ausland stammende Rechtsreferendar:innen ohne deutsche Staatsbürgerschaft im zweiten Examen 17 % schlechter ab als deutsche Prüflinge. Die Wahrscheinlichkeit, eine Prädikatsnote zu erreichen, ist für sie sogar um 70 % geringer. Auch in Deutschland geborene Prüflingen mit deutschen Pass, aber „nicht-deutschem" Namen werden, im Durchschnitt schlechter beurteilt. Die Unterschiede bleiben auch bestehen, wenn Vornoten in die Analyse einbezogen werden.

Die Autoren gehen von einer – möglicherweise unbewussten – Diskriminierung durch die Prüfer:innen aus. Dieser kann in mündlichen Prüfungen dadurch vorgebeugt werden, indem mindestens eine Frau Mitglied der Prüfungskommission wird. Für die Autoren ist dagegen noch nicht klar, wie die Diskriminierung von Prüflingen mit Migrationshintergrund vermindert oder verhindert werden kann, denn die Zahl von Prüfer:innen mit Migrationshintergrund ist derzeit noch zu gering, um darüber empirisch fundierte Aussagen machen zu können (Towfigh u. a., 2018).

Pandemie und Wissenschaftler:innen

Die Pandemie hatte und hat immer noch extreme Auswirkungen auf Männer und Frauen, wobei Studien belegen, dass die Auswirkungen auf die Geschlechter unterschiedlich sind (Miller, 2020). Als im April 2020 Expert:innen der Nationalen Wissenschaftsakademie Leopoldina Empfehlungen zum allmählichen Ausstieg aus dem gesellschaftlichen Ausnahmezustand wegen der Corona-Pandemie veröffentlicht hatten, folgte ein öffentlicher Aufschrei. Zum einen wurde die Zusammensetzung des Gremiums bemängelt, deren Mitglieder ein Durchschnittsalter von 60 Jahren hatten und dem nur 2 Frauen gegenüber 24 Männern angehörten (Parbey, 2020). Außerdem habe die Leopoldina-Arbeitsgruppe zum anderen, so die Kritik, eben nicht das Wohlergehen von Frauen adressiert (Burchard, 2020).

Eine Studie vom September 2020 legt dar, dass dieses Problem ein weltweites ist und dass generell in den Nachrichten häufig nicht die Perspektive von Frauen eingenommen wird (Kassova, 2020). Der Studie zufolge haben US-amerikanische und europäische Wissenschaftlerinnen kürzlich ihre Verzweiflung über den Kampf gegen das Patriarchat in der Wissenschaft sowie ihre Marginalisierung in der Corona-Pandemie zum Ausdruck gebracht (Kassova, 2020). Beispielhaft wird in der Studie festgestellt, dass in Nachrichtenberichten Männer viermal häufiger als Experten zitiert werden als Frauen (Kassova, 2020). Dies wird unterstützt von Squazzoni u. a. (2020), einem nur männlichen Autorenteam, das in seiner Studie über Manuskripteinreichungen und Rezensionen in 2329 Elsevier-Zeitschriften während der Pandemie herausgearbeitet hat, dass Frauen während der ersten Welle der Pandemie proportional weniger Manuskripte einreichten als Männer. Dieses Defizit war bei jüngeren Akademikerinnenkohorten besonders ausgeprägt. Bei der Annahme von Peer-Review-Einladungen zeigte sich ein weniger deutliches geschlechtsspezifisches Muster. Squazzoni u. a. führen diese Ergebnisse darauf zurück, dass die erste Welle der Pandemie potenziell kumulative Vorteile für Männer geschaffen hat. Da die meisten Wissenschaftler:innen gezwungen waren, von zu Hause aus zu arbeiten, könnten die konkurrierenden Anforderungen familiärer Pflichten die wissenschaftliche Produktivität von Frauen beeinträchtigt haben.

Forschungsgegenstände

Die Pandemie hat auch offengelegt, dass die Bedürfnisse von Frauen in der Forschung eher zweitrangig sind. So berichten Frauen weltweit über schlimmere Nebenwirkungen nach COVID-Impfungen als Männer (Deutsche Welle, 2021). Valide Daten sind jedoch schwer zu finden, denn die meisten Studien ignorieren bislang biologisches und soziales Geschlecht (Brady u. a., 2021). Brady u. a. erklären jedoch, dass sich geschlechtsspezifische Unterschiede auf die Inzidenz der SARS-CoV-2-Infektion und die COVID-19-Mortalität auswirken. Außerdem beeinflussen Geschlechtsunterschiede die Häufigkeit und den Schweregrad pharmakologischer Nebenwirkungen. Derzeit laufen zahlreiche klinische Studien zur Entwicklung neuer therapeutischer Ansätze und Impfstoffe für COVID-19. Brady und andere (2021) haben die Einbeziehung von Geschlecht in COVID-19-Studien auf ClinicalTrials.gov untersucht und Daten für den Zeitraum vom 1. Januar

2020 bis zum 26. Januar 2021 gesammelt (Brady u. a., 2021). Hier zeigten sie, dass von den 4420 registrierten SARS-CoV-2/COVID-19-Studien 935 (21,2 %) das Geschlecht ausschließlich im Zusammenhang mit der Rekrutierung ansprechen, nur 237 (5,4 %) geschlechtsangepasste oder repräsentative Stichproben planen oder die Berichterstattung über das Geschlecht betonen und lediglich 178 (4 %) explizit einen Plan zur Einbeziehung des Geschlechts als analytische Variable melden. Nur acht (17,8 %) der 45 klinischen Studien im Zusammenhang mit COVID-19, die bis zum 15. Dezember 2020 in wissenschaftlichen Zeitschriften veröffentlicht wurden, berichten über nach Geschlecht aufgeschlüsselte Ergebnisse oder Subgruppenanalysen.

Nachdem sich viele Spanierinnen nach ihrer Impfung über eine Änderung ihres monatlichen Menstruationszyklus gewundert hatten, beschloss die Wissenschaftlerin Laura Baena, die „Auswirkung der Impfung gegen SARS COV-2 auf den Menstruationszyklus von Frauen im gebärfähigen Alter Projekt Eva" an der Universität von Granada zu erforschen (Espinosa, 2021). Bisher hat Baena herausgefunden, dass die häufigsten Auswirkungen verstärkte Blutungen, Veränderungen der Zykluslänge und sogar intermenstruelle Blutungen (Frauen, die zum Zeitpunkt des Eisprungs bluten) sind. Allerdings gibt es eine große Variabilität: Es gibt Frauen mit Amenorrhoe, aber gleichzeitig auch Frauen in den Wechseljahren, die wieder bluten, wobei dies eher Einzelfälle sind (Espinosa, 2021).

Erschwerend kommt hinzu, dass es für Frauen in Innovation und Forschung generell schwierig ist, Geldgeber:innen und Investor:innen zu finden, um ihre Forschungsprojekte durchzuführen oder innovative Unternehmen zu gründen (Hassan u. a., 2020). Das kann zum einen an der „Pitch", also der kurzen Bewerbungsrede, und der Art und Weise, wie Frauen ihre Projekte präsentieren, liegen. Eine weitere Ursache können die Inhalte der Projekte sein, die oftmals eher sozialen Charakter haben und von den meist männlichen Investoren für ungeeignet eingeschätzt werden.

Nord-Süd-Gefälle

Im vorliegenden Sammelband führt der afrikanische Wissenschaftler Mwale vor Augen, dass es ein Nord-Süd-Gefälle zwischen Wissenschaftler:innen gibt. Dies wird durch Rasmussens Thesen bestätigt. Im Sinne der wissenschaftlichen Integrität ist es wichtig, dass sich Wissenschaftler:innen aus dem Norden dieser Ungleichheit bewusst werden und lernen, gemeinsam und respektvoll mit den Kolleg:innen aus dem Süden innovative Forschungsprojekte durchzuführen.

Schlussfolgerungen

Die wissenschaftliche Integrität ist bisher nicht oder eher in eingeschränktem Maße unter dem Blickwinkel der Geschlechterneutralität behandelt worden. Weder im europäischen noch im deutschen Kodex zu wissenschaftlicher Integrität spielt die Auseinandersetzung mit Geschlecht eine Rolle. Weitere wichtige Dokumente zur Entwicklung der wissenschaftlichen Integrität, wie zuletzt die Hong Kong Principles aus dem Jahr 2019, behandeln die Korrelation zwischen der wissenschaftlichen Integrität und Geschlecht ebenfalls nicht.

Es ist vielleicht eine erstaunliche, auf der anderen Seite aber eine positive Erkenntnis, dass Männer und Frauen eine sehr ähnliche Einstellung zumindest zu akademischer Integrität haben. Somit sind Männer aus dem Generalverdacht entlassen, sich weniger ausgeprägt der wissenschaftlichen Integrität verpflichtet zu fühlen als ihre weiblichen Kolleginnen. Auch Wissenschaftlerinnen können sozusagen aufatmen, weil sie nicht dem sozialen Druck ausgesetzt sind, das fairere Geschlecht sein zu müssen. Allerdings führen diese Ergebnisse auch zu der Erkenntnis, dass die am nächsten liegende Korrelation zwischen wissenschaftlicher Integrität und Geschlecht nicht zielführend ist, nämlich die besagte Fragestellung, ob Wissenschaftlerinnen sich stärker der wissenschaftlichen Integrität verbunden fühlen als ihre männlichen Kollegen. Wie oben beschrieben, ist diese Fragestellung selbst fehlerhaft, weil ihr die Schaffung von Wissenschaft zugrunde liegt, die den Zusammenhang zwischen Geschlecht und wissenschaftlicher Integrität entweder unterstützt oder widerlegt. Denn wie eingangs beschrieben gehen viele Wissenschaftler:innen davon aus, dass Frauen sich stärker der wissenschaftlichen Integrität verpflichtet fühlen, was jedoch von anderen widerlegt wird. Ähnlich wie in der Forschung zur Korrelation zwischen Korruption und Geschlecht werden auch im Falle der wissenschaftlichen Integrität und der Frage, ob Männer oder Frauen dieser stärker verpflichtet sind, kulturelle und kontextuelle Werte unter dem Deckmantel einer konstitutiven wissenschaftlichen Tatsache reproduziert. Aus diesem Grund ist es notwendig (und wissenschaftlich gesehen auch sehr interessant und vielleicht sogar viel interessanter), sich wissenschaftlich mit der Korrelation von geschlechtsspezifischem Verhalten und wissenschaftlicher Integrität auseinanderzusetzen. Es handelt sich hierbei um ein bisher sehr lückenhaftes und noch nicht von der Mehrheit anerkanntes Forschungsgebiet, das sich unbedingt weiter etablieren sollte.

Dabei ist es wichtig und ganz im Sinne von Rasmussen, die Abstammung in die Diskussion mit einzubeziehen. Denn in der generellen Geschlechterdebatte ist es mittlerweile gang und gäbe, intersektional zu argumentieren. Das bedeutet zum einen, dass nicht alles lediglich aus dem Blickwinkel des biologischen Geschlechts (also Unterschiede zwischen Männern und Frauen) diskutiert werden, sondern sich diese Diskussion dem sozialen Geschlecht öffnen sollte. Zum anderen bedeutet dies auch, dass nicht nur die weiße Frau als Messlatte dient, sondern so weit wie möglich alle Frauen entweder als Wissenschaftlerinnen ihren Platz und Gehör finden oder eben Studienteilnehmerinnen werden können, ohne dass sie diskriminiert und stigmatisiert werden.

Die Diskussion und Auseinandersetzung mit der wissenschaftlichen Integrität als solche ist noch relativ jung. Vielleicht ist jetzt der geeignete Moment, den Faktor Geschlecht ins Spiel zu bringen.

Literatur

Abades Neves, D. & Miller, K. (2021, unter Review). Gender Perspective in Justice Systems: Comparative Analysis of the Brazilian, Spanish and German realities on corruption cases. In I. Knubbe & O. Merkle (Hrsg.), *Gender and Corruption: The Role of Norms*. Edward Elgar Publishing.

ALLEA – All European Academies (2018). *Europäische Verhaltenskodex für Integrität in der Forschung*. Verfügbar unter: https://allea.org/wp-content/uploads/2018/06/ALLEA-European-Code-of-Conduct-for-Research-Integrity-2017-Digital_DE_FINAL.pdf [25.07.2021].

Anderson, M. S., Ronning, E. A., DeVares, R. & Martinson, B. C. (2007). The Perverse Effects of Competition on Scientists' Work and Relationships. *Science and Engineering Ethics*, 13 (4), 437–461. Verfügbar unter: https://pubmed.ncbi.nlm.nih.gov/18030595/ [06.08.2021].

Bear, J. B. & Woolley, A. W. (2011). The Role of Gender in Team Collaboration and Performance. *Interd. Science Reviews*, 36(2), 146–153. Verfügbar unter: https://www.researchgate.net/publication/228196582_The_Role_of_Gender_in_Team_Collaboration_and_Performance [06.08.2021].

Bhattacharjee, Y. (2012). NSF's 'Big Pitch' Tests Anonymized Grant Reviews. *Science*, 336(6084), 969–970. Verfügbar unter: https://pubmed.ncbi.nlm.nih.gov/22628627/ [06.08.2021].

Blanes, N. et al. (2016). *Mapping Controversies. Gender and Corruption*. Verfügbar unter: http://dx.doi.org/10.13140/RG.2.2.27554.84164 [25.07.2021].

Bouter, L. (2022). Was Forschungseinrichtungen zur Förderung von Forschungsintegrität tun können. In K. Miller, M. Valeva & J. Prieß-Buchheit (Hrsg.), *Verlässliche Wissenschaft – Bedingungen, Analysen, Reflexionen* (S. 39–47). Darmstadt: wbg.

Burchard, A. (2020). Das Wohlergehen der Frauen wird nicht adressiert. *Der Tagesspiegel*, 14.04.2020. Verfügbar unter: https://www.tagesspiegel.de/wissen/kritik-an-leopoldina-empfehlung-das-wohlergehen-der-frauen-wird-nicht-adressiert/25739444.html [06.08.2021].

DFG (1998). *Leitlinien zur Sicherung guter wissenschaftlicher Praxis, Präambel*. Verfügbar unter: https://www.dfg.de/download/pdf/foerderung/rechtliche_rahmenbedingungen/gute_wissenschaftliche_praxis/kodex_gwp.pdf [25.07.2021].

Editorial Board, New York Times (2015). Why Science Needs Female Mice NYT. *Sunday Review*, July 18. Verfügbar unter: https://www.nytimes.com/2015/07/19/opinion/sunday/why-science-needs-female-mice.html [06.08.2021].

Edmondson, A. C. (2019). *The fearless Organization: Creating Psychological Safety in the Workplace for Learning, Innovation, and Growth*. New Jersey: Wiley.

Espinosa, C. (2021). *Vacuna contra la COVID-19 y alteraciones menstruales: importancia de la perspectiva de género en los ensayos clínicos*. Verfügbar unter: https://www.univadis.es/viewarticle/vacuna-contra-la-covid-19-y-alteraciones-menstruales-importancia-de-la-perspectiva-de-genero-en-los-ensayos-clinicos-748082 [07.08.2021].

Feldon, D. F., Peugh, J., Maher, M. A., Roksa, J., & Tofel-Grehl, C. (2017). Time-to-Credit Gender Inequities of First-Year PhD Students in the Biological Sciences. *CBE-Life Sciences Education*, 16(1), ar4. Verfügbar unter: https://www.ncbi.nlm.nih.gov/pmc/articles/PMC5332047/ [05.08.2021].

Fisher, C. B., Fried, A. L. & Feldman, L. G. F. (2013). Graduate Socialization in the Responsible Conduct of Research: A National Survey on the Research Ethics Training Experiences of Psychology Doctoral Students. *Ethics and Behavior*, 19(6), 496–518. Verfügbar unter: https://www.ncbi.nlm.nih.gov/pmc/articles/PMC3639435/ [05.08.2021].

Garrison, N. A. (2013). Genomic Justice for Native Americans: Impact of the Havasupai Case on Genetic Research. *Science, Technology, and Human Values* 38(2), 201–223. Verfügbar unter: https://pubmed.ncbi.nlm.nih.gov/28216801/ [07.08.2021].

Gottfredson, M. & Hirschi, T. (1990). A *General Theory of Crime*. Stanford University Press: Stanford.

Hendry, N. H. (2021). Sextortion. In K. Miller & K. Wendt (Hrsg.), *The Fourth Industrial Revolution and Its Impact on Ethics* (315–320). Cham: Springer.

Kaplan, J. B. & Bennett, T. (2003). Use of Race and Ethnicity in Biomedical Publications. *JAMA,* 289(20), 2709–2716. Verfügbar unter: https://pubmed.ncbi.nlm.nih.gov/12771118/ [05.08.2021].

Kassova, L. (2020). *The Missing Perspectives of Women in Covid-19 News. A special report on women's under-representation in news media.* Verfügbar unter: https://www.iwmf.org/wp-content/uploads/2020/09/2020.09.23-The-Missing-Perspectives-of-Women-in-COVID-19-News.pdf [07.08.2021].

King, M. M., Bergstrom, C. T., Correll, S. J., Jacquet, J. & West, J. D. (2017). Men Set Their Own Cites High: Gender and Self-citation across Fields and over Time. *Socius: Sociological Research for a Dynamic World.* Verfügbar unter: https://journals.sagepub.com/doi/full/10.1177/2378023117738903 [05.08.2021].

Macaluso, B., Larivière, V., Sugimoto, T. & Sugimoto, C. R. (2016). Is Science Built on the Shoulders of Women? A Study of Gender Differences in Contributorship. *Academic Medicine,* 91(8), 1136–1142. Verfügbar unter: https://pubmed.ncbi.nlm.nih.gov/27276004/ [06.08.2021].

Marín-Spiotta, E. (2018). Harassment should count as scientific misconduct. *Nature,* 557(7704), 141. Verfügbar unter: https://www.nature.com/articles/d41586-018-05076-2 [05.08.2021].

Miller, K. (2020). Die Corona-Pandemie und ihre Auswirkungen auf Frauen – eine europäische Perspektive. *djbZ – Zeitschrift des Deutscher Juristinnenbundes,* 23(4), 173–176.

Parbey, C. (2020). Leopoldina: Warum Expert*innenteams zu homogen sind. *ze.tt,* 14. April 2020. Verfügbar unter: https://ze.tt/leopoldina-warum-expertinnenteams-zu-homogen-sind-corona-krise/ [07.08.2021].

Perez Rodriguez, J. & Fuente, A. (2017). Now is the Time for a Postracial Medicine: Biomedical Research, the National Institutes of Health, and the Perpetuation of Scientific Racism. *American Journal of Bioethics,* 17(9), 36–47. Verfügbar unter: https://pubmed.ncbi.nlm.nih.gov/28829268/ [05.08.2021].

Prieß-Buchheit, J. (2021). Foreword. In K. Miller und K. Wendt: The Fourth Industrial Revolution and Its Impact on Ethics (ix–x). Cham: Springer.

Prieß-Buchheit, J. Bourgeois-Doyle, D., Guerrette, J. Miller, K. and Sykes, L. (2021) Trust in Science: Developing a Learning Environment to enable Public Understanding and Support for Evidence-based Information for Senior Secondary School Students and Students in Higher Education, The All Ireland Journal of Teaching and Learning in Higher Education – Journal, 13(1).

Rasmussen, L. M. & Davis, B. (2019). *Responsible Conduct Of Research Education Should Include Issues of Race and Gender.* Verfügbar unter: http://lisamrasmussen.com/2019/06/27/incorporating-race-and-gender-issues-into-research-ethics-education/ [05.08.2021].

Rees, T. (2011). The Gendered Construction of Scientific Excellence. *Interdisciplinary Science Reviews,* 36(2), 133–145. Verfügbar unter: https://www.tandfonline.com/doi/abs/10.1179/030801811X13013181961437 [06.08.2021].

Rivas, M. F. (2013). An Experiment on Corruption and Gender. *Bulletin of Economic Research*, 65(1), 10–42. Verfügbar unter: https://onlinelibrary.wiley.com/doi/abs/10.1111/j.1467-8586.2012.00450.x [25.07.2021].

Squazzoni, F., Bravo, G., Grimaldo, F., Garcıa-Costa, D., Farjam, M. & Mehmani, B. (2020). *Only Second-Class Tickets for Women in the COVID-19 Race. A Study on Manuscript Submissions and Reviews in 2329 Elsevier Journals.* Verfügbar unter: https://papers.ssrn.com/sol3/papers.cfm?abstract_id=3712813 [08.08.2021].

Symonds, M. R. E., Gemmell, N. L., Braisher, T. L., Gorringe, K. L. & Elgar, M. A. (2006). Gender differences in publication output: towards an unbiased metric of research performance. *PLoS ONE,* 1(1), e127. Verfügbar unter: https://journals.plos.org/plosone/article?id=10.1371/journal.pone.0000127 [25.07.2021].

Towfigh, E. V., Traxler, C. & Glöckner, A. (2018). Geschlechts- und Herkunftseffekte bei der Benotung juristischer Staatsprüfungen (German) – The effects of gender and migration on state exam grades in law. *Zeitschrift für Didaktik der Rechtswissenschaft*, 5(2), 115–142. Verfügbar unter: http://dx.doi.org/10.5771/2196-7261-2018-2-115 [25.07.2021].

Van den Hoven, M. & Mol, H. (2021). *Do male and female researchers behave differently and have different attitudes regarding integrity issues? That is the question.* Verfügbar unter: https://h2020integrity.eu/male-female-researchers-behave-differently-different-attitudes-regarding-integrity/ [25.07.2021].

Van den Hoven, M. (2021, unter Review). Is there a relationship between gender and attitudes and behavior regarding research- and academic integrity? A survey amongst research master students in the life sciences, eingereicht zur Veröffentlichung im *International Journal for Educational Integrity.*

Vidu, A., Valls, R., Puigvert, L., Melgra, P. & Joanpere, M. (2017). Second Order of Sexual Harassment – SOSH. *Multidisciplinary Journal of Educational Research*, 7(1), 1–26. Verfügbar unter: https://www.researchgate.net/publication/312380888_Second_Order_of_Sexual_Harassment_-_SOSH [25.07.2021].

West, J. D., Jacquet, J., King M. M., Correll, S. J. & Bergstrom, C. T. (2013). The Role of Gender in Scholarly Authorship. *PLoS ONE,* 8(7), e66212. Verfügbar unter: https://journals.plos.org/plosone/article?id=10.1371/journal.pone.0066212 [05.08.2021].

Witze, A. (2018). Sexual harassment is rife in the sciences, finds landmark US study. *Nature*, 558(7710), 352–353 Verfügbar unter: https://www.nature.com/articles/d41586-01 [05.08.2021].

Standards guter wissenschaftlicher Praxis – Formulierung und (Selbst) Kontrolle durch die Wissenschaft

Kirsten Hüttemann

Die Formulierung von Standards guter wissenschaftlicher Praxis sowie die Überprüfung ihrer Einhaltung können auf unterschiedliche Weise erfolgen: Der Gesetzgeber erlässt auf Bundes- oder Landesebene Vorgaben, an die sich die Wissenschaftler:innen halten müssen und schafft behördliche oder behördenähnliche Strukturen zu deren Überprüfung. Oder Standards guter wissenschaftlicher Praxis werden aus der Wissenschaft „heraus" entwickelt und von Wissenschaftler:innen formuliert, die wiederum durch die Einrichtungen der Wissenschaft etabliert und überprüft werden und damit auch eine andere Akzeptanz und Aufmerksamkeit erhalten.

Kommission „Selbstkontrolle in der Wissenschaft"

Im deutschen Wissenschaftssystem wurde letzterer Weg beschritten: Am 9. Dezember 1997 legte die Kommission „Selbstkontrolle in der Wissenschaft" die „Vorschläge zur Sicherung guter wissenschaftlicher Praxis" vor. Vorausgegangen war dieser Kommissionsarbeit ein besonders schwerwiegender Fall wissenschaftlichen Fehlverhaltens, der die Grundfesten der Wissenschaft erschüttert und eine breite Diskussion in Politik und Wissenschaft über die Frage der Kontrollmechanismen in der Wissenschaft ausgelöst hatte. Unter dem Vorsitz des damaligen Präsidenten der Deutschen Forschungsgemeinschaft, Professor Dr. Wolfgang Frühwald, wurde eine international zusammengesetzte Kommission mit dem Auftrag einberufen, den Ursachen von Unredlichkeit im Wissenschaftssystem nachzugehen und insbesondere Empfehlungen zur Sicherung der wissenschaftlichen Selbstkontrolle zu geben.[1]

Das Ergebnis dieser Kommissionsarbeit ist die Denkschrift „Sicherung guter wissenschaftlicher Praxis“[2] mit zunächst sechzehn Empfehlungen, gerichtet an die verfassten Institutionen der Wissenschaft sowie an jede einzelne Wissenschaftlerin und jeden einzelnen Wissenschaftler, gerichtet an den wissenschaftlichen Nachwuchs wie an etablierte Wissenschaftler:innen. Die Empfehlungen fassen inhaltlich nicht nur Grundannahmen wissenschaftlichen Selbstverständnisses in klare Worte, sondern benennen auch Umstände, die zu Unredlichkeit im Wissenschaftssystem führen können.

Etablierung eines flächendeckenden Systems für die deutsche Wissenschaft

Es folgte die Etablierung eines flächendeckenden Systems zur Sicherung der wissenschaftlichen Redlichkeit in der deutschen Wissenschaftslandschaft. Konkret waren nun die Hochschulen und Forschungseinrichtungen gefordert, Regelwerke zum Umgang mit guter wissenschaftlicher Praxis und ihren Folgen bei Nichtbeachtung an ihren Einrichtungen zu implementieren.

Sogenannte Ombudspersonen wurden als neutrale und unabhängige Vertrauenspersonen an den Hochschulen und Forschungseinrichtungen ernannt, an die sich „ihre Mitglieder in Fragen guter wissenschaftlicher Praxis und in Fragen vermuteten wissenschaftlichen Fehlverhaltens wenden können“ (siehe Empfehlung 5 der „Denkschrift“). Ergänzend wurde vom Senat der Deutschen Forschungsgemeinschaft ein überörtliches und unabhängiges Ombudsgremium eingesetzt, welches *alternativ* in Fragen unredlichen wissenschaftlichen Verhaltens angefragt

---

1 Deutsche Forschungsgemeinschaft, Denkschrift zur Sicherung guter wissenschaftlicher Praxis, Seite 6, Weinheim: Wiley-VCH. Abgerufen am 08.06.2021 von http://doi.org/10.1002/9783527679188.oth1.

2 Im weiteren Text abgekürzt mit „Denkschrift“. Die erste Fassung der Denkschrift erschien 1998, weitere Angaben siehe Fn.1. Abgerufen am 08.06.2021 von https://www.dfg.de/download/pdf/foerderung/rechtliche_rahmenbedingungen/gute_wissenschaftliche_praxis/kodex_gwp.pdf.

werden kann[3]. In dem Erläuterungstext zu Empfehlung 16 der „Denkschrift", Seite 36, wird hervorgehoben: *„Durch die Einrichtung einer derartigen Appellationsinstanz kann die Deutsche Forschungsgemeinschaft das öffentliche Vertrauen in die gute wissenschaftliche Praxis erhalten, indem sie die Aufmerksamkeit demonstriert, die die Wissenschaft ihrer eigenen Selbstkontrolle schenkt."*

Wiederum Kommissionen an den Hochschulen und außeruniversitären Forschungseinrichtungen sollten fortan Fälle wissenschaftlichen Fehlverhaltens an der jeweiligen Institution untersuchen und festgestelltes Fehlverhalten ahnden (hierzu Empfehlung 8 der „Denkschrift").

Neben den lokalen Vertrauens- und Ombudspersonen zu Fragen unredlicher wissenschaftlicher Praxis und den Überprüfungen durch Kommissionen an Hochschulen und Forschungseinrichtungen in Fällen wissenschaftlichen Fehlverhaltens führt auch die Deutsche Forschungsgemeinschaft (DFG) – auf der Grundlage einer eigenen Verfahrensordnung[4] – ein Verfahren bei dem Verdacht eines wissenschaftlichen Fehlverhaltens durch. Richten sich konkrete Verdachtsmomente eines wissenschaftlichen Fehlverhaltens gegen Antragstellende oder Bewilligungsempfänger:innen, gegen Gutachtende im Rahmen der von der DFG durchgeführten Begutachtungsverfahren oder Mitglieder der Gremien der DFG[5], wird diesem Verdacht in einem gestuften Verfahren nachgegangen.[6]

---

[3] Das Gremium „Ombudsman für die Wissenschaft", bis zum Jahr 2010 „Ombudsman der DFG" genannt, steht allen Wissenschaftler:innen unmittelbar und unabhängig von einem Bezug zur DFG zur Beratung und Unterstützung in Fragen guter wissenschaftlicher Praxis und ihrer Verletzung durch wissenschaftliche Unredlichkeit zur Verfügung. Die Namensänderung des Gremiums von „Ombudsman der DFG" in „Ombudsman für die Wissenschaft" hat der Senat der DFG 2010 vorgenommen, um das Verfahren des Gremiums nachvollziehbarer von dem Verfahren der DFG „Verfahren bei Verdacht eines wissenschaftlichen Fehlverhaltens" für Ratsuchende und Verfahrensbeteiligte abzugrenzen.

[4] Verfahrensordnung zum Umgang mit wissenschaftlichem Fehlverhalten. DFG-Vordruck 80.01–08/19. Abgerufen am 08.06.2021 von https://www.dfg.de/formulare/80_01/80_01_de.pdf.

[5] Zum gesamten persönlichen Anwendungsbereich der „Verfahrensordnung zum Umgang mit wissenschaftlichem Fehlverhalten" (im weiteren Text: VerfOwF) siehe Ziffer I. der VerfOwF.

[6] Zu den Einzelheiten des gestuften Verfahrens durch die DFG siehe Ziffer III. der VerfOwF.

Erhärtet sich der Verdacht eines wissenschaftlichen Fehlverhaltens nach einer Vorprüfung durch die Geschäftsstelle der DFG, wird dieser Verdacht durch den „Ausschuss zur Untersuchung von Vorwürfen wissenschaftlichen Fehlverhaltens" überprüft. Dieser Ausschuss setzt sich aus acht Wissenschaftler:innen, die den Gebieten der Geistes- und Sozial-, Natur-, Lebens- und Ingenieurwissenschaften angehören, zusammen. Halten die Mitglieder des Ausschusses ein Fehlverhalten für hinreichend erwiesen und eine sogenannte Maßnahme für erforderlich, wird der Vorgang dem Hauptausschuss der Deutschen Forschungsgemeinschaft zur abschließenden Entscheidung vorgelegt. Der Hauptausschuss kann je nach Art und Schwere des festgestellten Fehlverhaltens eine sanktionsähnliche Maßnahme gegenüber dem/der betroffenen Wissenschaftler:in treffen. Dies kann eine schriftliche Rüge sein, ein Ausschluss von der Antragsberechtigung (bis zu acht Jahre) oder auch eine Rücknahme von Förderentscheidungen[7].

Kritische Reflexion der Selbst-Kontrolle

Nach Inkrafttreten der „Denkschrift" kam dem Thema Redlichkeit bzw. Unredlichkeit in der Wissenschaft durch die Plagiats-Affären von zwei Bundesminister:innen in den 2010er Jahren besondere Aufmerksamkeit zu: Die plagiatsbehafteten Dissertationen des Bundesministers der Verteidigung sowie der Bundesministerin für Bildung und Forschung führten nicht nur an den Universitäten in Bayreuth und Düsseldorf, an denen die Dissertationen betreut, geschrieben und die Doktorwürde verliehen waren, zu Diskussionen über die „Betreuungsstandards von Promotionen", zur Sorge von aktuell Studierenden über die Anerkennung und Qualität ihrer Doktorarbeiten; auch in der Politik, in den Medien wie auch in der Gesellschaft wurden Ursachen und Konsequenzen detailreich thematisiert und diskutiert. Die Bewertung dieser „Skandale" reichte inhaltlich von der Einschätzung eines „Kavaliersdelikts" bis hin zu schwerem wissenschaftlichen Fehlverhalten. Letztlich folgten nicht nur wissenschaftliche und rechtliche Konsequenzen

[7] Zu allen sogenannten „Maßnahmen" siehe Ziffer III.3.c) der VerfOwF.

in Form der Aberkennung der Doktortitel; die Untersuchungen führten auch zu politischen Konsequenzen in Gestalt des Rücktritts beider Bundesminister[8].

Die politische Aufmerksamkeit führte auch zu der Frage, ob an der Selbstkontrolle durch die Wissenschaft weiterhin festzuhalten sei. **Wissenschaft überprüft *„sich selbst"*?!** Können – so wurde gefragt – die Universitäten das Fehlverhalten ihrer eigenen Wissenschaftler:innen überhaupt objektiv prüfen? Läge dem nicht ein unauflösbarer „Widerspruch" zugrunde? Wäre stattdessen die Überprüfung durch eine hochschulferne Einrichtung, etwa auch eine zwischenstaatliche Behörde – wie sie auch in anderen Ländern eingerichtet wurde[9] – nicht die bessere Lösung?

Für eine „Herausnahme" der Überprüfung vom Tatort des Geschehens, spricht gewiss das Argument der „objektiveren Überprüfung". Schon die personelle Zusammensetzung einer Kommission kann Fragen etwaiger Interessenkonflikte der Kommissionsmitglieder, die nicht immer auf den ersten Blick sichtbar werden, hervorrufen. Auch der Ausgang eines Verfahrens kann bei „harten" Entscheidungen wie etwa der Rücknahme eines Doktorgrades mitunter Unverständnis bei „nahestehenden" Einrichtungen und Personen hervorrufen.

Es stellt sich gleichwohl die Frage, nach welcher „besseren" Lösung in diesen Fällen eigentlich gesucht wird. Hätte eine „Behörde" die Versäumnisse der Politiker:innen und „Plagiatoren" verhindern können? Wohl kaum. So lag denn das Fehlverhalten, welches (un)zweifelhaft begangen worden war, weniger an fehlenden Strukturen, die einer Behörde immanent wären. Wäre der Blick nicht vornehmlicher auf die betreuenden Doktorväter und Doktormütter zu richten, die ihre Doktoranden bereits bei der Wahl des Themas der Dissertation hätten besser beraten und sich die Doktorarbeiten hätten vertiefter ansehen müssen? Lag es nicht auch an einer Sorglosigkeit und dem fehlenden Bewusstsein von Doktorandinnen oder Doktoranden, die entgegen bekannter Grundsätze wie „Du sollst

---

8 Am 1. März 2011 Rücktritt des Bundesministers der Verteidigung, Karl-Theodor zu Guttenberg; am 9. Februar 2013 Rücktritt der Bundesministerin für Bildung und Forschung, Annette Schavan.

9 Vgl. hierzu die Österreichische Agentur für wissenschaftliche Integrität (ÖAWI), deren „Kommission für wissenschaftliche Integrität" Verdachtsmomente wissenschaftlichen Fehlverhaltens überprüft, Empfehlungen für die weitere Vorgehensweise an die „betroffene" Institution übermittelt, der sodann die Umsetzung möglicher Sanktionen obliegt: https://oeawi.at/.

nicht stehlen" sich gleichwohl der Texte Dritter ohne korrekte Zitation bedient hatten?[10]

Hinzuweisen ist auch darauf, dass die Verfahren der universitären Kommission wie auch das Verfahren der DFG rechtsstaatlichen Verfahrensgrundsätzen unterliegen und damit die Einhaltung verfahrensrechtlicher Garantien gewähren. So sind das Recht auf Anhörung[11] der Betroffenen oder des Betroffenen und der Hinweisgebenden wie auch der Grundsatz eines fairen Verfahrens[12] zu beachten. Bei zu „engen" fachlichen und persönlichen Verzahnungen mit der Betroffenen bzw. dem Betroffenen schließt zudem der Anschein der Befangenheit die Teilnahme eines Kommissionsmitglieds von der weiteren Befassung mit einem Fehlverhaltensvorwurf aus. Ausdrücklich kommen für die Mitglieder des DFG-Ausschusses zur Untersuchung von Vorwürfen wissenschaftlichen Fehlverhaltens die Befangenheitsregeln der DFG zur Anwendung[13]. Und für jedes abgeschlossene Verfahren einer Kommission bzw. eines Ausschusses steht der Rechtsweg zu den Gerichten offen[14]. Damit ist eine gebotene Objektivität rechtlich vorgegeben, die es (lediglich) einzuhalten gilt.

Diese kritische Reflexion hat jedoch zu einer Weiterentwicklung der „Denkschrift zur Sicherung guter wissenschaftlicher Praxis" und einer Bestätigung des „Grundsatzes der Selbstkontrolle" geführt. Auch „auf die Bitte von Bund und Ländern in der Gemeinsamen Wissenschaftskonferenz"[15] wurde die „Denkschrift" am

---

10 Hierzu bereits Hüttemann, K., Seiten 102 f. Von der Selbstkontrolle (in) der Wissenschaft – Einige Gedanken zum Umgang mit den Regeln guter wissenschaftlicher Praxis, (Seiten 99 ff.) in: Siegel, S. T.; Daumiller, M. H. (Hrsg.). Wissenschaft und Wahrheit (99–104). Leverkusen: Budrich 2020.

11 Verankerung des rechtlichen Gehörs als elementarer Verfahrensgrundsatz in Artikel 103 Absatz 1 GG.

12 Herleitung aus Art. 20 Absatz 3 i.V.m. Artikel 2 Absatz 1 GG als Ausprägung des Rechtsstaatsprinzips.

13 Ziffer III.3.a) (4) VerfOwF.

14 Eröffnung des Rechtswegs zur vollständigen Nachprüfung der angefochtenen Maßnahme im Sinne von Artikel 19 Absatz 4 GG. Hinzuweisen ist an dieser Stelle, dass die Gerichte die Entscheidungen der Hochschulen, einen Doktortitel abzuerkennen, bestätigt haben; exemplarisch ist das Urteil des VG Düsseldorf im Verfahren A. Schavan, Urteil Az. 15 K 2271/13, zu nennen.

15 Die Gemeinsame Wissenschaftskonferenz (GWK) von Bund und Ländern hatte Mitte 2011 um „Aktualisierung der DFG-Empfehlungen auf der Grundlage neuer Entwick-

3. Juli 2013 von der Mitgliederversammlung der DFG im Rahmen der DFG-Jahresversammlung akzentuiert ergänzt. In den Kanon der Empfehlungen wurde sichtbar eine eigene Empfehlung zum wichtigen Thema des „Whistleblowing“[16] in die Denkschrift aufgenommen, vorhandene Empfehlungstexte insbesondere zur Stärkung des Ombudswesens (Empfehlung 5) und zur Beschleunigung der auch mitunter komplexen Verfahren der Kommissionen im Interesse aller Beteiligten (Empfehlung 8) wurden aktualisiert[17]. Vor allem aber überwog ein Festhalten am System der Selbstkontrolle der Wissenschaft – wie es denn im Vorwort zur ergänzten Auflage heißt: „Ebenso scheint es aufgrund der Erfahrungen angebracht und berechtigt, *die Vorteile des Systems der Selbstkontrolle der Wissenschaft deutlicher hervorzuheben*“[18].

Und auch die Landesgesetzgeber sehen (mittlerweile) in der „Selbst“-Kontrolle der Wissenschaft den bevorzugten Weg, wenn sie die Hochschulen in den Landeshochschulgesetzen ermächtigen, „im Rahmen der *Selbstkontrolle in der Wissenschaft* Regeln zur Einhaltung der allgemein anerkannten Grundsätze guter wissenschaftlicher Praxis und zum Umgang mit wissenschaftlichem Fehlverhalten aufzustellen“[19]. Die landesrechtlichen Regelungen formulieren in den Hochschulgesetzen zudem, dass alle an der Hochschule wissenschaftlich Tätigen sowie die Studierenden zu wissenschaftlicher Redlichkeit verpflichtet sind und die allgemein anerkannten Grundsätze wissenschaftlicher Redlichkeit einzuhalten haben[20].

---

lungen und unter Einbeziehung der internationalen Entwicklungen zur Sicherung der guten wissenschaftlichen Praxis, wo nötig“ gebeten.

16 Empfehlung 17 (*neu*) lautet: „Wissenschaftlerinnen und Wissenschaftler, die einen spezifizierbaren Hinweis auf einen Verdacht wissenschaftlichen Fehlverhaltens geben (Hinweisgeber, sogenannte Whistleblower), dürfen daraus keine Nachteile für das eigene wissenschaftliche und berufliche Fortkommen erfahren. Die Vertrauensperson (Ombudsman) wie auch die Einrichtungen, die einen Verdacht überprüfen, müssen sich für diesen Schutz in geeigneter Weise einsetzen. Die Anzeige muss in ‚gutem Glauben‘ erfolgen.“

17 Zu den weiteren Aktualisierungen der „Denkschrift“ siehe im Einzelnen „Übersicht über die Ergänzungen und Aktualisierungen“, Denkschrift, Seiten 10–11.

18 Vgl. hierzu auch das „Vorwort zur ergänzten Auflage“, Denkschrift, Seiten 8–9.

19 § 3 Abs.5 S.3 LHG BW; s. auch § 4 Abs.4 S.3 HG NRW, Art.6 Abs.1 S.3 BayHSchG, § 79 S.3 SächsHSFG, § 3 Abs.7 S.3 HochSchG RhPf, § 7a BremHG, § 9 Abs.2 S.3 HmbHG

20 § 3 Abs.5 S.1 und 2 LHG BW.

Festhalten an der Selbstkontrolle

„[...] vielfältige Veränderungen im wissenschaftlichen Arbeiten, bedingt durch den digitalen Wandel und durch Entwicklungen sowohl im Publikationswesen als auch in den Strukturen der wissenschaftlichen Einrichtungen und Kooperationsformen wie auch international geführte Debatten zu wissenschaftlicher Integrität,“[21] waren Anlass, im August 2018 eine Kommission[22] zur Überarbeitung der DFG-Denkschrift einzusetzen. Ebenso sollte der Grundgedanke der Unschuldsvermutung künftig besonders betont werden.

Die Überarbeitung führte diesmal nicht zu einer weiteren Auflage der „Denkschrift“. Es folgte vielmehr eine Ablösung durch den neu formulierten Kodex „Leitlinien zur Sicherung guter wissenschaftlicher Praxis“[23]. Der Kodex – verabschiedet durch die Mitgliederversammlung der DFG am 3. Juli 2019, in Kraft seit dem 1. August 2019 – gliedert sich in 19 Leitlinien mit dem Schwerpunkt der Prävention sowie der Betonung und Einhaltung der guten wissenschaftlichen Praxis im Rahmen des gesamten Forschungsprozesses (siehe hierzu die Leitlinien 7–17). Die Verankerung einer verbindlichen Kultur der wissenschaftlichen Integrität in den Hochschulen und außerhochschulischen Forschungseinrichtungen im Sinne eines „*Berufsethos*“ stand bei der Revision der „Denkschrift“ im Vordergrund[24].

Die Standards guter wissenschaftlicher Praxis, mit den allgemeinen Prinzipien, formuliert der Kodex in den ersten Leitlinien (Leitlinien 1–6), die folgenden Leitlinien thematisieren entlang des Forschungsprozesses die wesentlichen Schritte guten wissenschaftlichen Arbeitens (Leitlinien 7–17). Das Verfahren bei Nichtbeachtung der guten wissenschaftlichen Praxis ist in den Leitlinien 18 und 19 niedergelegt.

---

21 Vorwort zum Kodex der Deutschen Forschungsgemeinschaft „Leitlinien zur Sicherung guter wissenschaftlicher Praxis“, Seite 3; im weiteren Text „DFG-Kodex“. Abgerufen am 08.06.2021 von https://www.dfg.de/download/pdf/foerderung/rechtliche_rahmenbedingungen/gute_wissenschaftliche_praxis/kodex_gwp.pdf.

22 Zur personellen Zusammensetzung der Kommission siehe „DFG-Kodex“, Vorwort, Seiten 3 und 4.

23 „DFG-Kodex“, Link siehe Fn.21.

24 Hierzu der „DFG-Kodex“, Vorwort, Seite 4.

Der Kodex in seiner Textfassung mit der sogenannten ersten und zweiten Ebene wird seit dem 10. Dezember 2020 durch das Online-Portal „Wissenschaftliche Integrität“[25] ergänzt. Dieses Online-Portal – als „dynamisches“ Dokument auf der Webseite der DFG konzipiert – enthält fachspezifische Ausführungen sowie weiterführende Hinweise im Kontext der guten wissenschaftlichen Praxis, Fallbeispiele und FAQs. Bezugspunkt der Online-Inhalte ist immer die jeweilige Leitlinie des Kodex. Indem die Inhalte dieser „dritten“ Ebene „im Zusammenwirken mit den Hochschulen und außerhochschulischen Einrichtungen, den Wissenschaftsorganisationen, dem Gremium „Ombudsman für die Wissenschaft“ und weiteren Akteuren kontinuierlich erarbeitet und qualitätsgesichert sowie entsprechend den Veränderungen in den wissenschaftlichen Praxen angepasst werden“, soll ein aktuelles Referenzwerk für die deutsche Wissenschaftslandschaft geschaffen werden[26].

Mit dem Kodex wird die Entwicklung von Standards zu guter wissenschaftlicher Praxis in der Wissenschaft belassen. Vor allem aber soll auch die Überprüfung von Unredlichkeit weiterhin durch die Wissenschaft selbst in ihren eigenen Ombuds- und Kommissionsverfahren erfolgen. Nicht eine staatliche, unabhängige Behörde soll hier „alternativ“ prüfend angerufen werden, sondern jene Einrichtung, an der das Fehlverhalten entstanden ist bzw. an der die/der Betroffene beschäftigt ist. Objektivität erhalten diese Verfahren zur Überprüfung des Verdachts eines wissenschaftlichen Fehlverhaltens durch die Beachtung und Einhaltung von rechtsstaatlichen Verfahrensgrundsätzen.

Literatur

Deutsche Forschungsgemeinschaft (2013). *Sicherung guter wissenschaftlicher Praxis. Denkschrift* (ergänzte Aufl.). Weinheim: Wiley-VCH. Verfügbar unter: https://onlinelibrary.wiley.com/doi/abs/10.1002/9783527679188.oth1 [08.06.2021].

Deutsche Forschungsgemeinschaft (2019). Verfahrensordnung zum Umgang mit wissenschaftlichem Fehlverhalten. Bonn. Verfügbar unter: https://www.dfg.de/formulare/80_01/80_01_de.pdf [08.06.2021].

25 Online-Portal „Wissenschaftliche Integrität“ der DFG: https://wissenschaftliche-integritaet.de/.

26 „DFG-Kodex“, Vorwort, Seite 5.

Hüttemann, K. (2020). Von der Selbstkontrolle (in) der Wissenschaft: Einige Gedanken zum Umgang mit den Regeln guter wissenschaftlicher Praxis. In S.T. Siegel & M.H. Daumiller (Hrsg.). *Wissenschaft und Wahrheit* (99–104). Leverkusen: Budrich.

Deutsche Forschungsgemeinschaft (2019). *Leitlinien zur Sicherung guter wissenschaftlicher Praxis.* Verfügbar unter: https://wissenschaftliche-integritaet.de/kodex/ [08.06.2021].

Forschungsintegrität und Fehlverhalten

Nicole Föger

Einleitung

Global hat man sich darauf geeinigt, dass Datenerfindung, Datenfälschung und Plagiate (FFP – fabrication, falsification, plagiarism) in der Definition von wissenschaftlichem Fehlverhalten enthalten sind. Darüber hinaus werden weltweit aber auch viele andere inakzeptable Praktiken als wissenschaftliches Fehlverhalten bezeichnet. Hugh Desmond und Kris Dierickx (2021)[1] weisen in ihrer kürzlich in der Zeitschrift „Bioethics" erschienenen Studie darauf hin, dass diese Definition von Land zu Land abweichen kann (Desmond/Dierickx, 2021). Dafür haben sie Regelwerke zu wissenschaftlicher Integrität aus 24 europäischen Ländern mit dem European Code of Conduct[2] verglichen und 20 von ihnen genauer analysiert. Das Ergebnis war, dass es eine sehr hohe Divergenz zwischen den Dokumenten gibt.

Im Folgenden werden Kategorien wissenschaftlichen Fehlverhaltens (wie FFP) sowie häufig vorkommende Verstöße gegen die gute wissenschaftliche Praxis exemplarisch diskutiert. Sie alle können Teil der Definition wissenschaftlichen Fehlverhaltens sein.

---

1 Desmond, H.; Dierickx, K. (2021). Research integrity codes of conduct in Europe: Understanding the divergences. *Bioethics.* 35(5), 414–428. Abgerufen am 30.06.2021 von https://www.researchgate.net/publication/349108115_Research_integrity_codes_of_conduct_in_Europe_Understanding_the_divergences.

2 ALLEA – All European Academies, 2017.

Welche Arten von wissenschaftlichem Fehlverhalten und Verstößen gegen die gute wissenschaftliche Praxis gibt es?

Plagiat und Ideendiebstahl

> „Plagiate liegen vor, wenn Texte, Inhalte oder Ideen übernommen und als eigene ausgegeben werden, ohne dies entsprechend kenntlich zu machen und die ursprünglichen Urheber zu zitieren. Dies umfasst insbesondere die Aneignung und Verwendung von Textpassagen, Theorien, Hypothesen, Erkenntnissen oder Daten durch direkte, paraphrasierte oder übersetzte Übernahme ohne entsprechende Kenntlichmachung und Zitierung der Quelle und der Urheberin oder des Urhebers." (§ 51 Abs. 2 Z 31 und 32 Österr. Universitätsgesetz)

Ungefähr die Hälfte der 185 Fälle (Stand Ende 2020), die die Kommission der Österreichischen Agentur für wissenschaftliche Integrität (ÖAWI)[3] bislang bearbeitet hat, sind Plagiate. Sehr oft handelt es sich dabei um ältere Abschlussarbeiten, die etwa vor mehr als zehn Jahren an einer österreichischen Hochschule angenommen wurden. Es ist in solchen Fällen ratsam, wenn sich die Untersuchungskommission ansieht, welche Zitierrichtlinien zu dieser Zeit an der jeweiligen Forschungseinrichtung gültig waren. Das gilt vor allem für Verdachtsfälle, die mehrere Jahrzehnte zurückliegen. Plagiate kommen aber auch in anderen wissenschaftlichen Publikationen (wie z. B. Büchern oder in Journalen) oder Forschungsprojektanträgen vor.

Seit einigen Jahren werden an den Universitäten Softwaresysteme eingesetzt, die Übereinstimmungen von Textstellen mit bereits veröffentlichten Texten aus dem Internet bzw. bestimmten Datenbanken aufzeigen. Auf diese Weise können Plagiate heutzutage relativ einfach nachgewiesen werden. Zusätzlich zu dem automatisierten Abgleich sind jedoch immer noch Fachexpert:innen nötig, die sich die mithilfe der Software erkannten Textstellen genauer ansehen.

---

[3] Siehe Website der Österreichischen Agentur für wissenschaftliche Integrität (ÖAWI), abgerufen am 30.06.2021 von https://oeawi.at/.

Ideendiebstahl, den man auch als Spezialfall des Plagiats sehen kann, ist meist deutlich schwieriger nachzuweisen. Es ist nicht einfach, festzustellen, wer eine Idee zuerst hatte, und es ist kaum auszuschließen, dass Wissenschaftler:innen, die im selben Feld arbeiten, gelegentlich parallel ähnliche Ideen verfolgen. Wenn ein/e Gutachter:in im Peer-Review-Verfahren Forschungsideen oder Forschungskonzepte aus einem noch nicht veröffentlichten Artikel oder einem Forschungsantrag entnimmt und selbst verwendet, ist es besonders schwierig, dies nachzuweisen, wenn die Gutachter:innen anonym sind.

Datenfälschung und Datenerfindung

Die großen Fälle, die im Zusammenhang mit wissenschaftlichem Fehlverhalten immer wieder zitiert werden, betreffen wohl diese Kategorie, obwohl Datenfälschung und Datenerfindung statistisch gesehen eher selten auftreten. Laut Fanelli (2009)[4] geben etwa 2 % der Wissenschaftler:innen zu, irgendwann in ihrer Laufbahn Daten gefälscht oder erfunden zu haben. Typischerweise geht es hier um das Fälschen oder Erfinden von Messwerten, Beobachtungsdaten, Statistiken oder Abbildungen.

Forschungsergebnisse können auch manipuliert werden, indem z. B. Datensets selektiv weggelassen werden, weil sie nicht das gewünschte Ergebnis zeigen. Ein möglicher Fall ist, dass externe Auftraggeber, die die Studie finanziert haben, sich andere Resultate wünschen und entsprechenden Druck auf die Wissenschaftler:innen ausüben.

Autor:innenschaftskonflikte

In der Statistik der Kommission der ÖAWI kommen gleich nach den Plagiaten Autor:innenschaftskonflikte als zweithäufigste Form der Verstöße gegen die gute wissenschaftliche Praxis. Sie fallen aber nicht in allen Richtlinien zur wissenschaftlichen Integrität unter die Definition von wissenschaftlichem Fehlverhalten. Typisch sind hier Situationen, in denen Nachwuchswissenschaftler:innen nicht

4 Fanelli, 2009

als Co-Autor:innen auf Publikationen genannt werden. Für sie ist es aufgrund von Hierarchien und komplexen Abhängigkeiten oft schwierig, auf ihr Recht auf Co-Autor:innenschaft zu bestehen. Andererseits wird an vielen Hochschulen erwartet, dass Doktorand:innen eine oder mehrere Publikationen als Erstautor:in aufweisen können, um ihre Promotion abzuschließen. Der Druck, zu publizieren, ist also groß.

Autor:innenschaftskonflikte kommen natürlich auch bei etablierten Forschenden vor, auch hier ist der Konkurrenzdruck immens: Die Zahl der Publikationen ist oft ein wesentliches Bewertungskriterium, wenn es um die Budgetverteilung am Institut oder die Besetzung einer Professur geht, aber auch bei der externen Einwerbung von Forschungsgeldern. In diesem Zusammenhang spricht man vom „publish or perish"-Prinzip. Initiativen, die dem entgegenwirken wollen, sind u. a. die „Declaration on *Research Assessment*" (*DORA*)5 oder die „Hong Kong Principles for assessing researchers"(Sixth World Conference on Research Integrity, 2019).

Forschungsbehinderung und Sabotage

Die Behinderung der Forschungstätigkeit anderer Wissenschaftler:innen oder auch unlautere Versuche, die wissenschaftliche Reputation von Kolleg:innen zu mindern, werden in den letzten Jahren immer häufiger beobachtet. Dies reicht von nicht gewährtem Zugang zu bestimmten Einrichtungen oder Messgeräten bis zu Vorfällen, bei denen Mitarbeiter:innen der Besuch bzw. die Präsentation der eigenen Forschungsergebnisse auf Konferenzen oder Review-Tätigkeiten verboten oder die Einwerbung von Fördermitteln verweigert wird. Insbesondere bei noch nicht etablierten Nachwuchswissenschaftler:innen kann eine solche Beschränkung der Forschungsaktivitäten über längere Zeit das Ende der eigenen Karriere bedeuten.

Ebenfalls unter diese Kategorie fallen unspezifische und vor allem unbegründete Vorwürfe von Verstößen gegen die Standards der guten wissenschaftlichen Praxis. Die Reputation von Wissenschafter:innen ist ihr höchstes Gut. Selbst wenn sich später herausstellt, dass die aufgekommenen Vorwürfe nicht der Wahrheit entsprachen, bleibt oft etwas Negatives, Rufschädigendes hängen.

Auch *Sabotage* kann gravierende Folgen haben, wenn auf diese Weise Daten verloren gehen oder die Fortführung der eigenen Forschung beeinträchtigt wird.

[5] Vgl. Webseite von DORA, abgerufen am 30.06.2021 von https://sfdora.org/.

Hier wären zum Beispiel die Beschädigung oder Zerstörung von Versuchsanordnungen, Messgeräten, Unterlagen, Hardware, Software, Chemikalien etc. zu nennen.

Nicht-Offenlegung von Interessenskonflikten

Wissenschaftler:innen sollen zum Beispiel in ihren Publikationen die Fördergeber ihrer Forschung nennen und damit potenzielle *finanzielle* Interessenskonflikte offenlegen.

Interessenskonflikte entstehen häufig bei Begutachtungen von Forschungsprojekten und Publikationen. Dabei handelt es sich oft um *intellektuelle Interessenskonflikte*, wenn die Gutachter:innen im selben Feld an einem ähnlichen Projekt arbeiten und daher eventuell potenzielle Konkurrent:innen wären.

Das Verschweigen von Interessenskonflikten wird häufig nur als Kavaliersdelikt betrachtet, vor allem dann, wenn es darum geht, *persönliche Interessenskonflikte* anzugeben: So erreichen die ÖAWI immer wieder Hinweise darauf, dass Berufungs- oder Habilitationskommissionen mit Personen besetzt werden, die den Bewerber:innen sehr nahestehen.

Die Empfehlung hier ist, potenzielle Interessenkonflikte immer anzusprechen und offenzulegen. Dann können die Förderagenturen, Herausgeber von Fachzeitschriften und Institutionen, die die Gremien zusammenstellen, entscheiden, ob der Interessenskonflikt für die Besetzung relevant ist oder nicht.

Mitwirkung an wissenschaftlichem Fehlverhalten

Auch die Mitwirkung an Verstößen kann als wissenschaftliches Fehlverhalten definiert sein, wenn z. B. Wissenschaftler:innen als Co-Autor:innen auf Publikationen mit gefälschten oder manipulierten Daten erscheinen, davon wissen, es aber ignorieren.

Welche Sanktionsmöglichkeiten gibt es?

Sanktionen können je nach Staat aufgrund der jeweiligen Gesetzeslagen sehr unterschiedlich ausfallen. So ist etwa in einigen europäischen Ländern der Entzug eines akademischen Titels im Gesetz gar nicht vorgesehen.

Das Verhängen von Sanktionen liegt meist nicht in der Verantwortung der Kommissionen, die wissenschaftliches Fehlverhalten untersuchen, sondern in der Verantwortung der Institutionsleitungen. Sanktionen müssen immer in einem angemessenen Verhältnis zur Schwere des Verstoßes stehen (The European Network of Research Ethics and Research Integrity, 2019). Sie können zum Beispiel das Dienst- oder Studienrecht betreffen, etwa wenn bei einem Plagiat in einer Qualifikationsarbeit der Titel aberkannt wird.

Ein anderes Beispiel für eine angemessene Sanktion wäre, wenn bei wiederholten Problemen mit Betreuenden des wissenschaftlichen Nachwuchses verfügt wird, dass diese Personen keine Betreuungsaufgaben mehr ausüben dürfen oder zu entsprechenden Schulungen und Fortbildungsmaßnahmen verpflichtet werden. Besonders schwere Sanktionen können darin liegen, dass Wissenschaftler:innen über längere Zeit keine Fördermittel einwerben, keine Publikationen einreichen oder keine Lehrveranstaltungen mehr halten dürfen. In anderen Fällen werden Forschenden der Zugang zu und die Forschung an Patient:innen verweigert.

Auch *Fördergeber* können Sanktionen verhängen: Sie können zum Beispiel verlangen, dass bereits gewährte Fördergelder zurückgezahlt werden. Wesentlich häufiger aber sind Sperren, d. h. Wissenschaftler:innen dürfen über einen bestimmten Zeitraum hinweg keine Forschungsprojekte einreichen. Möglich ist auch, Forschende als Gutachter:in für Forschungsanträge zu sperren.

Außerdem können Fachzeitschriften sanktionierend auftreten: Sie können von Forschenden verlangen, „Corrections" (Korrekturen) zu Veröffentlichungen zu publizieren oder aber Publikationen zurückziehen (sogenannte „Retractions").

Zusammenfassung

Bei allen Fällen, die untersucht werden, liegt der primäre Fokus meist auf dem/der einzelnen Wissenschaftler:in. Sehr oft liegen diesem Fehlverhalten aber auch systemische Ursachen zugrunde. Institutionen müssen daher genauer hinsehen, wenn sich z. B. Fälle wie Betreuungskonflikte an bestimmten Fakultäten/Instituten häufen. Sie sollten daraus Konsequenzen ziehen und in der Folge die Bedingungen vor Ort oder an der gesamten Wissenschaftseinrichtung verbessern.

Literatur

ALLEA – All European Academies (2017). The European Code of Conduct for Research Integrity. Verfügbar unter: https://www.allea.org/wp-content/uploads/2017/05/ALLEA-European-Code-of-Conduct-for-Research-Integrity-2017.pdf [30.06.2021].

Desmond, H. & Dierickx, K. (2021). Research integrity codes of conduct in Europe: Understanding the divergences. *Bioethics*. 35(5), 414–428. Verfügbar unter: https://www.researchgate.net/publication/349108115_Research_integrity_codes_of_conduct_in_Europe_Understanding_the_divergences [30.06.2021].

DORA. Verfügbar unter: https://sfdora.org/ [30.06.2021].

European Network of Research Ethics and Research Integrity (ENERI) (2019). Recommendations for the Investigation of Research Misconduct. ENRIO Handbook. Verfügbar unter: http://www.enrio.eu/wp-content/uploads/2019/03/INV-Handbook_ENRIO_web_final.pdf [30.06.2021].

Fanelli, D. (2009). How many Scientists Fabricate and Falsify Research? A Systematic Review and Meta-Analysis of Survey Data. *PLoS ONE*, 4(5): e5738. Verfügbar unter: https://doi.org/10.1371/journal.pone.0005738 [30.06.2021].

Österreichische Agentur für wissenschaftliche Integrität (ÖAWI). Verfügbar unter: https://oeawi.at/ [30.06.2021].

Sixth World Conference on Research Integrity (2019). *Hong Kong Principles*. Verfügbar unter: https://wcrif.org/guidance/hong-kong-principles [30.06.2021]

Die Professionalisierung des Ombudswesens zur Stärkung einer Kultur wissenschaftlicher Integrität

Hjördis Czesnick

Einleitung

Die Wahrung wissenschaftlicher Integrität ist die Basis dafür, dass Wissenschaft und Gesellschaft den Ergebnissen und Erkenntnissen aus Grundlagen- und angewandter Forschung vertrauen. Als vertrauensbildende Maßnahme wurde Ende der 1990er Jahre das sogenannte Ombudswesen im deutschen Wissenschaftssystem eingeführt. Fast alle Hochschulen und außerhochschulischen Forschungseinrichtungen benennen seitdem lokale Ombudspersonen, die bei Fragen zu Standards guter wissenschaftlicher Praxis und bei Verdachtsfällen wissenschaftlichen Fehlverhaltens vertraulich angesprochen werden können. Parallel zu dieser Entwicklung wurde seitens der Deutschen Forschungsgemeinschaft (DFG) das Gremium „Ombudsman für die Wissenschaft" errichtet, das seit 1999 auf nationaler Ebene tätig ist und gleichfalls jederzeit um eine Beratung zur wissenschaftlichen Integrität oder – im Konfliktfall – um eine Vermittlung gebeten werden kann. Ombudspersonen stehen im Rahmen ihrer Tätigkeit vor vielen Herausforderungen, für die im Folgenden Lösungswege aufgezeigt werden sollen. Mit Blick auf die Professionalisierung des Ombudssystems stellt sich die Frage, wie Ombudspersonen und auch Fehlverhaltenskommissionen von ihren Einrichtungen bei ihrer Arbeit unterstützt werden können. Eine neue Entwicklung im Bereich der guten wissenschaftlichen Praxis (GWP) ist z. B. die Einrichtung von Ombudsstellen. Wie wichtig die Tätigkeit von Ombudspersonen für die Prävention und Aufklärung wissenschaftlichen Fehlverhaltens ist, sollte auch von den Leitungsebenen wissenschaftlicher Einrichtungen in Deutschland anerkannt und gewürdigt werden.

Die Entwicklung des Ombudssystems in Deutschland

Im deutschen Wissenschaftssystem sorgen drei wesentliche Grundpfeiler für die Sicherung eines integren Ablaufs von Forschung und Lehre: Im Rahmen der *Prävention* kommt zum einen den Empfehlungen und Leitlinien zur wissenschaftlichen Integrität und zum anderen den Lehrenden, die Kurse zur GWP abhalten, eine maßgebliche Bedeutung zu. Anhaltspunkte für ein schweres wissenschaftliches Fehlverhalten, das ggf. sanktioniert werden müsste, werden von sogenannten *Fehlverhaltenskommissionen* untersucht (der Name dieser Kommissionen kann variieren, verbreitet ist die Bezeichnung Untersuchungskommission). Diese bei den wissenschaftlichen Institutionen regelmäßig eingerichteten Kommissionen, die von Whistleblower:innen vorgebrachte Hinweise in Untersuchungsverfahren auf ihre Stichhaltigkeit hin prüfen, bilden den zweiten Pfeiler. Der dritte Pfeiler besteht aus derzeit etwa 700 in Wissenschaft und Forschung eingesetzten *Ombudspersonen*. Ombudspersonen sind Vertrauenspersonen, die im Zweifelsfall um Rat oder eine Konfliktvermittlung gebeten werden können.

Der Kodex „Leitlinien zur Sicherung guter wissenschaftlicher Praxis" der DFG beschreibt die Hauptfunktion von Ombudspersonen folgendermaßen:

> „Sie beraten als neutrale und qualifizierte Ansprechpersonen in Fragen guter wissenschaftlicher Praxis und in Verdachtsfällen wissenschaftlichen Fehlverhaltens und tragen, soweit möglich, zur lösungsorientierten Konfliktvermittlung bei. Die Ombudspersonen nehmen die Anfragen unter Wahrung der Vertraulichkeit entgegen und leiten Verdachtsfälle wissenschaftlichen Fehlverhaltens im Bedarfsfall an die verantwortliche Stelle, zumeist eine Untersuchungskommission, an ihrer Einrichtung weiter." (DFG, 2019, S. 13)

Das Gremium „Ombudsman für die Wissenschaft" stellt in Deutschland eine alternative Ansprechoption für Hinweisgebende dar, etwa (aber nicht nur), wenn Wissenschaftler:innen verschiedener Einrichtungen in einen Konflikt involviert sind. Das Gremium ist den lokalen Ombudspersonen nicht übergeordnet.

Lokale Ombudspersonen und das Gremium „Ombudsman für die Wissenschaft“

Im Hinblick auf die beratende und vermittelnde Tätigkeit unterscheidet sich die Arbeit von Ombudspersonen und Ombudsgremien auf lokaler Ebene nicht von jener auf nationaler Ebene. Einige Unterscheidungspunkte gibt es jedoch.

Das Gremium und die Geschäftsstelle des „Ombudsman für die Wissenschaft“ bearbeiten inzwischen etwa 200 Beratungs- und Vermittlungsanfragen jährlich. Auf lokaler Ebene liegen den Ombudspersonen vermutlich weitaus weniger Anfragen vor. Allerdings gibt es dazu keine genauen Zahlen, da keine Berichtspflicht besteht und eine zentrale Meldestelle für Anfragen im Bereich des Ombudswesens nicht existiert. In einer Umfrage des „Ombudsman für die Wissenschaft“ gab 2014 die Mehrheit der Ombudspersonen an, dass sie ein- bis fünfmal im Jahr kontaktiert wird (Ombudsman für die Wissenschaft, 2015, S. 21). Inzwischen dürften die Zahlen höher liegen, denn erreichten das nationale Gremium 2014 noch rund 60 Anfragen, hat sich die Anzahl inzwischen mehr als verdreifacht. Das bedeutet nicht notwendigerweise, dass es in Deutschland „mehr wissenschaftliches Fehlverhalten“ gibt – dies wäre ohnehin schwer quantifizierbar. Steigende Anfragezahlen könnten auch auf ein zunehmendes Interesse am Thema „Wissenschaftliche Integrität“ in Wissenschaft und Gesellschaft zurückgeführt werden. Diese wird nicht zuletzt regelmäßig durch konkrete Fälle wissenschaftlichen Fehlverhaltens ausgelöst, etwa vonseiten prominenter Persönlichkeiten.

Ein weiterer Unterscheidungspunkt zwischen der Ombudsarbeit auf lokaler und auf nationaler Ebene ist, dass das Gremium „Ombudsman für die Wissenschaft“, dessen Mitglieder unterschiedlichen Universitäten in Deutschland angehören, von einer Geschäftsstelle unterstützt wird. Die Mitarbeiter:innen der Geschäftsstelle nehmen die Anfragen auf und führen neben Vorprüfungen auch telefonische Beratungsgespräche durch. Auch auf lokaler Ebene gibt es zur Unterstützung der Ombudspersonen inzwischen erste Geschäftsstellen, sogenannte Ombudsstellen. Die meisten Ombudspersonen übernehmen alle im Zusammenhang mit der Ombudsarbeit anfallenden Aufgaben jedoch noch immer selbst. Das heißt, sie führen Beratungsgespräche durch, dokumentieren die Anfragen und moderieren Vermittlungsgespräche zwischen Betroffenen. Sie tragen meist auch die verantwortungsvolle Aufgabe, eingereichte Hinweise auf Regelverstöße bzw. auf wissenschaftliches Fehlverhalten einer Vorprüfung zu unterziehen und zu entscheiden, ob die Angelegenheit im Rahmen eines Ombudsverfahrens geklärt werden kann. Dies setzt voraus, dass ein (drohendes) wissenschaftliches Fehlverhalten noch rechtzeitig korrigiert werden kann. Liegen stichhaltige Anhaltspunkte für ein schweres wissenschaftliches Fehlverhalten vor, das nicht mehr korrigiert werden kann, leiten sie den Fall an die zuständige Untersuchungskommission weiter. Ombudspersonen führen überdies auch Kurse zur GWP für die Mitglieder ihrer Einrichtung durch und beraten Leitungsgremien bei Policy-Fragen zur GWP. Sie übernehmen somit ehrenamtlich – während sie weiterhin als Professor:innen oder wissenschaftliche Mitarbeitende tätig sind – ein enormes Aufgabenspektrum, das mit großer Verantwortung einhergeht und auch der Prävention wissenschaftlichen Fehlverhaltens dient. Aus diesem Grund sieht der DFG-Kodex seit 2019 vor, dass Ombudspersonen vor Ort entlastet werden sollten. Konkret heißt es:

> „Die Ombudspersonen erhalten von den Hochschulen und außerhochschulischen Forschungseinrichtungen die erforderliche inhaltliche Unterstützung und Akzeptanz bei der Wahrnehmung ihrer Aufgaben." (DFG, 2019, S. 13)

Wie aber kann eine solche Entlastung aussehen? Zunächst könnte die anfallende Arbeitslast auf mehrere Schultern verteilt werden, indem stellvertretende Ombudspersonen ernannt oder Ombudsgremien eingesetzt werden, wie sie an einzelnen Hochschulen bereits bestehen. Der Einsatz von Stellvertreter:innen ist auch deswegen wichtig, da nie gänzlich ausgeschlossen ist, dass eine Ombudsperson aufgrund der Besorgnis der Befangenheit nicht tätig werden kann. Denkbar wäre etwa, dass ein mögliches Fehlverhalten eine Person betrifft, mit der die Ombudsperson in der nahen Vergangenheit im Rahmen eines Projekts kooperiert hat. Es ist daher ratsam, Hinweisgebende frei wählen zu lassen, an welche Ombudsperson ihrer Einrichtung sie sich wenden möchten. Zudem empfiehlt sich, Ombudspersonen unterschiedlicher Fakultäten einzusetzen, um auf diese Weise eine diversere Expertise in verschiedenen Disziplinen zu gewährleisten. Die Ombudspersonen können sich dann auch, etwa in besonders schwierigen Fällen, miteinander beraten. Gibt es an einer Einrichtung mehrere Ombudspersonen, sollte in der Satzung bzw. Ordnung zur GWP geregelt sein, ob diese sich untereinander (ggf. in anonymisierter Form) über ihnen vorliegende Anfragen austauschen dürfen.

Das Gremium „Ombudsman für die Wissenschaft" besteht seit 2017 aus vier Mitgliedern (zunächst waren es drei Mitglieder), die gemäß den Verfahrensrichtlinien alle ihnen vorliegenden Anfragen grundsätzlich gemeinsam beraten und bewerten. So wird größtmögliche Neutralität und Fairness gewährleistet, da Entscheidungen immer in Abstimmung getroffen werden. Der Entscheidungsprozess basiert in der Regel auf ausführlichen Beratungen und Diskussionen innerhalb des Gremiums einschließlich der Mitarbeiter:innen der Geschäftsstelle.

Die Wahl geeigneter Ombudspersonen

Auch der Wahl- bzw. der Auswahlprozess von Ombudspersonen wird derzeit an vielen Einrichtungen professionalisiert. Das Gremium „Ombudsman für die Wissenschaft", das auch von Ombudspersonen selbst oder von Einrichtungen in GWP-Fragen kontaktiert werden kann, erreichen in den letzten Jahren häufiger Anfragen dazu, wie einerseits die Auswahl und andererseits die Ernennung von Ombudspersonen korrekt ablaufen sollte. Im DFG-Kodex werden hierzu keine Vorgaben gemacht. Derzeit gibt es – abhängig von der Einrichtung – unterschiedliche Wahlsysteme. In der Regel ist es so, dass die Suche nach geeigneten Kandidat:innen auf der Leitungsebene stattfindet. Professor:innen oder wissenschaftliche Mitarbeitende, die geeignet scheinen, werden gefragt, ob sie das Amt übernehmen würden. Bei Zustimmung erfolgt eine Bestätigung dieser Ombudsperson(en) durch ein leitendes Gremium der Einrichtung, etwa den Senat der Universität. Analog dazu werden auch die Mitglieder des Gremiums „Ombudsman für die Wissenschaft", die von der Geschäftsstelle der DFG vorgeschlagen werden, durch den Senat der DFG bestellt. Dabei ist es wichtig, dass die Mitglieder des Gremiums zwar von der DFG eingesetzt werden, es in seiner beratenden Tätigkeit aber unabhängig arbeitet. Dementsprechend wird mit der DFG aufgrund der gebotenen Vertraulichkeit in Ombudsangelegenheiten keine Rücksprache über die Inhalte von Anfragen und/oder die Beteiligten gehalten.

In kleineren Forschungseinrichtungen kann es üblich sein, dass Kandidat:innen sich zur Wahl stellen und die Ombudsperson(en) dann in einem offenen oder geheimen Wahlprozess von allen wissenschaftlichen (ggf. auch von nichtwissenschaftlichen) Mitarbeitenden gewählt werden. Dies erhöht zweifelsohne die Akzeptanz und den Bekanntheitsgrad der Ombudsperson(en). So schrieb das

Gremium „Ombudsman für die Wissenschaft“ (das zu diesem Zeitpunkt noch „Ombudsman der DFG“ hieß) in einem seiner ersten Jahresberichte zur „Eignung von Ombudspersonen“:

> „Schon durch eine solche Wahl wird der Ombudstätigkeit eine höhere Aufmerksamkeit gegeben und außerdem sichergestellt, dass zur Ausübung des Amtes solche Personen bestimmt werden, die das Ansehen und Vertrauen der anderen Wissenschaftler genießen.“ (Ombudsman der DFG, 2005, S. 13)

Bei der Auswahl geeigneter Kandidat:innen sollte beachtet werden, dass diese keine weiteren Ämter innehaben, die die Tätigkeit als Ombudspersonen beeinflussen könnten. Die vertrauliche und vor allem neutrale Behandlung von Ombudsanfragen darf nicht infrage stehen. So sollen Ombudspersonen z. B. nicht gleichzeitig eine Funktion ausüben, die in der jeweiligen Einrichtung mit Leitungsverantwortung einhergeht. Derartige Rollen sollten nicht nur mit Blick auf die gebotene Vertraulichkeit, sondern auch aufgrund des mit der Bearbeitung von Ombudsanfragen einhergehenden Arbeitsaufwands getrennt werden. Weiterhin stellt sich die Frage, ob notwendigerweise Professor:innen das Amt ausführen sollten oder ob auch wissenschaftliche Mitarbeitende des Mittelbaus als Ombudspersonen eingesetzt werden könnten. Die DFG hat bislang ausnahmslos erfahrene und in ihrem Fachgebiet renommierte Professor:innen in das Gremium „Ombudsman für die Wissenschaft“ gewählt, da dies die Unabhängigkeit stärkt und auch die Akzeptanz bei professoralen Kolleg:innen steigert.

Es ist wichtig, dass Personen gefunden werden, die ein ernsthaftes Interesse am Thema „Wissenschaftliche Integrität“ mitbringen. Selbstredend können auch Wissenschaftler:innen in frühen Karrierephasen und Nachwuchswissenschaftler:innen als Ombudspersonen geeignet sein und sich in das Amt einarbeiten. So könnten etwa in einem Ombudsgremium die einzelnen Statusgruppen entsprechend vertreten sein und sich kollegial beraten. In jedem Fall sollte aber darauf geachtet werden, dass Ombudspersonen möglichst frei von Abhängigkeiten sind, die dem Eindruck, neutral zu handeln, entgegenstehen. Das ist insbesondere dann wichtig, wenn sich Hinweise auf ein (mögliches) wissenschaftliches Fehlverhalten auf Wissenschaftler:innen beziehen, die eine institutionell höhere Funktion innehaben und denen nicht selten kommunikativ mit dem nötigen Nachdruck begegnet werden muss (vgl. Ombudsman der DFG, 2005, S. 12 f.).

Seit 2019 fordert der DFG-Kodex, dass Ombudspersonen nicht auf unbestimmte Zeit ins Amt gewählt werden, sondern dass Amtszeiten begrenzt sein und die Tätigkeit nicht mehr als zwei Amtsperioden umfassen sollte. Dies stellt Einrichtungen vor die Schwierigkeit, regelmäßig (ggf. mehrere) neue Kolleg:innen zu finden, die das Amt übernehmen möchten und neben einem ernsthaften Interesse für die Fragen der GWP auch über die für Beratungs- und Vermittlungsgespräche notwendigen kommunikativen Fähigkeiten verfügen. Ein großer Vorteil der Rotation von Ombudspersonen ist jedoch, dass so über die Zeit immer mehr Mitarbeiter:innen der Einrichtung ein Verständnis für die Ombudsarbeit entwickeln können. Die Einblicke in die sehr unterschiedlich gelagerten Frage- und Problemstellungen in Ombudsangelegenheiten bewirken nahezu zwangsläufig eine höhere Sensibilisierung im Umgang mit Fragen und Konflikten zur GWP, die auch über die Amtszeit als Ombudsperson hinaus bestehen bleibt.

Ombudsstellen zur Unterstützung von Ombudspersonen

Wie bereits erwähnt, können lokale Ombudspersonen von Ombudsstellen unterstützt werden. Auf der Website des Gremiums „Ombudsman für die Wissenschaft“ werden derzeit sieben ständige Ombudsstellen in Deutschland aufgelistet (Ombudsman für die Wissenschaft, 2021a) und deren Aufgabenspektren vorgestellt. Die Website dient nicht nur der Information von Hinweisgebenden; sie wurde auch ins Leben gerufen, um Einrichtungen aufzuzeigen, in welch vielfältigen Bereichen Ombudspersonen durch Ombudsstellen unterstützt werden können. Neben der ersten Aufnahme der Anfragen und der meist vollständigen Entlastung der Ombudspersonen von allen administrativen Tätigkeiten erfüllen Ombudsstellen diverse weitere Aufgaben. Sie bieten in der Regel Beratungsgespräche an, was nicht selten das Hinzuziehen einer Ombudsperson erübrigt. Dieses niedrigschwellige Beratungsangebot wird von Ratsuchenden häufig als hilfreich angesehen, da die Sorge bestehen kann, der Gang zur Ombudsperson würde zwangsläufig einen „Fall“ nach sich ziehen, von dem dann mehr Personen als gewünscht Kenntnis erhalten. Auch bieten Ombudsstellen oft GWP-Trainings für Studierende, Promovierende und Mitarbeitende an, sie können Plagiatsprüfungen eingereichter Dissertationen vornehmen, an der Entwicklung von Leitlinien zur GWP mitwirken und sich national und international im Bereich der *Research Integrity* vernetzen. So ist die Ombudsstelle der Universität Hamburg, wie auch die Geschäftsstelle des Gremiums „Ombudsman für die Wissenschaft", Mitglied im Netzwerk ENRIO, dem *European Network of Research Integrity Offices*[1].

Im Rahmen des vom Gremium und der Geschäftsstelle des „Ombudsman für die Wissenschaft" organisierten Ombudssymposiums 2020 haben die zu der Zeit aktiven Ombudsstellen ein Netzwerk gegründet, das sich regelmäßig zum vertraulichen Austausch in GWP-Fragen trifft. Der Austausch mit (inter-)nationalen Research Integrity Offices hat u. a. den positiven Effekt, dass die Mitarbeitenden der Ombudsstellen sowohl die Ombudspersonen als auch andere Ebenen in ihren jeweiligen Einrichtungen über aktuelle Entwicklungen im Bereich der wissenschaftlichen Integrität informieren können. Den Ombudspersonen selbst fehlt für eine solche Vernetzung häufig die Zeit. Dass ein großer Bedarf für einen Austausch zur Ombudsarbeit aber durchaus auch aufseiten der Ombudspersonen besteht, zeigt das stetig wachsende Interesse am Ombudssymposium, an dem im Jahr 2020 über 200 Ombudspersonen und andere GWP-Expert:innen teilgenommen haben.[2]

Es gibt in Deutschland auch erste Weiterbildungsangebote für Ombudspersonen, die einen Überblick über das Aufgabenfeld und den möglichen Ablauf von Vermittlungsgesprächen geben[3], und es zeichnet sich ab, dass der Bedarf an Trainings und Fortbildungen, die Ombudspersonen auf ihre Aufgabe vorbereiten, in den kommenden Jahren weiter steigen wird. Bislang existieren nur wenige Materialien zur zielgerichteten Einarbeitung von Ombudspersonen in ihr Amt (vgl. Hüttemann, 2021). Die Einarbeitung, auch in noch laufende Fälle, erfolgt meist durch die Vorgänger:innen. Ombudsstellen können auch hier helfen, die Ombudspersonen mit den für die Einarbeitung notwendigen Informationen zu versorgen, da die Mitarbeitenden häufig längerfristig in der Ombudsstelle tätig sind. So ist nicht nur eine Kontinuität bei der Fallbearbeitung, sondern auch die Bewahrung des im

1 ENRIO – European Network of Research Integrity Offices: www.enrio.eu, abgerufen am 01.03.2021.

2 Das Programm, Videos aller Beiträge und Fotoeindrücke des Ombudssymposiums 2020 können hier gefunden werden: https://ombudsman-fuer-die-wissenschaft.de/category/symposium/symposium-2020/, abgerufen am 01.03.2021.

3 Das Zentrum für Wissenschaftsmanagement e. V. bietet z. B. den Kurs „Mediation und Konfliktmanagement für Ombudspersonen" an (siehe https://www.zwm-speyer.de/).

Rahmen der Fallarbeit gesammelten Wissens- und Erfahrungsschatzes gewährleistet. Die Leiterin der Ombudsstelle der Georg-August-Universität Göttingen[4], Dr. Katharina Beier, hat für die Ombudspersonen ihrer Einrichtung kürzlich eine ausführliche Handreichung zur Ombudsarbeit erarbeitet. Diese soll demnächst in überarbeiteter Form als allgemeine Mustervorlage für andere Einrichtungen auf der Website des „Ombudsman für die Wissenschaft" zum Download zur Verfügung gestellt werden.

Immer häufiger berichten die Ombudsstellen, dass sie von Hochschulen und Forschungsinstituten dazu konsultiert werden, was bei der Einrichtung einer solchen Stelle beachtet werden sollte. Welche Ressourcen werden benötigt, wo sollte sie organisatorisch angesiedelt sein und wie erfolgt die Arbeitsaufteilung mit den Ombudspersonen? Zu diesen Fragen, die bislang sehr unterschiedlich gehandhabt werden, geben die Mitarbeitenden der Ombudsstellen gern Auskunft. Einige Dos and Dont's für die Implementierung von Ombudsstellen hat z. B. Helga Nolte, die Leiterin der Geschäftsstelle für Ombudsangelegenheiten der Universität Hamburg, bei einem Vortrag auf der „6. World Conference on Research Integrity" in Hong Kong vorgestellt (vgl. Nolte, 2019).

Standardbildung bei Vermittlungs- und Fehlverhaltensverfahren

Bislang existiert im deutschsprachigen Raum wenig Literatur zum Ablauf von Ombuds- oder Fehlverhaltensverfahren in der Wissenschaft. Aufgrund der wissenschaftlichen Selbstverwaltung verfügen wissenschaftliche Einrichtungen in Deutschland jeweils über eigene GWP-Satzungen bzw. -Ordnungen. Wenngleich sich diese häufig eng an den von der DFG vorgegebenen Empfehlungen orientieren (DFG, 2013, 2019), gibt es Hinweise darauf, dass sich die konkreten Verfahrensabläufe stark unterscheiden. So haben Befragungen von Ombudspersonen und Mitgliedern von Fehlverhaltenskommissionen ergeben, dass bislang wenig Routine – dafür aber viel Unsicherheit – bei der Untersuchung von Hinweisen auf wissenschaftliches Fehlverhalten besteht (vgl. dazu Hesselmann, 2020).

4 Die Ombudsstelle der Universität Göttingen hat eine Vielzahl von Materialien zur GWP gesammelt: https://www.uni-goettingen.de/ombudswesen, abgerufen am 01.03.2021.

Im Rahmen von Ombudsverfahren, die eine lösungsorientierte Konfliktvermittlung zum Ziel haben, können nur solche Fälle möglicher Verstöße gegen die GWP-Leitlinien behandelt werden, die noch korrigierbar scheinen. Dies gilt z. B. für Autorschafts- oder Datennutzungskonflikte. So könnten für wissenschaftliche Artikel z. B. Corrigenda erstellt und bei Nutzungskonflikten Datenzugänge wiederhergestellt werden. Nicht korrigierbar wären hingegen Fälle schweren wissenschaftlichen Fehlverhaltens, wie Datenmanipulationen oder -fälschungen oder auch Plagiate in Qualifikationsarbeiten. Bei einem solchen Verdacht müssen die vorliegenden Hinweise im Rahmen förmlicher Fehlverhaltensverfahren untersucht werden. Da für Mitglieder von Fehlverhaltenskommissionen in Deutschland bislang keine Schulungen angeboten werden, erfolgt die Einarbeitung häufig durch erfahrene Mitglieder der Kommission oder durch Mitarbeitende der Rechtsabteilung oder der Ombudsstelle der Einrichtung.

Die Voraussetzung für einen standardisierten Ablauf von Ombuds- und Fehlverhaltensverfahren sind klar formulierte Richtlinien zur GWP, aus denen alle Verfahrensschritte eindeutig hervorgehen. Auch muss unmissverständlich formuliert sein, welche Verhaltensweisen oder Sachverhalte ein wissenschaftliches Fehlverhalten darstellen, das Sanktionen begründet (vgl. Hesselmann, 2020). Gerade bei förmlichen Untersuchungsverfahren sollte auf eine zügige Bearbeitung geachtet werden, da die Verfahren mit hohen Belastungen für alle Beteiligten verbunden sind. Ombudsverfahren können in der Regel – etwa was zeitliche Verläufe angeht – etwas flexibler gestaltet werden, da jeder Einzelfall, abhängig von den Beteiligten und der konkreten Sachlage, stark unterschiedliche Charakteristika aufweist.

Wichtig ist, dass zum Schutz der Beteiligten zwar die konkreten Verfahrensinhalte vertraulich behandelt werden müssen, im Hinblick auf die Verfahrensschritte aber höchste Transparenz gelten sollte. Die transparente Darlegung der Verfahrensabläufe – in begründeten Einzelfällen auch gegenüber der interessierten Öffentlichkeit – zeigt, dass die jeweiligen Hinweise auf ein (mögliches) wissenschaftliches Fehlverhalten professionell untersucht werden bzw. wurden. Dies erhöht unter den Beteiligten zumeist auch die Bereitschaft, das Ergebnis der Untersuchung zu akzeptieren und ggf. umzusetzen. Keine Einrichtung gibt „gern" öffentlich preis, dass es Verdachtsfälle gegeben hat oder dass in einem Fall sogar Sanktionen ausgesprochen werden mussten. An dieser Stelle ist es jedoch Zeit für einen *Paradigmenwechsel*: Grundsätzlich ist davon auszugehen, dass fragwürdige wissenschaftliche Praktiken (bis hin zu wissenschaftlichem Fehlverhalten) an jeder Einrichtung vorkommen. Indes wird keine Institution bewusst Mitarbeiter:innen einstellen, die sich fehlverhalten werden. Einrichtungen tragen also nicht per se die „Schuld“ für Fälle (möglichen) wissenschaftlichen Fehlverhaltens in ihren Reihen. Kommt es zu einem konkreten Fall, kann die betroffene Einrichtung – entgegen der landläufigen Annahme – sogar an Ansehen gewinnen, wenn sie die vorliegenden Anhaltspunkte professionell untersucht. Über den transparenten Umgang mit derartigen Fällen kann im Sinne der Qualitätssicherung unter Beweis gestellt werden, dass ein solches Verhalten nicht toleriert wird. Es ist nicht notwendig, hierfür die Anonymität der betroffenen Personen aufzuheben oder die betroffene Disziplin zu benennen. Die Angabe, dass es einen Verdachtsfall gegeben hat, dem die Einrichtung wie üblich in einem etablierten Verfahren nachgegangen ist, und eine Mitteilung über das Ergebnis reichen aus, um den angemessenen (wenngleich vertraulichen) Umgang mit möglichem Fehlverhalten zu dokumentieren und zugleich die gebotene, ggf. auch eingeforderte Transparenz zu belegen.

Ein Vorbild hinsichtlich der Transparenz in Sachen GWP sind die britischen Universitäten des Verbands *Universities UK*, die sich 2012 mit dem „*Concordat to Support Research Integrity*“ selbst auferlegt haben, jährlich einen *Research Integrity Report* zu publizieren (Universities UK, 2019, revised edition). Die Umsetzung des Konkordats wurde 2018 vom *House of Commons Science and Technology Committee* evaluiert und in einem Report im Detail ausgewertet (House of Commons Science and Technology Committee, 2018). In dem Report findet man eine Übersicht aller Universitäten sowie, sofern vorhanden, Links zu deren *Research Integrity Reports*. Es zeigte sich, dass die meisten Universitäten tatsächlich Annual Reports publiziert haben, in denen sie ihre Strategien zur Förderung wissenschaftlicher Integrität vorstellen. Die Berichte sind zum Teil knapp gehalten, zum Teil aber auch sehr ausführlich. Viele Einrichtungen geben in allgemeiner Form auch Zahlen zu den untersuchten Verdachtsfällen wissenschaftlichen Fehlverhaltens an (vgl. etwa Imperial College London, 2019; University of Cambridge, 2017). Dies zeigt, dass ein gewisser Grad an Transparenz durchaus möglich ist. Einrichtungen, die mit dem Verweis darauf, dass es keine Verdachtsfälle gegeben habe, keinen Bericht publiziert hatten, wurde eher mit Skepsis begegnet. So zitiert der Bericht den Chief Executive des *UK Research Integrity Office* (UKRIO), James Parry, folgendermaßen:

> „If an institution reported year after year that it never had any allegations, I would be somewhat sceptical about whether that figure was accurate. [...] If the number is zero consistently, you may need to look at your practices and overall research culture." (House of Commons Science and Technology Committee, 2018)

Unterstützung durch die Leitungsebene

Wenn Ombudspersonen ihre Tätigkeit dem Auftrag entsprechend ausüben, bleibt nicht aus, dass sie die Leitungsebene ihrer Einrichtung auf bestimmte Missstände hinweisen müssen, etwa wiederkehrende Probleme an einer bestimmten Fakultät oder ein wissenschaftliches Fehlverhalten einer renommierten Person, die besonders viele Drittmittel einwirbt. In solchen Fällen ist es von großer Bedeutung, dass die Leitung die Ombudsperson(en) anhört und die vorgetragenen Hinweise ernst nimmt. Eine Beobachtung ist jedoch, dass Ombudspersonen in solchen Fällen gelegentlich – oder auch häufig – nicht das nötige Gehör finden. So kann es vorkommen, dass sie eher als Störfaktoren wahrgenommen werden, die (vermeintlich) unnötige Unruhe in die vordergründig so gut funktionierenden Abläufe bringen und angeblich ihre Kompetenzen überschreiten. Manchmal wird Ombudspersonen, wenn sie einen kritischen Fall vortragen, sogar Voreingenommenheit bzw. Befangenheit zugunsten der Hinweisgebenden unterstellt. Dies macht erneut deutlich, wie wichtig es ist, nicht nur eine Ombudsperson, sondern auch Stellvertreter:innen oder ein Ombudsgremium einzusetzen. Auch darf die Leitungsebene den Einsatz von Ombudspersonen nicht nur als lästigen Formalismus begreifen, sondern muss ihnen in der Einrichtung auch den nötigen Rückhalt geben.

Wissenschaftliche Einrichtungen sollten auch darauf achten, dass Ombudspersonen und Ombudsstellen (etwa auf der Website) gut sichtbar und leicht auffindbar sind. Mitunter gibt es selbst hiergegen Widerstände innerhalb der Einrichtungen: Man wolle Wissenschaftler:innen nicht grundlos unterstellen, dass sie sich fehlverhalten würden. Ausgehend von einer solchen Haltung wird die Bekanntmachung von Ombudsperson(en) als „Einladung zum Whistleblowing" (miss)verstanden, als würde das Schaffen von Aufmerksamkeit für das Thema GWP bewirken, dass plötzlich Probleme gesehen würden, wo keine sind. Auch hier steht ein Paradigmenwechsel im Sinne einer Änderung der Grundhaltung an. Die Einstellung wissenschaftlicher Einrichtungen sollte *nicht* sein: „Wir wollen keine Probleme schaffen, indem wir das Thema überhaupt erst ansprechen", sondern „Beratungsbedarf zur GWP gibt es überall. Es ist eher seltsam, wenn in unserer Einrichtung keine Fragen dazu auftreten." Statt auf der Website unter den „*Beschwerde*stellen" aufgelistet zu werden (wie es derzeit häufig der Fall ist), wären eigene Websites zur GWP bzw. zum Thema „Wissenschaftliche Integrität" sinnvoll und wünschenswert. Zahlreiche Best-Practice-Beispiele für sehr gute GWP-Websites an wissenschaftlichen Einrichtungen können über die vom „Ombudsman für die Wissenschaft" geführte Liste lokaler Ombudspersonen gefunden werden (Ombudsman für die Wissenschaft, 2021b).

Die Bedeutung von Ombudspersonen für die Wahrung der Integrität und Glaubwürdigkeit der Einrichtung sollte also auch von der Leitungsebene unbedingt anerkannt und offensiv vertreten werden. Auch ihre Wichtigkeit für den Schutz des wissenschaftlichen Nachwuchses ist nicht zu unterschätzen, da Ombudspersonen in bestimmten Fällen als Whistleblower:innen für andere Personen – etwa Wissenschaftler:innen in sensiblen Karrierephasen – auftreten können, um deren Identität zu schützen. Whistleblower:innen befürchten oft – und leider nicht immer grundlos – Rufschädigungen oder Karrierenachteile, wenn sie Hinweise namentlich vorbringen. Es gibt bislang nur wenig konkrete Strategien zum Schutz von Hinweisgebenden vor derartigen Folgen. Daher ist es sowohl im Interesse der Einrichtung als auch der Whistleblower:innen sinnvoll, dass Ombudspersonen auch anonyme Anfragen annehmen. Eine vertrauliche Prüfung durch eine Ombudsperson ist einer mehr oder weniger öffentlichen Prüfung, z. B. durch die Presse, fraglos vorzuziehen.

Wenn sich eine Ombudsperson also entscheidet, die Leitung der Einrichtung auf besonders gravierende Fälle wissenschaftlichen Fehlverhaltens hinzuweisen, sollten die vertrauliche Behandlung der Hinweise und die Beschränkung des Kreises der Informierten grundsätzlich an oberster Stelle stehen. Wenn sich Anschuldigungen im Verlauf der Untersuchungen als nicht stichhaltig herausstellen, heißt das gleichfalls *nicht*, dass die hinweisgebende Person böse Absichten hatte. Er/sie konnte die Beobachtungen ggf. nicht richtig einschätzen – und genau aus diesem Grund erfolgte die gründliche Prüfung der Hinweise durch Expert:innen.

Training von GWP

Im Sinne der Prävention ist es ratsam, Wissenschaftler:innen auf allen Karrierestufen regelmäßig Kurse zur GWP anzubieten. In derartigen Trainings werden oft nicht nur die allgemeinen GWP-Regeln, sondern auch Wege der Konfliktlösung und -prävention aufgezeigt. Sie werden in der Regel von Ombudspersonen oder professionellen Trainer:innen-Teams abgehalten. Zahlreiche Impulse für die Entwicklung eigener Kurse, die auf die Einrichtung, die Zielgruppe oder auch auf eine Disziplin zugeschnitten sind, gibt das kürzlich in überarbeiteter Fassung erschienene „Curriculum für Lehrveranstaltungen zur guten wissenschaftlichen Praxis" (Sponholz, 2019). Auch gibt es diverse Angebote für Online-Schulungen zur GWP. Obligatorischen GWP-Trainings für Nachwuchswissenschaftler:innen, aber auch für Senior Researchers, kommt im Rahmen der Prävention eine große Bedeutung zu. Auch für (angehende) Betreuende und Habilitand:innen können verpflichtende GWP-Kurse sinnvoll sein (vgl. die Habilitationsordnung der Medizinischen Fakultät der Heinrich-Heine-Universität Düsseldorf, 2019).

Schlussworte

Ombudspersonen und Ombudsstellen, Fehlverhaltenskommissionen und GWP-Trainer:innen bilden das maßgebliche Fundament für die Sicherung von Integrität in der Wissenschaft. Derzeit ist in Deutschland auf all diesen Ebenen eine zunehmende Professionalisierung erkennbar. Klare GWP-Richtlinien und transparente Verfahrensabläufe dienen dem Schutz der Reputation wissenschaftlicher Einrichtungen. Wichtig ist auch, dass sich Wissenschaftler:innen mit Fragen zur GWP oder Hinweisen auf ein mögliches wissenschaftliches Fehlverhalten vertraulich und möglichst niedrigschwellig beraten lassen können. Aus diesem Grund sollten Einrichtungen sicherstellen, dass Ombudspersonen und Ombudsstellen leicht zu finden sind. Auf der Ebene der Leitung sollten Whistleblower:innen, Ombudspersonen und Fehlverhaltenskommissionen ernst genommen werden. Um (bewusstem und unbewusstem) wissenschaftlichem Fehlverhalten präventiv entgegenzuwirken, sollten Wissenschaftler:innen aller Karrierestufen regelmäßig zur wissenschaftlichen Integrität geschult werden.

Danksagung

Ich danke Dr. Katharina Beier, Helga Nolte, Prof. Dr. Stephan Rixen und Michaele Kahlert für ihre Anmerkungen und Verbesserungsvorschläge zu diesem Text.

Literatur

DFG (2013). *Sicherung guter wissenschaftlicher Praxis. Denkschrift.* Verfügbar unter: https://doi.org/10.1002/9783527679188.oth1 [01.03.2021].

DFG (2019). *Leitlinien zur Sicherung guter wissenschaftlicher Praxis. Kodex.* Verfügbar unter: https://doi.org/10.5281/zenodo.3923602 [01.03.2021].

Heinrich-Heine-Universität Düsseldorf (2019). *Neubekanntmachung der Habilitationsordnung der Medizinischen Fakultät der Heinrich-Heine-Universität Düsseldorf vom 4.07.2019.* HHU Amtliche Bekanntmachungen Nr. 25/2019. Verfügbar unter: https://www.medizin.hhu.de/fileadmin/redaktion/Fakultaeten/Medizinische_Fakultaet/Dekanat/Dok_Habilitation/2019-07-04_Habilitationsordnung_und_Ausfuehrungsbestimmungen.pdf [20.05.2021].

Hesselmann, F. (2020). *Die Bestrafung wissenschaftlichen Fehlverhaltens – Zwischen Selbstreinigung und autoritativer Sanktion.* Bielefeld: transcript Verlag.

House of Commons Science and Technology Committee (2018). *Research Integrity – Sixth Report of Session 2017–19.*

Hüttemann, K. (2021). Starter-Paket für Ombudspersonen – Ein Leitfaden für die Praxis. *Forschung & Lehre.* 21(2), 124–125.

Imperial College London (2019). *Research Integrity Annual Report 2018–19.* Verfügbar unter: https://www.imperial.ac.uk/media/imperial-college/research-and-innovation/research-office/public/Research-Integrity-Annual-Report-2019.pdf [01.03.2021].

Nolte, H. (2019). *Implementation and Improvement of Ombudspersons and Their Work: Dos and Don'ts.* Verfügbar unter: https://wcrif.org/programme/archive-other-sessions [01.03.2021].

Ombudsman der DFG (2005). *Jahresbericht 2004.* Verfügbar unter: https://ombudsman-fuer-die-wissenschaft.de/2030/jahresberichte-des-ombudsman/ [01.03.2021].

Ombudsman für die Wissenschaft (2015). *Jahresbericht 2014.* Verfügbar unter: https://ombudsman-fuer-die-wissenschaft.de/2030/jahresberichte-des-ombudsman/ [01.03.2021].

Ombudsman für die Wissenschaft (2021a). *Ombudsstellen in Deutschland.* Verfügbar unter: https://ombudsman-fuer-die-wissenschaft.de/6201/ombudsstellen-in-deutschland/ [01.03.2021].

Ombudsman für die Wissenschaft (2021b). *Liste der lokalen Ombudspersonen.* Verfügbar unter: https://ombudsman-fuer-die-wissenschaft.de/liste-der-ombudspersonen/ [01.03.2021].

Sponholz, G. (2019). Curriculum für Lehrveranstaltungen zur guten wissenschaftlichen Praxis. Verfügbar unter: https://ombudsman-fuer-die-wissenschaft.de/2693/curriculum-fuer-lehrveranstaltungen-zur-gwp/ [01.03.2021].

University of Cambridge (2017) Annual Integrity Report to Council 2016–2017. Verfügbar unter: https://www.research-integrity.admin.cam.ac.uk/files/university_of_cambridge_research_integrity_report_2016-17.pdf [01.03.2021].

Universities UK (2019). The Concordat To Support Research Integrity. Revised Edition. Verfügbar unter: https://www.universitiesuk.ac.uk/policy-and-analysis/reports/Pages/the-concordat-for-research-integrity.aspx [01.03.2021].

Wissenschaftliche Integrität in der (Aus-)Bildung von Doktorand:innen: Eine europäische Perspektive

Alexander Hasgall

Wissenschaftliche Integrität – ein relevantes Thema für den wissenschaftlichen Nachwuchs in Europa

Wissenschaftliche Integrität ist für alle Bereiche der Forschung und darüber hinaus von hoher Relevanz. Aus verschiedenen Gründen lohnt es sich, einen besonderen Fokus auf Nachwuchswissenschaftler:innen und im Rahmen dieses Beitrags inbesondere auf Doktorand:innen zu legen.

Die Promotionszeit ist eine wichtige Phase in der wissenschaftlichen Laufbahn, in der die Grundlagen für zukünftiges Handeln gelegt werden. Während dieser Zeit bereitet sich der wissenschaftliche Nachwuchs auf eine Laufbahn innerhalb und außerhalb der Universität vor und leistet zugleich einen eigenen, relevanten Beitrag zu aktuellen Forschungsgebieten. Wenn hier kein Augenmerk auf wissenschaftliche Integrität gelegt wird, erhöht dies das Risiko eines Fehlverhaltens in dieser Qualifikationsphase und auf dem darauffolgenden weiteren Berufsweg. Das heißt, die Nachwuchswissenschaftler:innen verpassen die Chance, sich in ihrer Promotionsphase grundsätzlich mit Fragen der Ethik und der Integrität in der Forschung auseinanderzusetzen.

Zugleich sind Folgen bei einem Verstoß gegen die wissenschaftliche Integrität für Doktorand:innen besonders dramatisch – auch in Fällen, in denen sie nicht direkt dafür verantwortlich sind. Forschungsergebnisse anderer Forschenden bilden eine wichtige Grundlage vieler Promotionen. Wenn bereits hier Daten gefälscht und die abgeleiteten Forschungsergebnisse somit nicht belastbar sind, kann es dazu kommen, dass die jahrelange Qualifizierungsarbeit hinfällig ist. Aber auch in direkten Kollaborationen mit anderen Forschenden können Doktorand:innen mit wissenschaftlichem Fehlverhalten konfrontiert werden, wenn diese Kollaborationen gegen die Prinzipien der wissenschaftlichen Integrität verstoßen. (Hussinger, Penns, 2017)

Zweifellos ist eine Sensibilisierung für wissenschaftliche Integrität und Ethik nicht auf die Promotionsphase beschränkt. Plagiate oder Fälschungen von Daten beispielsweise können ebenso im Bachelor- und Masterstudium vorkommen und verstoßen dort ebenso gegen die wissenschaftliche Integrität wie in der Promotion oder zu einem späteren Zeitpunkt in der Forschungslaufbahn.

In all diesen Phasen bieten sich kontextgebundene Diskurse und Reflexionen über gute wissenschaftliche Praxis an. Forschende erleben immer wieder Situationen, in denen ihr ethisches Handeln und das Handeln anderer zum Thema wird und sie dieses reflektieren und abwägen. Dieser Prozess ist nie beendet und begleitet Forschende während ihres gesamten Berufslebens.

Der weithin anerkannte ALLEA Code of Conduct des Zusammenschlusses von Akademien der Wissenschaften in Europa verpflichtet „Forschungseinrichtungen und -organisationen … [sicherzustellen], dass Forschende eine gründliche Ausbildung in wissenschaftlicher Konzeption, Methodik und Analyse erhalten“ (ALLEA, 2017, 5). Solche Bildungsangebote sollten nicht auf den wissenschaftlichen Nachwuchs reduziert werden, sondern dazu anregen, dass „Forschende auf allen Laufbahnstufen, von Anfängern bis hin zur höchsten Führungsebene, … an Schulungen zu Ethik und Integrität in der Forschung teil[nehmen]“ (ebd.). Der Verhaltenskodex fordert Bildungsangebote zum Umgang mit Forschungsethik und -integrität. Diese Forderung passt auch zu den Ergebnissen einer Studie von Godecharle, Nemery und Dierickx (2014). Sie belegen in einem Vergleich von 49 europäischen Richtlinien zur Forschungsethik und -integrität, dass 22 dieser Richtlinien Bildungsangebote als einen integralen Bestandteil bei der Förderung guter wissenschaftlicher Praxis nennen.

Unbeachtet der Notwendigkeit durchgängiger Bildungsangebote sowohl vor als auch nach der Promotionszeit, hat die Promotionsphase eine Schlüsselfunktion, da hier eine Forschungspraxis eingeübt wird, die das weitere Berufsleben nachhaltig prägt.

Nachwuchswissenschaftler:innen in Europa

Der älteste akademische Grad für Nachwuchswissenschaftler:innen innerhalb der europäischen Universitäten ist das Doktorat. Ursprünglich wurde das Doktorat als eine Erlaubnis zu lehren (lat. docere) konzipiert. Es ermöglichte Wissenschaftler:innen, an Universitäten zu unterrichten, und stand lange Zeit neben dem akademischen Grad Magister. Voraussetzung für die Erlangung des Doktorgrads bildete das Verfahren der mündlichen Disputation bestimmter Argumente, das in einem regelgeleiteten Verfahren mit hohem Symbolgehalt vergeben wurde. Unabhängige Forschung spielte in diesem Vergabeverfahren kaum eine Rolle. (Clark, 2006)

Dies wandelte sich grundsätzlich mit der Herausbildung des Humboldtschen Universitätsmodells im 19. Jahrhundert. Die Forschung wurde in dieser Zeit zu einem zentralen Element des Doktorats. Im Kern dieses selbstständigen wissenschaftlichen Arbeitens steht eine Schrift – die Dissertation.

Das Doktorat zeichnete sich in diesem Verfahren durch eine enge Zusammenarbeit zwischen der Person, die sich für diesen Grad qualifizierte, und älteren Angehörigen der Akademie aus. Die im Deutschen gebräuchliche Bezeichnung des „Doktorvaters“ oder der „Doktormutter“ verweist auf diese familiäre und intime Beziehung. Diese Beziehung kann einen konstruktiven und kreativen Einfluss auf das Doktorat haben, aber ebenso Konflikte mit sich bringen. (Deicke, Moes, Siemens, 2016; Bitusikova, 2009; Halse, Bansel, 2012)

Bis heute steht die Phase der Promotion in dieser Tradition und für die Vorbereitung und Einübung einer selbstständigen akademischen Praxis. Der erfolgreiche Abschluss der Promotionsphase führt zu einer formellen Verleihung des akademischen Grades. Der akademische Grad steht zum einen für die Sozialisierung in die universitäre Gemeinschaft und bereitet zum anderen auf eine Laufbahn außerhalb der Universität vor.

In den letzten zwei Jahrzehnten fand auf europäischer Ebene ein signifikanter Wandel der Promotionsphase statt. Dieser Wandel ist durch eine zentralisierte Rolle der Universitäten und der damit einhergehenden Strukturierung gekennzeichnet. Augenfälligstes Merkmal dabei ist die fast flächendeckende Einführung von Graduiertenkollegs und

Doktoratsschulen[1]. Diese dienen der Strukturierung der Doktoratsphase. Sie ermöglichen den informellen Austausch mit den Betreuenden und schaffen Raum für „learning by doing“. Dazu gehören zusätzliche Bildungs- und Qualifizierungsangebote mit dem Ziel, fachspezifische und transversale Kompetenzen zu fördern. Die Programme ermöglichen den Teilnehmer:innen, relevante Qualifikationen für das akademische Arbeiten zu erlangen und somit den Anforderungen eines sich wandelnden akademischen und nichtakademischen Arbeitsmarktes zu begegnen (Kottmann, 2011; Baschung, 2016). So schwingt die Promotionszeit zwischen den Polen der (Aus-)Bildung und der eigenständigen Forscher:innentätigkeit.

Die vielfältigen und (bis zu einem gewissen Grad) auch widersprüchlichen Anforderungen in der Promotionszeit bedingen den Umgang mit wissenschaftlicher Integrität und Ethik. Nachwuchswissenschaftler:innen – genauso wie deren Betreuende – erfüllen verschiedene Rollen, die in unterschiedlicher Weise mit wissenschaftlicher Ethik und Integrität in Berührung kommen. Um Nachwuchswissenschaftler:innen in die Kultur wissenschaftlicher Integrität einführen zu können, gilt es, sich in einem ersten Schritt dieser Rollendiversität bewusst zu werden und diese zu berücksichtigen.[2] Nachwuchswissenschaftler:innen sind zum einen Forschende, die eigenständig zum wissenschaftlichen Fortschritt unter wissenschaftlicher Reflexion beitragen, und arbeiten zum anderen an ihrer formellen Qualifikation, einem akademischen Grad mit bestimmtem Titel. Die Promotionszeit ist somit eine Phase, in der Forschung und Bildung besonders stark miteinander verschränkt sind.

---

[1] Graduiertenkollegs und Doktoratsschulen bezeichnen universitäre Strukturen, in denen Nachwuchswissenschaftler:innen mit dem Ziel zusammenkommen, zu promovieren. Sie sollen sie dabei unterstützen, diesen Prozess zu organisieren, und den Doktorand:innen zusätzliche Angebote machen. Graduiertenkollegs werden auch Promotionskolleg, Graduiertenschule, Doctoral School, Graduate School, Doktoratskolleg etc. genannt. Hinzu kommen Doktoratsprogramme innerhalb von Fachbereichen. Die Bezeichnungen sind so vielfältig wie die Strukturen.

[2] Welche Bedeutung die getrennte Betrachtung der verschiedenen Rollen hat, zeigt sich z. B. auch an den DFG-Leitlinien zur Sicherung guter wissenschaftlicher Praxis, welche die Bedeutung verschiedener Rollen im Forschungsprozess explizit ansprechen. (DFG, 2019)

Entwicklung strukturierter Graduiertenkollegs in Europa

Die Graduiertenkollegs und Doktoratsschulen in Europa weisen eine bemerkenswerte Vielfalt auf, sowohl was ihre Organisationsformen betrifft als auch die konkreten Bestimmungen in der Promotionsphase. Ihre Entwicklung wurde nachhaltig durch einen Bottom-up-Prozess gestaltet, der im Jahr 2008 durch die Gründung des „European University Association - Council for Doctoral Education" (EUA-CDE) in Salzburg angestoßen wurde. Die sogenannten Salzburger Prinzipien bilden eine wichtige Grundlage für die Entwicklung strukturierter Graduiertenkollegs in Europa. Sie enthalten zehn Prinzipien der Doktorand:innen(aus)bildung:

1. Im Zentrum: Schaffung neuen Wissens durch eigenständige Forschung;
2. Einbettung der Promotion in die institutionellen Strategien und Strukturen der Universität;
3. eine möglichst hohe Diversität strukturierter Doktoratsbildung in Europa;
4. die Anerkennung von Promovierenden als Nachwuchsforschende;
5. die wichtige Rolle von Supervision und Bewertung (u. a. transparenter vertraglicher Rahmen mit klarer Aufgabenverteilung und Verantwortlichkeiten von Promovierenden, Betreuenden und Institution);
6. Anstreben einer kritischen Masse innerhalb der Universitäten in Europa, inkl. Kooperationen zwischen verschiedenen Universitäten auf regionaler, nationaler und internationaler Ebene;
7. Dauer der Promotion: 3–4 Jahre, in der Regel Vollzeit;
8. Förderung innovativer Strukturen, wie interdisziplinäres Training und Schulung übergeordneter Fähigkeiten;
9. Förderung von Mobilität und Kooperation (geografisch, interdisziplinär, international);
10. Sicherung einer angemessenen Finanzierung. (European University Association (EUA), 2005.

Diese Prinzipien aus dem Jahr 2005 wurden in den folgenden Jahren beständig weiterentwickelt, was sich 2010 in den „Salzburg II Recommendations" (European University Association (EUA), 2010) und 2015 im Dokument „Taking Salzburg Forward" (European University Association Council for Doctoral Education (EUA-CDE), 2016) niederschlug. In diesen jüngsten Fortsetzungen wird auf eine wachsende gesellschaftliche Wahrnehmung von Ethik und Integrität in der Forschung hingewiesen. Dabei werden innovative Technologien diskutiert, die neue ethische Fragestellungen aufwerfen, etwa im Zusammenhang mit Big Data oder der Stammzellenforschung. Das Dokument „Taking Salzburg Forward" erwähnt auch den immensen Publikationsdruck, unter dem Forschende stehen und der mit ursächlich für fragwürdige Forschungspraktiken und Verletzung von wissenschaftlicher Integrität sei. Denn derart unter Druck gesetzt, konzentrierten sich Forschende auf das Generieren schnellstmöglicher Resultate und griffen dabei auch auf fragwürdige Methoden zurück.

Das Dokument weist dabei den verschiedenen Akteuren jeweils separate Aufgaben zu. Idealerweise sollten Institutionen und deren Leitung Folgendes beachten:

> "An ethos of research integrity must develop and be cultivated in research environments and institutional leaders must ensure this is made explicit and transparent in codes of conduct." (ebd.)

Zugleich stehen auch die Doktorand:innen in der Verantwortung:

> "Doctoral candidates should have knowledge of national and international codes of ethics and integrity. They should be aware of the ethical issues related to their discipline and be able to foresee such issues in their own research. This requires interaction between different initiatives: formal training and awareness-raising for doctoral candidates, appointing an ombudsperson, identification of best practices and clarity about what is unacceptable, as well as awareness of international and intercultural differences." (ebd.)

Den vielfältigen Herausforderungen bezüglich wissenschaftlicher Integrität für Promovierende wurde hier Rechnung getragen. In der Promotionszeit ist es somit die Aufgabe aller beteiligten Akteure, Nachwuchswissenschaftler:innen in eine Kultur der wissenschaftlichen Integrität einzuführen: Institutionen müssen die notwendigen Voraussetzungen schaffen und dabei unterschiedliche Kontexte berücksichtigen, während die Nachwuchswissenschaftler:innen selbst Sensibilität für Fragen wissenschaftlicher Ethik und Integrität entwickeln, diese in die eigene Arbeit integrieren und sich dementsprechend weiterqualifizieren sollen.

Bildungsangebote zur Förderung der wissenschaftlichen Integrität für Nachwuchswissenschaftler:innen in Europa

Bildungsangebote für wissenschaftliche Integrität und Ethik werden mittlerweile an den meisten Universitäten in Europa angeboten. Viele Bildungsangebote sind disziplinspezifisch und behandeln konkrete ethische Fragen in Bezug auf den eigenen Forschungsgegenstand. Dabei ist die Vielfalt groß. So können Bildungsangebote in den Geschichtswissenschaften zum Umgang mit Zeitzeugen andere Aspekte ins Zentrum stellen als Experimente am Menschen in den Lebenswissenschaften.

Allerdings beschränken sich wissenschaftliche Ethik und Integrität nicht auf fachspezifische Fragen, sondern basieren auf einem grundlegenden Verständnis von wissenschaftlichem Arbeiten und übergeordneten ethischen Prinzipien. An diesen Schnittstellen sind – um das vorherige Beispiel aufzugreifen – Historiker:innen und Lebenswissenschaftler:innen durchaus mit denselben Herausforderungen konfrontiert. Ein Austausch zwischen den Disziplinen in diesem Kontext ist daher sinnvoll, denn er ermöglicht, aus unterschiedlichen disziplinären Perspektiven auf ähnliche oder gleiche Fragestellungen zu schauen.

Bildungsangebote zu Forschungsintegrität und -ethik vermitteln die regulatorischen Rahmenbedingungen wissenschaftlichen Arbeitens sowie den Umgang mit konkreten Dilemmata, die im Rahmen der Forschungspraxis auftauchen können. Wissens- und Kompetenzvermittlung ist ein zentraler Aspekt dieser Bildungsangebote. Die Bandbreite der Angebote reicht von der Zurverfügungstellung von Informationsmaterialien auf einer Webseite über Informationsveranstaltungen bis hin zu (längeren) Seminaren, die sich über die gesamte Phase der Promotionszeit ausdehnen können.[3]

Ob solche Bildungsangebote verpflichtend sein sollen oder nicht, ist eine der meist diskutierten Fragen. In Rahmen der Doktorand:innen(aus)bildung werden verschiedene Bildungsangebote zu Themen wie Kommunikation, Karriereplanung, Konfliktmanagement etc. angeboten. Nachwuchswissenschaftler:innen wählen üblicherweise selbst aus, welche Module sie gemäß Interessen, Bedürfnissen und Karriereplanung wahrnehmen. Wissenschaftliche Integrität und Ethik haben hier eine herausragende Stellung, da sie die Grundlagen jedes wissenschaftlichen Arbeitens – unabhängig von Disziplin und Kontext – sind. Wissen über die Prinzipien der wissenschaftlichen Integrität kann Missverständnisse beim Zitieren oder beim Umgang mit Versuchspersonen etc. verhindern. In verschiedenen europäischen Universitäten sind solche Bildungsangebote zumindest teilweise vorgeschrieben und werden seitens der Nachwuchswissenschaftler:innen (Kersschot, Degtyarova, Novitzky, 2021) und Wissenschaftsförderer (ScienceEurope, 2016) verlangt.[4]

Eine Möglichkeit wäre es, einzelne Bildungsangebote verpflichtend und andere als Wahlfach anzubieten. Die Lösung wäre also eine Mischung. So könnten gewisse Grundlagen der wissenschaftlichen Integrität verpflichtend belegt und weitere Vertiefungen nach den Wünschen der Nachwuchswissenschaftler:innen und dem verfügbaren Angebot ausgerichtet werden. Dies ist gemäß der aktuellen EUA-CDE Umfrage bei 59 % der europäischen Universitäten der Fall. Sie geben an, dass sie ein verpflichtendes Training in wissenschaftlicher Integrität anbieten. 65 % geben an, dass es ein freiwilliges Training gibt. Diese Ergebnisse weisen auf verschiedene Angebote an Universitäten hin.[5]

---

3 Für einen Überblick über verschiedene Materialien und Ansätze kann „the embassy of good science" empfohlen werden. Abgerufen am 28.06.2021 von https://embassy.science/wiki/Resources; wie auch die Website von ENRIO, European Network of Research Integrity Offices. Abgerufen am 28.06.2021 von http://www.enrio.eu/resources/?cat=4. Vergleiche auch Mayer, T. u. a., 2012.

4 Für einen Überblick über das Research Integrity Training in Europa vgl. auch die Webseite vom Integrity Projekt. Abgerufen am 28.06.2021 von https://h2020integrity.eu/how-is-research-integrity-being-taught-in-europe/.

5 Die Veröffentlichung der EUA-CDE 2021 Studie zum aktuellen Stand der sogenannten „Doctoral Education in Europe" ist für Anfang 2022 geplant. Befragt wurden die Mitgliedsuniversitäten der European University Association.

Welchen Einfluss haben falsche Anreize bei Nachwuchswissenschaftler:innen?

Im Bereich der wissenschaftlichen Integrität ist zunehmend das Thema der Bewertung wissenschaftlicher Leistungen und in diesem Zusammenhang die Funktion des Prinzips „publish or perish“ in den Blickpunkt geraten. Das Prinzip wird dahingehend kritisiert, dass es akademisches Fehlverhalten fördere, weil es Anreize dafür setze, besonders viele und besonders spektakuläre Ergebnisse zu präsentieren (Moher u. a., 2020). Um dem zu begegnen, etablieren Universitäten vermehrt Modelle der Karriereentwicklung, in denen nicht nur publikationsbasierte Aspekte berücksichtigt werden, sondern eine ganze Bandbreite an Aktivitäten im wissenschaftlichen Bereich in die Bewertung einfließt. Auf diese Weise sollen weniger Anreize für Verstöße gegen wissenschaftliche Integrität gesetzt werden.

Auch wenn „publish and perish“ vor allem in einer späteren Postdoc-Phase viele Bereiche wissenschaftlichen Arbeitens bestimmt, hat es auch in der Promotionsphase starken Einfluss auf die Forschungsarbeit der Nachwuchswissenschaftler:innen. Die Erstellung einer eigenständigen wissenschaftlichen Arbeit steht im Zentrum der Promotion, aber Graduiertenkollegs und Doktoratsschulen können durchaus ein Forum bieten, in dem eine neue Forschungskultur und -praxis eingeübt wird. Open-Science-Anforderungen und die Open-Access-Veröffentlichung von Beiträgen wie auch der Umgang mit Daten nach den FAIR-Data Prinzipien (Findability, Accessibility, Interoperability, Reusability) gewinnen zunehmend an Bedeutung. Die dafür notwendigen Kompetenzen könnten zum festen Bestandteil der Weiterbildung im Rahmen von Graduiertenprogrammen werden (vgl. Stoy, 2020).

Neben rein quantitativen Bewertungssystemen gibt es andere negative Anreize, die sich nachteilig auf wissenschaftliche Integrität auswirken. Dazu zählen etwa Promotionsstipendien, deren Auszahlung und Weiterführung davon abhängig gemacht werden, dass zu einem festen Zeitpunkt bestimmte Etappenziele erreicht oder Ergebnisse erzielt werden müssen. Der Erfolg wissenschaftlicher Arbeit ist jedoch nicht vollständig planbar. Es sollte immer möglich sein und akzeptiert werden, dass beispielsweise ein Experiment eben nicht die erwünschten oder auch gar keine direkt verwertbaren Ergebnisse erzielt, ohne dass der/

die Nachwuchswissenschaftler:in deswegen grundlegende Probleme befürchten muss.

Zusammenfassung

In diesem Beitrag wurde aus europäischer Sicht auf die wissenschaftliche Integrität in der (Aus-)Bildung von Nachwuchswissenschaftler:innen eingegangen. Ethische Fragen in der Wissenschaft sind nicht allein verknüpft mit methodischen Fragen der praktischen Forschungsdurchführung, sondern auch mit den damit verbundenen Konsequenzen. In der Promotionsphase können sich Nachwuchsforschende mit der ethischen Dimension wissenschaftlicher Forschung und der damit einhergehenden Verantwortung auseinandersetzen. Indem die Promotionsausbildung Diskussionsräume für diese zentralen Fragen zur Verfügung stellt, kann sie eine Kultur der wissenschaftlichen Integrität fördern.

Die akademische Sozialisation im Rahmen der Promotion dient dazu, gemeinsame Werte zu entwickeln und diese in der Praxis fruchtbar zu machen. Aus diesem Grunde sind interdisziplinäre Herangehensweisen und Austauschforen besonders wichtig, da auf diese Weise die gesellschaftliche Dimension von Wissenschaft und ihre Wirksamkeit erst sichtbar gemacht werden können. Weit verbreitete Prinzipien wie „publish or perish" und der Druck, sofort verwertbare Ergebnisse zu produzieren, schaden der wissenschaftlichen Integrität. Eine Abkehr von solchen fehlleitenden Maßstäben gilt es, bereits in der Phase der Promotion zu vollziehen.

Im Zentrum der Promotion steht die Forschung, welche die Grundlage für die weitere Laufbahn innerhalb und außerhalb der Wissenschaft bildet. Die Auseinandersetzung und die Qualifikation im Bereich der wissenschaftlichen Integrität haben somit einen Einfluss weit über diesen Karriereabschnitt hinaus. Eine gut ausgestattete und innerhalb der Universität verankerte Doktoratsbildung unterstützt somit nicht nur Doktorand:innen, sondern ist eine Investition in die Qualität, Glaubwürdigkeit und gesellschaftliche Stellung der Wissenschaft. In diesem Sinne ist es Aufgabe einer Institution, eine für wissenschaftliche Integrität förderliche Umgebung zu schaffen, wirkungsvolle Trainings für Nachwuchswissenschaftler:innen und transparente, faire und nachvollziehbare Regeln einzuführen.

Diese dienen dazu, Fälle wissenschaftlichen Fehlverhaltens und fragwürdige wissenschaftliche Praktiken aufzuzeigen und Doktorand:innen Sicherheit in Bezug auf eine ethische Arbeitsweise zu vermitteln. Diese Sicherheit benötigen sie dringend, um sich ohne Angst dem wissenschaftlichen Erkenntnisprozess zu öffnen, was das eigentliche Ziel einer Promotion ist.

Literatur

ALLEA – All European Academies (2017). *The European Code of Conduct for Research Integrity.* Verfügbar unter: https://www.allea.org/wp-content/uploads/2017/05/ALLEA-European-Code-of-Conduct-for-Research-Integrity-2017.pdf [28.06.2021].

Ambrasat, J. & Tesch, J. (2017). Structured Diversity – The changing landscape of doctoral training in Germany after the introduction of structured doctoral programs. *Research Evaluation*, 26(4), 292–301.

Bitusikova, A. (2009) Reforming Doctoral Education in Europe. *Academe*, 95(1), 21–23.

Clark, W. (2006). *Academic charisma and the origins of the research university.* Chicago: University of Chicago Press.

Deicke, W., Moes, J. & Siemens, J. (2016). Collision and Coalescence – German and British Cultures in Doctoral Education. In P. Blessinger and D. Szockleye, *Emerging Directions in Doctoral Education* (149–169). Bingley: Emerald Group Publishing Limited.

DFG (2019, orig. version 1988). *Kodex Leitlinien zur Sicherung guter wissenschaftlicher Praxis.* Verfügbar unter: https://wissenschaftliche-integritaet.de/ [29.06.2021].

European University Association (EUA) (2005). *Bologna Seminar on „Doctoral Programmes for the European Knowledge Society". Conclusions and Recommendations.* Verfügbar unter: https://eua.eu/downloads/publications/salzburg%20recommendations%202005.pdf [28.06.2021].

European University Association (EUA) (2010). *The Salzburg II Recommendations. European Universities' Archievements Since 2005 in Implementing the Salzburg Principles.* Verfügbar unter: https://www.eua-cde.org/downloads/publications/2010_euacde-universities-achievments-salzburg-principles.pdf [28.06.2021].

European University Association Council for Doctoral Education (EUA-CDE) (2016). *Doctoral Education – Taking Salzburg Forward. Implementation and New Challenges.* Verfügbar unter: https://www.eua-cde.org/downloads/publications/2016_euacde_doctoral-salzburg-implementation-new-challenges.pdf [28.06.2021].

Godecharle, S., Nemery, B. & Dierickx, K. (2014). Heterogeneity in European Research Integrity Guidance: Relying on Values or Norms? *Journal of Empirical Research on Human Research Ethics*, 9(3), 79–90.

Halse, C. & Bansel, P. (2012). The learning alliance: ethics in doctoral supervision. *Oxford Review of Education*, 38(4), 377–392.

Hasgall, A., Saenen, B., Borrell-Damian, L., Deynze, F. V., Seeber, M. & Huisman, J. (2019). *Doctoral Education in Europe Today: Approaches and Institutional Structures.* EUA Survey. Verfügbar unter: https://eua.eu/downloads/publications/online%20eua%20cde%20survey%2016.01.2019.pdf [29.06.2021].

Hendrix, S. (2018). *Protecting both whistle blowers and the scientists they accuse.* Verfügbar unter: https://eua-cde.org/the-doctoral-debate/7:protecting-both-whistle-blowers-and-the-scientists-they-accuse.html [29.06.2021].

Hussinger, K. & Pellens, M. (2017). Guilt by Association: How Scientific Misconduct Harms Prior Collaborators. *ZEW Discussion Papers*, No. 17–051. Mannheim: Zentrum für Europäische Wirtschaftsforschung (ZEW). Verfügbar unter: https://ftp.zew.de/pub/zew-docs/dp/dp17051.pdf [29.06.2021].

Kersschot, M., Degtyarova, I. & Novitzky, P. (2021). Research integrity training for early career researchers. In A. Lee & R. Bongaardt (Hrsg.), *The Future of Doctoral Research. Challenges and Opportunites* (318–332). London/New York: Routledge.

Kottmann, A. (2011). Reform of Doctoral Training in Europe: A Silent Revolution? In J. Enders, H. F. de Boer & D. F. Westerheijden (Hrsg.), *Reform of Higher Education in Europe* (29–43). Rotterdam: SensePublishers.

Kuroki, T. (2018). New classification of research misconduct from the viewpoint of truth, trust, and risk. *Accountability in Research*, 25(7–8), 404–408.

Mason, S. (2018). Publications in the doctoral thesis: Challenges for doctoral candidates, supervisors, examiners and administrators. *Higher Education Research & Development*, 37(6), 1231–1244.

Mayer, T., Steneck, N. H. & 2nd World Conference on Research Integrity (2012). *Promoting Research Integrity in a Global Environment.* Hackensack, New Jersey: World Scientific.

Macfarlane, B. (2017). The ethics of multiple authorship: power, performativity and the gift economy. *Studies in Higher Education*, 42(7), 1194–1210.

Moher, D., Bouter, L., Kleinert, S., Glasziou, P., Sham, M. H., Barbour, V., Coriat, A.-M., Foeger, N. & Dirnagl, U. (2020). The Hong Kong Principles for assessing researchers: Fostering research integrity. *PLoS Biology*, 18(7), e3000737.

Reguero, M., Carvajal, J. J., García, M. E. & Valverde, M. (Hrsg.) (2017). *Good Practices in Doctoral Supervision: Reflections from the Tarragona Think Tank.* Tarragona: Publicacions Universitat Rovira i Virgili.

ScienceEurope (2016). *Research Integrity Practices in Science Europe Member Organisations. Survey Report.* Verfügbar unter: https://www.scienceeurope.org/media/onrlh1tf/science-_europe_integrity_survey_report_july_2016_final.pdf [29.06.2021].

Stoy, L. (2020). *Enabling FAIR research data management through doctoral education.* Verfügbar unter: https://eua-cde.org/the-doctoral-debate/192-enabling-fair-research-data-management-through-doctoral-education.html [29.06.2021].

Taylor, S., Humphrey, R. & Kiley, M. (2017). *A Handbook for Doctoral Supervisors* (2nd ed.). London/New York: Routledge.

Tress Academic (2021). *Do I have to include my supervisor as a co-author?* Verfügbar unter: https://tressacademic.com/supervisor-co-author/ [10.08.2021].

UniWiND (2014). *Betreuung Promovierender. Empfehlungen und Good Practice für Universitäten und Betreuende.* Verfügbar unter: https://www.uniwind.org/fileadmin/user_upload/Publikationen/2017-UniWiND_Bd4_2_Auflage.pdf [28.06.2021].

Die gesellschaftliche Bedeutung von Wissenschaft. Implikationen für das Lernen von Forschungsintegrität

Milena Valeva

Forschungsintegrität und verlässliche Wissenschaft – eine Annäherung

Forschungsintegrität ist ein Phänomen, das in Zeiten von Diskontinuität und gar globalen Krisen (z. B. COVID-19 oder der Klimakrise) enorm an extern zugewiesener Bedeutung gewinnt (Valeva, Dankova, Prieß-Buchheit, 2022). Unter externer Zuweisung ist hier zu verstehen, dass die Forderung nach Forschungsintegrität über deren Bedeutung für die Gesellschaft begründet wird. Diese konsequentialistische Lesart bezieht sich nicht auf den Bereich der Wissenschaft selbst, sondern auf die Auswirkungen auf forschungsexterne Bereiche. Somit wird den Forschenden über die gesellschaftsrelevante Rolle, welche die Forschung (immer schon) für die Gesellschaftsentwicklung gespielt hat, eine gesellschaftskritische Bedeutung zugewiesen. Forschung fungiert in Zeiten der Krise sogar unmittelbar als Politik- und Wirtschaftsberater. Ein hohes Niveau an Forschungsintegrität (als wissenschaftsinternes Urteil) ist gleichbedeutend mit einem hohen Maß an Verlässlichkeit der Wissenschaft (als wissenschaftsexterne Attribution, respektive gesellschaftliches Urteil über Wissenschaft).

Im Folgenden werden die Phänomene *Künstliche Intelligenz, Fake News, Demokratisierung* und *wirtschaftliche Prosperität* und deren Interdependenzen skizziert mit dem Ziel, einen Zusammenhang zwischen der wachsenden Gesellschaftsbedeutung dieser Phänomene und dem Bedeutungswachstum von verlässlicher Wissenschaft herzustellen.

Technologische Entwicklungen – allen voran die *Künstliche Intelligenz (KI)* – sind ein Treiber für das gesellschaftliche Bedeutungswachstum von Forschung und Wissenschaft. KI-Entwicklungen sind Produkte von Forschungsprozessen – zugleich wirken KI-Anwendungen (als Quellen von Chancen und Gefahren) nicht nur auf das gesellschaftliche Vertrauen in Wissenschaft, sondern beeinflussen unmittelbar den sozialen Frieden (z. B. rasche Verbreitung von Fake News in der COVID-19-Pandemie) (Prieß-Buchheit et al., 2021). Seit 20 Jahren ist KI ein Phänomen, das jedoch in den letzten Jahren – bedingt durch die Weiterentwicklungen des maschinellen Lernens und die IT-Automatisierung von menschlichen Entscheidungsstrukturen – immer mehr an Bedeutung gewinnt in Wissenschaft (auch im Sinne der Wissensproduktion selbst) und Gesellschaft (positive und negative Wirkungen von KI in allen Gesellschaftsbereichen). Neben all den positiven Effekten, die technologische Entwicklungen ermöglicht haben, ist das Risikospektrum im Falle von KI sehr breit aufgestellt, angefangen bei Wirtschaftsrisiken (Welche Berufe werden für Menschen obsolet werden?) über Risiken, die soziopolitischer Natur sind (Welche gesellschaftspolitischen Systeme brauchen wir?) bis hin zu Risiken, die philosophische Fragen aufwerfen (Wie wird ein Mensch definiert? Darf der Mensch ewig leben?) (Harari, 2017).

Die allumfassenden und rapiden KI-Entwicklungen führen dazu, dass diverse Forderungen nach ethischer Orientierung in der KI und Vorschläge zu Richtlinien für eine ethische KI immer lauter werden. Eine Reihe nationaler und internationaler sowohl öffentlicher als auch privater Institutionen verfassen solche ethischen Richtlinien. Manchen Unternehmen wird unterstellt, nach dem Prinzip „ethics-shopping" zu handeln, um mögliche Regulierungsprobleme, die bei der Anwendung von „ethics-washing" entstehen, besser zu handhaben (Wagner, 2018).

In einer vergleichenden Analyse von ethischen Richtlinien für KI wurden folgende Prinzipien am häufigsten genannt: Transparenz, Gerechtigkeit und Fairness, Schadensvermeidung, Verantwortung und Privatsphäre (Jobin, Ienca, Vayena, 2019). Eine andere Herangehensweise wird über den ethischen Rahmen für KI demonstriert. Dabei wird die Nutzung von KI anhand von Chancen und Risiken entlang von vier Fundamentalaspekten der menschlichen Würde definiert: autonome Selbstrealisierung, individuelle und soziale Fähigkeiten, menschliche Handlungsfähigkeit und Gesellschaftskohäsion (Floridi, Cowls, Beltrametti et al.,

2018). Es kann geschlussfolgert werden, dass ethische und soziokulturelle Überlegungen im Mittelpunkt der Forderungen an KI-Entwicklungen stehen.

Fake News sind kein Phänomen, dessen Existenz auf die neuen IT-Möglichkeiten zurückzuführen ist. Es handelt sich hierbei um Nachrichten, die absichtlich und nachweislich falsch sind, sodass die Leser:innen direkt beeinflusst werden können (Allcott, Gentzkow, 2017). Die verschiedenen Erscheinungsformen, die unter dem Sammelbegriff Fake News zusammengefasst werden, können anhand der Motivation bei der Produktion bzw. der Weitergabe von Fake News unterschieden werden. Dabei werden absichtlich falsch kreierte Nachrichten mit der Intention, Schaden anzurichten, als Desinformation bezeichnet. Fehlinformationen hingegen sind zwar falsch, aber werden ohne Schadensabsicht weitergeleitet. Malinformationen wiederum sind solche, die zwar auf Wahrheit beruhen, aber selektiert und mit Schadensabsicht verfasst und verbreitet werden (Wardle, Derakhshan, 2017). Durch das Internet werden Desinformationen häufig zu Fehlinformationen, da beim Weiterleiten die Absicht der Täuschung nicht vorliegt. Die falschen Informationen werden sogar oft gar nicht als solche erkannt und ausschließlich mit der Absicht weitergegeben, die breite Öffentlichkeit besser zu informieren (Turcilo, Obrenovic, 2020).

Demokratie ist wiederum von Fake News bedroht, da sie als politische Herrschaftsform auf informierte und politisch aktive Menschen angewiesen ist. Auf einige Beispiele für den digitalen Einsatz von Fake News auf höchster politischer Ebene soll an dieser Stelle lediglich hingewiesen werden, etwa Trumps Informationspolitik über Twitter, Boris Johnson und seine Brexit-Daten und -Fakten oder aber die russische Produktion und Verbreitung von Informationen über das Internet zum Zwecke der politischen Einflussnahme in fremden Staaten (ebd.).

Wenn Fake News, als Teil eines neuen Informationsunordnungsparadigmas erst über das Internet und Social Media politisch, ökonomisch und gesellschaftlich bedrohlich wirken können, so potenziert der KI-Einsatz solche Gefahren. Zugleich werden auf der anderen Seite die Möglichkeiten für den KI-Einsatz bei der Erkennung dieser Fake News – insbesondere, wenn es um Manipulation von audiovisuellen Inhalten geht – als vielversprechend eingestuft. Es herrscht in der Literatur Einigkeit darüber, dass die Chancen des KI-Einsatzes genutzt werden können, wenn ethisches Screening über die soziokulturellen Konsequenzen von Algorithmen ermöglicht wird (Wardle, Derakhshan, 2017). Initiativen, die Nachrichtenkompetenzen fordern, zielen ebenfalls auf die Erkennung und

Vermeidung der Weitergabe von Fake News (https://newslit.org/, https://www.centerfornewsliteracy.org/).

Forschungsintegrität fördert *Innovation und ökonomische Prosperität.* Auch die EU erkennt die entscheidende Rolle von Forschungsintegrität an, indem das Konzept „Responsible Research and Innovation" (Verantwortungsvolle Forschung und Innovation) explizite Berücksichtigung bei der Forschungsförderung findet. Eine gemeinsame europäische Grundlage der Verlässlichkeit von wissenschaftlicher Praxis bildet der Europäische Verhaltenskodex für Integrität in der Forschung (ALLEA, 2018).

Vor diesem Hintergrund gewinnt das explizite Lehren und Lernen von Forschungsintegrität immens an Bedeutung. Dabei wird angenommen, dass das Lernen von Forschungsintegrität in tertiären Bildungseinrichtungen zum besseren Forschungsverhalten der angehenden Wissenschaftler:innen führt. Dies wiederum bedeutet ein Mehr an verlässlicher Wissenschaft in der Gesellschaft (Kalichman, 2019).

Fallstudien zum Lehren von Forschungsintegrität

Im Folgenden wird auf zwei Fallstudien eingegangen, die sich mit dem Lehren und Lernen von Forschungsintegrität an deutschen Hochschulen für angewandte Wissenschaften auseinandersetzen. Die zentrale Fragestellung dabei bezieht sich auf den Wandel der Bedeutung des Lehrgebiets Forschungsintegrität (verstanden als intersubjektiv wahrgenommene Bedeutung durch die Studierenden), der insbesondere durch den Ausbruch der COVID-19-Pandemie beobachtet werden kann.

Analytisches Erleben vor dem Ausbruch von COVID-19: Sensibilisieren mithilfe gesellschaftlicher Konsequenzen (von innen nach außen)

Der Titel „analytisches Erleben" beschreibt das im Folgenden dargestellte Lehr-Lern-Konzept. Im Rahmen eines zweisemestrigen Seminars (Sommersemester 2019 und Wintersemester 2019/2020) an einer öffentlichen deutschen Hochschule für angewandte Wissenschaften setzten sich Bachelor-Studierende aus unterschiedlichen Studiengängen mit dem Thema Forschungsintegrität auseinander.

Im ersten Semester lag der Fokus auf der Vermittlung der Grundsätze der Wissenschaftspraxis. Wichtiger Bestandteil war hier die Relevanz des redlichen wissenschaftlichen Arbeitens. Hierbei wurde wissenschaftliche Praxis gesellschaftlich kontextualisiert behandelt, um den Studierenden die Wirkung der Verlässlichkeit wissenschaftlichen Handelns auf das gesellschaftliche Wohlergehen zu vermitteln. Auf Fake News, im Zusammenhang mit wissenschaftlichen Ergebnissen, wurde explizit eingegangen.

Das Ziel des Seminars im Laufe des zweiten Semesters bestand darin, die Studierenden in die Lage zu versetzen, eine Unterrichtsstunde für Schüler:innen (der Klassen 10–13) über das Thema Forschungsintegrität zu entwickeln und in der Praxis abzuhalten (Lernen durch Lehren) (Valeva, Prieß-Buchheit, 2019).

Dieses „analytische Erleben" ermöglicht sowohl Analyse und Reflexion als auch praktische Betätigung im Feld Forschungsintegrität. Dadurch verstehen und erfahren die Studierenden die hohe Bedeutung der Verlässlichkeit von Wissenschaft. Den Studierenden gelang es, diesen Perspektivenwechsel nachzuvollziehen. Sie entwickelten eine Haltung zu gesellschaftlichen Konsequenzen durch Fehlverhalten in Forschung und Wissenschaft. Dabei verlief die Richtung des Erlernens von Forschungsintegrität von innen nach außen. Erst das Lernen der Grundsätze guter wissenschaftlicher Praxis bildete die Grundlage, um die gesellschaftliche Rolle von Wissenschaftsintegrität zu erkennen.

Virtual-Exchange nach dem Ausbruch von COVID-19: Anordnen von gesellschaftlichen Konsequenzen (von außen nach innen)

Im Rahmen eines Virtual-Exchange-Seminars (im Sommersemester 2020) an zwei öffentlichen Hochschulen für angewandte Wissenschaften in Deutschland setzten sich Bachelor-Studierende aus unterschiedlichen Studiengängen mit dem Thema Forschungsintegrität auseinander.

Die Studierenden der beiden Hochschulen erhielten in einem ersten Schritt virtuell eine Einführung in die Grundsätze der Wissenschaftspraxis. In einem zweiten Schritt wurden die gemischt eingeteilten Studierendenteams in die Nutzung und Aufgabenstellung der Online-Plattform www.trustinscience.org eingeführt. Jedes Team absolvierte in den folgenden Wochen unabhängig und selbstständig die dort gestellten Aufgaben und verfasste darüber einen schriftlichen Bericht. Die Online-Lernumgebung www.trustinscience.org[1] beinhaltet fiktive Forschungssituationen, die den Umgang mit Fehlverhalten in konkreten Entscheidungssituationen simulieren (Prieß-Buchheit et al., 2021). Die Relevanz wissenschaftlicher Integrität und vor allem wissenschaftlicher Verlässlichkeit wird den Lernenden hier am Beispiel der COVID-19-Pandemie nahegebracht. Im Anschluss werden die Lernenden aufgefordert, sich über Verlässlichkeit auszutauschen und Grundsätze des wissenschaftlichen Arbeitens in die Diskussion mit einzubinden.

In einer gemeinsamen Online-Abschlussveranstaltung tauschten sich die Studierenden mithilfe der Moderation der Lehrenden mündlich über die Erfahrungen mit der Online-Plattform aus. Dabei betonten die Studierenden mit Nachdruck die Relevanz des redlichen wissenschaftlichen Arbeitens für die Gesellschaft. Es stellte sich heraus, dass die gesellschaftliche Bedeutung verlässlicher Wissenschaft – vorangetrieben auch durch die Alltagserfahrungen mit dem Thema Fake News im Zusammenhang mit COVID-19 – mehrheitlich und eindeutig als sehr hoch eingestuft wurde, sodass unter den Studierenden ein großes Interesse an der Vermittlung von Grundsätzen und Handlungsempfehlungen zu Forschungsintegrität bestand.

Bei diesem Lernmodul verlief die Richtung des Lernens über die Bedeutung von Forschungsintegrität von außen nach innen. Die bereits anfänglich erkannte gesellschaftliche Rolle von Wissenschaftsintegrität fungierte als Hauptmotivation, um sich mit den Grundsätzen redlicher Wissenschaftspraxis auseinandersetzen zu wollen.

Ausblick – Lerndesignvorschläge für eine verlässliche Wissenschaft

Die COVID-19-Krise hat dazu beigetragen, dass verlässliche Wissenschaft eine breite gesellschaftliche Akzeptanz erfahren hat. Dabei wird die Bedeutung der

---

[1] Die Online-Lernumgebung www.trustinscience.org wurde als Hackathon-Projektergebnis eines interdisziplinären Teams im Rahmen des Hackathons #EUvsVirus Hackathon (24.–26. April 2020) geschaffen und ausgezeichnet (Prieß-Buchheit et al. 2021).

Wissenschaft für den Demokratieprozess und die sozioökonomische Prosperität über das Phänomen Fake News deutlich verstärkt. KI kommt in dieser Konstellation eine kritische Rolle zu – Anwendungen, die bereits bei deren Entwicklung einem ethischen Protokoll unterzogen werden, werden einen enormen positiven Effekt auf die Prävention von Fehlverhalten und -informationen haben und zugleich KI-Anwendungsrisiken minimieren und ausschließen.

Die gegenwärtige gesellschaftliche Rolle von Forschungsintegrität bietet die Rechtfertigung für ein breiter angelegtes Angebot an Lehre in tertiären Bildungsinstitutionen. Dabei ist sowohl der Austausch der Lernenden untereinander als auch der konkrete Anwendungsbezug (über Rollenspiele, Simulationen oder Fallstudien aus der Praxis) für den wahrgenommenen Nutzen seitens der Studierenden entscheidend.

Literatur

Allcott, H. & Gentzkow, M. (2017). Social Media and Fake News in the 2016 Election. *Journal of Economic Perspectives*, 31(2), 211–236.

ALLEA – All European Academies (2018). *Europäischer Verhaltenskodex für Integrität in der Forschung.* Überarbeitete Fassung. Berlin: ALLEA – All European Academies. Verfügbar unter: http://www.allea.org/wp-content/uploads/2018/06/ALLEA-European-Code-of-Conduct-for-Research-Integrity-2017-Digital_DE_FINAL.pdf. [21.07.2021].

Floridi, L., Cowls, J., Beltrametti, M. et al. (2018). AI4People – An Ethical Framework for a Good AI Society: Opportunities, Risks, Principles, and Recommendations. *Minds & Machines,* 28(4), 689–707. Verfügbar unter: https://doi.org/10.1007/s11023-018-9482-5 [04.08.2021].

Harari, Y. N. (2017). Reboot for the AI revolution. In *Nature*, 550(7676), 324–327.

Jobin, A., Ienca, M. & Vayena, E. (2019). The global landscape of AI ethics guidelines. *Nature Machine Intelligence,* 1, 389–399. Verfügbar unter: https://doi.org/10.1038/s42256-019-0088-2 [04.08.2021].

Kalichman, M. (2016). Responsible Conduct of Research Education (What, Why, and Does It Work? *Academic Medicine*, 91(12). Verfügbar unter: Doi: 10.1097/ACM.0000000000001442 [28.11.2021].

News Literacy Project (2021). *News Literacy Project.* Verfügbar unter: https://newslit.org [21.07.2021].

Prieß-Buchheit J., Aro A. R., Demirova I., Lanzerath D., Stoev P. & Wilder N. (2020). Rotatory role-playing and role-models to enhance the research integrity culture. *Research Ideas and Outcomes*, 6. Verfügbar unter: https://doi.org/10.3897/rio.6.e53921 [04.08.2021].

Prieß-Buchheit, J. et. al. (2021). Trust in Science: Developing a Learning Environment to enable Public Understanding and Support for Evidence-based Information for Senior Secondary School Students and Students in Higher Education. Identifying early design principles in times of COVID-19. *All Ireland Journal of Higher Education*, 13(1). Verfügbar unter: https://ojs.aishe.org/index.php/aishe-j/article/view/533/875 [21.07.2021].

Stony Brook University School of Communication and Journalism – Center for News Literacy. Verfügbar unter: https://www.centerfornewsliteracy.org/ [21.07.2021].

Turcilo, L. & Obrenovic, M. (2020). Fehlinformationen, Desinformationen, Malinformationen: Ursachen, Entwicklungen und ihr Einfluss auf die Demokratie. *Demokratie im Fokus #3*, Heinrich Böll Stiftung. Verfügbar unter: https://www.boell.de/sites/default/files/2020-08/200825_E-Paper3_DE.pdf [05.08.2021].

Valeva, M. & Prieß-Buchheit, J. (2019). Gute wissenschaftliche Praxis interdisziplinär für Studierende erleben und kreativ anwenden lassen. *PatternPool*. Verfügbar unter: https://www.patternpool.de/pattern/gute-wissenschaftliche-praxis-interdisziplinaer-fuer-studierende-erleben-und-kreativ-anwenden-lassen/?pdf=3489 [05.08.2021].

Valeva, M., Dankova, P. & Prieß-Buchheit, J. (2022). Students' Mindsets on Research Integrity. A Cross-Cultural Comparison. *FACETS Journal Special Issue on Research Integrity*, (angenommen, im Erscheinen).

Wagner, B. (2018). Ethics as an escape from regulation. From „ethics-washing" to ethics-shopping? In E. Bayamlioğlu, I. Baraliuc, L. Janssens et al. (Hrsg.), *Being Profiled: Cogitas Ergo Sum. 10 Years of „Profiling the European Citizen"* (84–88). Amsterdam: Amsterdam University Press. Verfügbar unter: https://doi.org/10.25969/mediarep/13281 [05.08.2021].

Wardle, C. & Derakhshan, H. (2017). *Information Disorder: Towards an interdisciplinary framework for research and policy making*. Straßburg: Council of Europe. Verfügbar unter: https://rm.coe.int/information-disorder-toward-an-interdisciplinary-framework-forresearc/168076277c [21.07.2021].

Durch Austausch zur Professionalisierung – Netzwerk *Gute wissenschaftliche Praxis vermitteln*

Martina Baravalle, Tina Rotzal, Valentina Vasilov

Einleitung

„Gute wissenschaftliche Praxis vermitteln – Netzwerk für Trainerinnen und Trainer" ist primär ein Mittel zum Zweck. Es wurde gegründet, um Praktiker:innen die Möglichkeit zu geben, ihre Vermittlungstätigkeit zu optimieren: ein Arbeiten und Agieren mit Austausch, Feedback und Selbstreflexion als optimaler Zustand, der zur individuellen Professionalisierung beiträgt. Die Weiterentwicklung des Netzwerks sowie der institutionelle Anschluss an den Universitätsverband zur Qualifizierung des wissenschaftlichen Nachwuchses in Deutschland (UniWiND) bietet zudem die Chance, den Bereich der GWP[1]-Vermittlung auch generell zu professionalisieren, indem durch den Austausch und das gemeinsame, institutionsübergreifende Arbeiten Expert:innen einheitliche Grundlagen und Standards dafür schaffen.

[1] GWP = Gute wissenschaftliche Praxis

Das UniWiND Netzwerk Gute wissenschaftliche Praxis vermitteln – Netzwerk für Trainerinnen und Trainer

Entstehung und Zielsetzungen des Netzwerks

Die Idee der Professionalisierung und des regelmäßigen Peer-Austausches entstand im Rahmen einer Fortbildung zur Kursleiter:in „Gute wissenschaftliche Praxis" unter der Leitung des Teams Scientific Integrity[2] im Jahr 2016. Bereits zum ersten Netzwerktreffen – damals noch informell ohne Anbindung an UniWiND – wurden auch Kolleg:innen der mdw – Universität für Musik und darstellende Kunst aus Wien hinzugezogen, um auch die österreichische Perspektive einzubringen. Diese Kolleg:innen hatten ein vergleichbares Fortbildungsprogramm der Österreichischen Agentur für wissenschaftliche Integrität (ÖAWI) durchlaufen.

Der Fokus der Netzwerkarbeit lag zu Beginn darauf, das Gelernte weiter zu professionalisieren sowie sich über GWP-Vermittlungsinhalte, -methoden und Didaktik auszutauschen. Ziel der Netzwerktreffen war es, Lehrerfahrungen zu reflektieren, Arbeitsmaterialien auszutauschen und Inhalte verschiedener Spezialgebiete zu vertiefen. Der Schwerpunkt des Netzwerkgedankens entwickelte sich allmählich zum Anspruch, einen wesentlichen Beitrag zur Kultur der GWP in den einzelnen Institutionen leisten zu wollen und zum allgemeinen GWP-Diskurs entscheidend und fundiert beizutragen. Insbesondere für die Grundvision des Netzwerkes, die Erarbeitung und Etablierung von Standards für die GWP-Vermittlung im deutschsprachigen Raum, schien UniWiND als Partner ideal geeignet.

Seit seiner Gründung im Jahr 2009 trägt UniWiND entscheidend zur Standardisierung und Qualifizierung der akademischen Nachwuchsförderung in Deutschland bzw. im deutschsprachigen Raum bei. Mittlerweile sind 75 Universitäten und Einrichtungen Mitglied in dem Verband.[3] UniWiND ist eine Plattform für den einrichtungsübergreifenden Austausch. Dabei setzt der Verband

---

2 Abgerufen am 03.06.2021 von http://www.scientificintegrity.de.

3 Abgerufen am 03.06.2021 von https://www.uniwind.org/ueber-uns/alle-mitglieder.

auf die vernetzte Expertise seiner Mitglieder und fördert diese mit vielfältigen Aktivitäten, wie z. B. den UniWiND-Netzwerken. Die offene Gestaltung dieser Netzwerke ist dabei ein wesentlicher Vorteil, da sich hier auch Mitglieder aus nicht-universitären Einrichtungen an der Netzwerkarbeit beteiligen können und somit vielfältige Perspektiven einbringen. Zentral für die UniWiND Netzwerke ist das Interesse an und die Verbundenheit mit einem Leitthema. Aufgrund der vielfältigen Überschneidungen, sowohl bei den Zielstellungen als auch beim Qualitätsanspruch, lag es nahe, eine Zugehörigkeit des GWP-Netzwerkes zu UniWiND anzustreben. Zusätzlich konnten sich die Mitglieder gut mit den Werten, der Vision und den Arbeitsweisen in den zentralen Handlungsfelder von UniWiND (2017) identifizieren. Darüber hinaus versprach dies eine institutionelle Verankerung, mehr Sichtbarkeit sowie Zugang zu vielfältigen Perspektiven und Expertisen.

Mitte 2019 wurde „Gute wissenschaftliche Praxis vermitteln – Netzwerk für Trainerinnen und Trainer“ als UniWiND-Netzwerk[4] mit folgenden Zielsetzungen beworben, die bis heute Bestand haben:

- Austausch über die Vermittlung guter wissenschaftlicher Praxis und die Konzeption von Angeboten
- Austausch über die Bedarfe und Anforderungen der Zielgruppen und geeignete Maßnahmen zur Steigerung der Angebotsakzeptanz
- gemeinsame Erarbeitung von Standards und eine höhere Professionalisierung in der GWP-Vermittlung
- Wege der Implementierung solcher Standards in der Programmgestaltung von Graduierteneinrichtungen bzw. in anderen einschlägigen universitären Angeboten

Die Resonanz auf die Netzwerkausschreibung überstieg die Erwartungen. Bis heute wächst das Netzwerk kontinuierlich weiter an und verzeichnet aktuell über 100 Mitglieder.

Im Rahmen der Netzwerkausschreibung wurden die Mitglieder unter anderem zu ihren Erwartungen an das Netzwerk befragt. Die Rückmeldungen weisen einen hohen Deckungsgrad mit den beworbenen Zielsetzungen auf und spiegeln gleichzeitig

4 Abgerufen am 07.06.2021 von https://www.uniwind.org/netzwerke/netzwerk-trainer/innen-gwp.

die vielfältigen Perspektiven wider, die die Mitglieder in das Netzwerk einbringen (s. Kapitel Mitgliederstruktur). Mehrfach genannt wurde darüber hinaus der Wunsch nach Austausch zu aktuellen Entwicklungen in Bezug auf Richtlinien, Gesetzgebung und Tendenzen auf nationaler Ebene wie auch im internationalen Vergleich. Dieses war im Jahr 2019 bei der Gründung des UniWiND-Netzwerkes besonders relevant, da sich die Veröffentlichung des neue DFG-Kodex (2019) und des aktualisierten Curriculums (Sponholz, 2019) abzeichnete. Interesse besteht auch an der hochschulpolitischen Wirksamkeit der Netzwerkarbeit sowie an der Möglichkeit, unterschiedliche Stakeholder und Akteure im Dialog zusammenzubringen.

Nicht zuletzt ist es für viele Mitglieder wichtig, GWP-Trainer:innen mit Spezialwissen kennenzulernen und den eigenen Trainer:innen-Pool zu erweitern. Wechselseitig bietet das Netzwerk für freiberufliche Trainer:innen auch eine Plattform, neue Auftraggeber:innen zu finden sowie deren Besonderheiten und Bedarfe kennenzulernen.

Zusammenfassend kann man das Netzwerk als eine Gemeinschaft verstehen, die sich durch ein hohes Maß an Engagement auszeichnet, die GWP-Thematik an Universitäten und Forschungseinrichtungen für alle involvierten Zielgruppen positiv zu besetzen und voranzubringen.

Mitgliederstruktur

Die Mitgliederstruktur des Netzwerks umfasst Personengruppen aus unterschiedlichen universitären Bereichen, die sich dem Thema GWP und dessen Vermittlung verbunden fühlen. Darüber hinaus bringt die Mehrheit der Mitglieder eine hohe Qualifikation im Bereich der GWP mit, wobei die Zugänge und Qualifikationswege unterschiedlich ausfallen. Teilweise haben die Mitglieder Fortbildungen zur Vermittlung von GWP durchlaufen. Für andere Mitglieder war die wissenschaftliche Laufbahn der Kontaktpunkt, der eine vertiefte Auseinandersetzung mit GWP durch Forschung und Lehre ermöglichte. Zudem weist eine Mehrzahl zusätzliche Qualifikationen und Kompetenzen im Bereich Coaching, (Schreib-)Beratung und (Führungs-)Training auf.

Bezogen sowohl auf die GWP-Inhalte und die Didaktik als auch auf die Prozessbegleitung und die Beratung von Einzelnen und Gruppen, weist das Netzwerk wesentliche Qualifikationen und eine gewichtige Expertise auf.

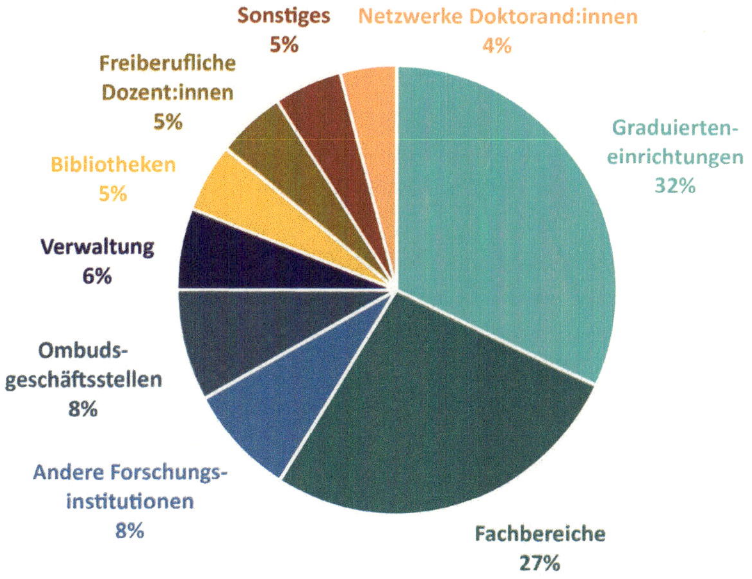

Mitgliederstruktur des GWP-Netzwerkes für Trainer:innen

Die meisten Graduierteneinrichtungen in Deutschland sehen sich gemäß einer aktuellen Erhebung (Meinicke u. a., 2021: Kapitel 1 und 8) in der Verantwortung, GWP-Angebote an ihren Universitäten bereitzustellen. Wie auf der Abbildung „Mitgliederstruktur des GWP Netzwerkes für Trainer:innen" dargestellt, bilden sie auch die überwiegende Mehrheit der Mitglieder (32 %).

Rund 27 % der Mitglieder setzen sich aus Forschenden und Lehrenden in Fachbereichen und an Fakultäten zusammen. Hierbei steht die nachhaltige und angemessene Integration der GWP-Inhalte in die Fachcurricula im Vordergrund. Ähnlich gelagerte Interessen haben auch Mitglieder aus den außeruniversitären Forschungseinrichtungen (8 %). Der Fokus der Mitglieder aus den Verwaltungseinrichtungen der Universitäten (6 %) liegt insbesondere in der strategischen Beratung höherer Entscheidungsgremien. Dies zeigt, dass die Rahmenbedingungen für eine Kultur der GWP vielerorts auch als institutionelle Verantwortung gesehen wird im Sinne des neuen DFG-Kodex (2019).

Ebenfalls im Netzwerk vertreten ist die Gruppe der Ombudspersonen und der Geschäftsstellen der Ombudspersonen, sowohl an Universitäten als auch an anderen Einrichtungen (8 %). Diese ermöglichen den Netzwerkmitgliedern wertvolle Einblicke in die Ombudsarbeit. Mit rund 4 % zählt auch die Gruppe der Interessenvertretungen von Promovierenden zu den Mitgliedern. Damit ist deutlich, dass auch bei dieser Zielgruppe eine Sensibilisierung für das GWP-Thema sowie ein Interesse an der Entwicklung desselben besteht, da die Mehrheit der GWP-Angebote sich an Doktorand:innen richtet (Meinicke u. a., 202: Kap. 1).

Da Teilaspekte von GWP eine hohe Spezialisierung (z. B. Open Science und Open Access, Urheberrecht usw.) erfordern, sind auch Mitarbeiter:innen aus Universitätsbibliotheken (5 %) an dem Austausch im Netzwerk interessiert. Freiberufliche Trainer:innen (5 %) können von dem Netzwerk profitieren, indem sie die institutionelle Sicht ihrer Kunden besser verstehen und die internen Unterstützungsstrukturen sowie Herausforderungen kennenlernen. Für das Netzwerk ist darüber hinaus die Beteiligung der DFG von großem Vorteil. Die Mitarbeiter:innen des Stabs Wissenschaftliche Integrität ermöglichen eine gute-Verbindung zu den aktuellsten Entwicklungen und nehmen Impulse und Wünsche der Mitglieder in die DFG mit.

Die Mehrheit der Mitglieder kommt aus Deutschland. Durch die Kolleg:innen der mdw – Universität für Musik und darstellende Kunst Wien, der Wirtschaftsuniversität Wien sowie den Universitäten Innsbruck und Graz wird die österreichische Perspektive eingebracht. Aktuell ist die Schweiz durch die Kolleg:innen der Universität Zürich vertreten.

Aktivitäten des Netzwerks

Um den Erwartungen der Mitglieder in Bezug auf Vernetzung, Austausch, Kompetenzentwicklung sowie gemeinsame Ausgestaltung von Spezialthemen (s. Kapitel 2.1) Rechnung zu tragen, werden zwei jährliche Treffen im Umfang von jeweils 1,5 Tagen in Deutschland oder Österreich angekündigt und geplant. Die Auftaktveranstaltung des UniWiND-Netzwerks „Gute wissenschaftliche Praxis vermitteln – Netzwerk für Trainerinnen und Trainer“ fand am 26.09.2019 im Anschluss an die Konferenz „Wiener Tage der Akademischen Integrität“ an der mdw in Wien statt.

Die Netzwerktreffen orientieren sich an den eingangs genannten Interessen und Erwartungen der Mitglieder. Der Austausch zu aktuellen Erfahrungen und Herausforderungen mit GWP-Bezug steht im Vordergrund. Konkrete Anliegen und Fragestellungen, die mittels kollegialer Beratung bearbeitbar sind, oder Kooperationsanfragen für bestimmte Projekte sind ebenfalls möglich und werden gerne in Anspruch genommen. Ebenso können ausgewählte und angekündigte Themenschwerpunkte in kurzen Arbeitsphasen in Teilgruppen behandelt werden. Bestehende Arbeitsgruppen (aktuell „Arbeitsgruppe Standards der GWP-Vermittlung", s. Kapitel Vergleichbarkeit von Vermittlungsangeboten und Standardisierung) können diese Phasen für die Bearbeitung eigener Fragestellungen nutzen oder Feedback und Impulse aus dem Plenum einholen. Hinzu kommen Expert:innen-Inputs mit anschließender Diskussion zu gewünschten (Spezial-)Themen. Das gastgebende Mitglied des jeweiligen Netzwerktreffens gibt einen Überblick über die spezifischen GWP-Strategien, Maßnahmen und involvierten Akteure der entsprechenden Einrichtung. Dadurch werden Gemeinsamkeiten, Unterschiede und Entwicklungspotenziale, auch im internationalen Vergleich, sichtbar.

Bedingt durch die COVID-19-Pandemie finden die Netzwerktreffen derzeit nur online statt. Die aktuelle Situation birgt vielfältige Herausforderungen für das GWP-Netzwerk und seine Mitglieder. Der ursprünglich geplante Umfang der Netzwerktreffen kann digital sinnvollerweise nicht in gleicher Form beibehalten werden. Termine werden daher mehrfach im Jahr für zwei bis drei Stunden über Videokonferenz angeboten. Die informellen Gespräche und die Vernetzung während der Pausen sind in dem zeitlich verkürzten Online-Format nur sehr eingeschränkt möglich. Allerdings können durch das Online-Angebot deutlich mehr Mitglieder an den Treffen teilnehmen und ihre Perspektiven, Fragen und Erfahrungen einbringen.

Zwischen den Netzwerktreffen werden relevante Informationen zu GWP-Aktivitäten wie Veranstaltungen, Konferenzen, Fort- und Weiterbildungen, aktuelle Publikationen und Ressourcen in Form eines Informationsdienstes über den E-Mail-Verteiler versendet.

Erste Überlegungen für zukünftige Aktivitäten im Rahmen der Netzwerkarbeit umfassen beispielsweise den Aufbau eines Wissensmanagements für das Netzwerk. Damit ist in erster Linie eine Plattform mit relevanten Informationen über die Mitgliedschaft, Netzwerkaktivitäten, Standards und Ressourcen der GWP-Vermittlung gemeint. Ebenfalls vorstellbar ist auch die Erstellung einer Datenbank mit Kontaktdaten und Angeboten von GWP-Trainer:innen.

Rolle des Netzwerks für die Etablierung einer Kultur der GWP

Das Hervorheben des Themas mittels eines präventiven Ansatzes ist im deutschsprachigen Raum bei Weitem nicht so verbreitet, wie es der angloamerikanischen Tradition entspricht. Während im DACH-Gebiet dem Detektionsgedanken – trotz berechtigter juristischer, technischer und didaktischer Unsicherheiten und Schwierigkeiten (Weber-Wulff, 2016, 627–631) – viel Platz eingeräumt wird, versucht man anderorts, durch stetige Beschäftigung von Beginn der akademischen Laufbahn an auf das Thema Prävention hinzuweisen. Teilweise wird dabei auch beides verbunden und versucht, z. B. den Einsatz von Plagiatsdetektionssoftware in ein Präventionskonzept zu integrieren (Kohl, 2010). Mittlerweile wird es auch in Europa – v. a. im deutschsprachigen Raum – immer üblicher, sich verstärkt mit dem präventiven Ansatz der frühzeitigen Kompetenzvermittlung im Bereich GWP zu beschäftigen (Taugeniené u. a., 2019; Schuh, 2018, 14–18; Rotzal, Schuh, 2016, 65–71; Schäfer, Münzinger, 2016). Als relevant wird hier das frühe Eintreten in den Dialog erachtet, damit in weiterer Folge eine stetige Förderung des Bewusstseins und damit einhergehend die Vermeidung von wissenschaftlichem Fehlverhalten erfolgen kann. Auch die DFG verweist in ihrem neuen Kodex in Leitlinie 2 darauf, dass „[d]ie Vermittlung der Grundlagen guten wissenschaftlichen Arbeitens [...] zu einem frühestmöglichen Zeitpunkt in der akademischen Lehre und wissenschaftlichen Ausbildung" stattfinden soll (DFG, 2019, 9–10; vgl. auch Sponholz, 2019, 5). GWP ist damit nicht erst ab der Promotions- oder Postdoc-Phase ein relevantes Thema, sondern soll und kann in (fachspezifisch) angepasstem Maße auch schon im Studium eine Rolle spielen und entsprechend vermittelt werden.

Sichtbarkeit und Vernetzung

Die gewünschte (Weiter-)Entwicklung der Vermittlungstätigkeit im Bereich der GWP und die Förderung der Akteure durch die Universitäten zeugt von einer grundsätzlichen Wertehaltung des Bildungsbereichs und einem Bekenntnis zur Notwendigkeit der Bewusstseinsbildung. Die Universitäten haben die große Bedeutung der Professionalisierung in diesem Trainingsbereich erkannt und schätzen gut vernetzte und etablierte Trainer:innen. Nicht zuletzt sind diese auch ein Aushängeschild der jeweiligen Universität.

Durch den Zusammenschluss Einzelner zu einer Gruppe mit einem gemeinsamen Ziel sowie die Etablierung einer institutionellen Struktur wird die Sichtbarkeit des Netzwerks und damit des Anliegens sichergestellt. Zudem zeugt es von einem konsensualen, breit gestreuten Willen einer Gruppe, auf die Wichtigkeit des Themas aufmerksam zu machen, inakzeptable Praktiken aufzuzeigen und die Entwicklung von Standards voranzutreiben. Die Möglichkeiten zur Nutzung des Potenzials, das das Netzwerk samt der damit einhergehenden Professionalisierung bietet, trägt dazu bei, die Akzeptanz des Angebots auf vielen unterschiedlichen Ebenen zu erhöhen.

Ort des Austauschs – Unterschiede erkennen und verstehen

Die Notwendigkeit der Gründung eines Netzwerks besteht spätestens dann, wenn man sich auf die vergebliche Suche nach einer geeigneten Form begibt, um sich mit Gleichgesinnten über bestimmte Themen auszutauschen und sie gegebenenfalls weiterzuentwickeln. In diesem Fall war das Zusammenfinden einer Gruppe, die sich mit der Vermittlung von guter wissenschaftlicher Praxis befasst, fast immanent. Die Kernbereiche, auf die sich der Austausch derzeit konzentriert, wurden in den vorhergehenden Kapiteln schon umfassend dargestellt. Sie münden in der Reflexion des eigenen Handelns bei der Vermittlung von GWP und somit in der Erhöhung der eigenen Kompetenz sowie der Beteiligung am Fachdiskurs.

Jedes Netzwerk lebt auch vom informellen Austausch. Mittlerweile ist eine große Zahl an Kooperationen aus dem Netzwerk heraus entstanden, die wiederum als Multiplikatoren im Bereich der guten wissenschaftlichen Praxis angesehen werden können. Zur Etablierung einer Kultur der wissenschaftlichen Integrität ist es hierbei förderlich, wenn die Mitglieder sich nicht nur extern vernetzen, sondern sich innerhalb ihrer eigenen Institution als GWP-Multiplikatoren wahrnehmen und mit weiteren internen Akteuren nachhaltig in den Dialog treten (vgl. Dumpitak, 2019, 7–8).

Wiewohl das Thema natürlich verbindenden Charakter aufweist und die Bemühungen um die Vermittlung und Weiterentwicklung eint, zeigen sich unterschiedliche Ausformungen in struktureller, kultureller und institutioneller Art.

Was an einer Universität als Standard bezeichnet wird, kann an einer anderen eben erst im Aufbau begriffen sein. Manche Strukturen finden sich auch nicht an jeder Bildungseinrichtung wieder und kulturelle Unterschiede in den Fachdisziplinen oder zwischen Wissenschaft und Kunst sind das täglich Brot eines/r im GWP-Bereich Agierenden. Auch dies macht ein Netzwerk aus, indem es Unterschiede erkennt, zulässt, versucht sie zu verstehen und als Ressource wahrzunehmen. So bietet es mitunter Platz, um durch Unterschiedlichkeiten neue Erkenntnisse zu gewinnen, die wiederum Input für den eigenen Vermittlungsprozess sein können.

Professionalisierung der Mitglieder

Das Netzwerk profitiert von den unterschiedlichen Hintergründen der Akteure, wie in Kapitel Mitgliederstruktur dargestellt (s. Abb. Mitgliederstruktur des GWP Netzwerkes für Trainer:innen). Durch Teilnahme an gemeinsamen Aktivitäten, idealerweise gepaart mit eigenen Beiträgen und darauffolgendem Feedback, stellt sich eine stetige Professionalisierung auf ähnlichem Niveau ein.

Trainer:innen im GWP-Bereich ist bewusst, dass die Wege der Vermittlung, aber auch die Angebote je nach Zielgruppe und Fachdisziplin verschieden sein müssen. Während für einige Kolleg:innen Trainings in einem bestimmten Bereich oder für eine spezifische Gruppe selbstverständlich sind, bedeuten sie für andere eine Hürde, die es noch zu überwinden gilt. Durch Austausch, Tipps, Schaffung von Problembewusstsein und Zurverfügungstellung von Materialien erfolgt die Kompetenzentwicklung auf kollegialer Basis. So agieren Beteiligte in diesem Netzwerk auch wechselweise als Trainer:innen für die übrigen Mitglieder, die ihr Wissen und ihre Erfahrung in Teilbereichen noch ausbauen möchten.

Darüber hinaus kann ein länderübergreifendes Netzwerk auch dazu dienen, einen Pool an Trainer:innen im deutschsprachigen Raum aufzubauen, denen gewisse Qualitätsanforderungen und Standards bei ihrer Vermittlungstätigkeit wichtig sind und die über einen Zugang zu strukturellem, sich weiterentwickelndem Wissen zu guter wissenschaftlicher Praxis verfügen (s. Kapitel Entstehung und Zielsetzungen des Netzwerks).

Studierende/Wissenschaftler:innen/Künstler:innen als Zielgruppe

Ein wesentliches Anliegen der Mitglieder dieses Netzwerks ist der Erfahrungsaustausch über die Vermittlung und die Konzeption von Angeboten zu GWP für bestimmte Zielgruppen. Während die für Forschende und Lehrende zugeschnittenen (Weiterbildungs-)Angebote vielfach von Graduierteneinrichtungen entwickelt und getragen werden, sind entsprechende Angebote für Studierende häufig in die Fachlehre eingebunden. Oftmals sind sie im Kontext wissenschaftlichen Arbeitens zu finden und nicht explizit auf GWP bezogen. Außerhalb der Curricula sind sie meist weniger zentralisiert verortet. Hier scheint es, als wären an vielen Universitäten eher Bibliotheken und andere Verwaltungs- und Unterstützungseinrichtungen, wie z. B. Schreibwerkstätten, die Anlaufstellen.

Während in den wissenschaftlichen Disziplinen die Kultur der GWP *Common Sense* ist, bei der man sich im besten Fall „nur" über die differierende Ausgestaltung in den unterschiedlichen Fachdisziplinen Gedanken machen muss, gestaltet sich die Thematik in den Künsten oftmals diffiziler. Selbstverständlich gilt es auch hier gute wissenschaftlichen Praxis und akademische Integrität zu beachten. Allerdings muss im postsekundären Bildungsbereich Fehlverhaltensformen und Plagiaten in den Künsten zukünftig sicher mehr Aufmerksamkeit geschenkt werden (Strassl & Baravalle, 2019).

Vergleichbarkeit von Vermittlungsangeboten und Standardisierung – Die Arbeitsgruppe „Standards der GWP-Vermittlung"

In der Anfangsphase der Netzwerktreffen wurde ein nicht unwesentlicher Teil der Zeit, die dem Netzwerk zur Verfügung stand, damit verbracht, den Teilnehmer:innen eigene Vermittlungsangebote vorzustellen und gemeinsam zu reflektieren. Die wünschenswerte Verschiebung des Fokus von der Detektion von Fehlverhalten zu dessen Prävention, insbesondere z. B. auch im Zuge der Aufnahme entsprechender Nachweise von GWP-Fortbildungen in Prüfungs- und Promotionsordnungen oder ihrer curricularen Verankerung im Studium, geht einher mit der Frage nach der Vergleichbarkeit solcher Angebote. Zur guten wissenschaftlichen Praxis gehören verschiedene Kenntnisse, Kompetenzen und Einstellungen, die mitunter nicht leicht abprüfbar sind. Zu vermitteln und zu reflektieren sind nicht nur Wissen über Regeln und Standards wissenschaftlichen Arbeitens, der Aufbau des Wissenschaftssystems und wissenschaftliche Produktionsbedingungen. Die Einschätzung von Fehlverhalten und Verhalten in den Graubereichen der GWP muss eingeübt und eine Bewusstseinsbildung oder gar -veränderung sollte erreicht werden. Gerade Letzteres lässt sich nur schwer überprüfen.

Zum Zweck der Professionalisierung der eigenen Trainer:innen-Tätigkeit und mit Blick auf die langfristige Qualitätssicherung von Vermittlungsangeboten hat sich innerhalb des Netzwerkes eine interdisziplinäre Arbeitsgruppe gebildet. Sie entwickelt auf Grundlagen der Vorgaben verschiedener Förder- und Forschungseinrichtungen, eigener langjähriger Vermittlungstätigkeit und unter Zuhilfenahme von Kompetenzmodellen Standards zur Vermittlung guter wissenschaftlicher Praxis. Diese Standards umfassen thematische Vermittlungsziele aus den oben genannten Bereichen für verschiedene Erfahrungs- und Kompetenzstufen, von BA- und MA-Studierenden über Doktorand:innen, Postdocs, Lehrende und Betreuende bis hin zu Expert:innen auf dem Gebiet der GWP. Ziel ist es dabei, einen einheitlichen Bezugspunkt zur Beurteilung von einzelnen, lokalen Vermittlungsangeboten für unterschiedliche Zielgruppen zu schaffen und eine überinstitutionelle Anerkennung von Teilnahmezertifikaten zu ermöglichen. So können die erarbeiteten Standards einerseits Universitäten und Forschungseinrichtungen Hilfestellungen bei der Bewertung und Anerkennung der diversen GWP-Vermittlungsangebote geben, andererseits Trainer:innen als Orientierung bei der Konzeption von Angeboten dienen.

Resümee

„Gute wissenschaftliche Praxis vermitteln – Netzwerk für Trainerinnen und Trainer“ blickt seit seiner Gründung als informelles Netzwerk im Jahr 2017 auf eine rasante Entwicklung zurück. Mittlerweile ist das Netzwerk, auch durch die Anbindung an UniWiND, auf über 100 teilnehmende Personen angewachsen und hat eine gewisse Bekanntheit in Fachkreisen erlangt.

Die Herausforderung, die in nächster Zeit zu bewältigen sein wird, ist der Umgang mit der Größe des Netzwerks. Die Organisation der Treffen sollte eigentlich durch die Teilnehmenden selbst erfolgen, was bei dieser Gruppengröße schnell über Gebühr belastend sein kann. Es wird zu überlegen sein, ob es – zumindest zeitweilig – andere Formen und/oder Orte der Zusammenkunft bzw. Hybridlösungen braucht, um für eine Gruppe dieser Größe dauerhaft eine gewinnbringende Zusammenarbeit sicherzustellen.

Durch die spezifische Form des Austauschs mit Raum zur Entwicklung gemeinsamer Spezialbereiche, die heterogene Mitgliederstruktur, die umfassende Expertise der Teilnehmenden sowie länderübergreifende Vernetzungsinitiativen gepaart mit der Anbindung an institutionelle Strukturen hat das Netzwerk das Potenzial, als Konstante für die Professionalisierung von Akteuren mit Verantwortung in der GWP-Vermittlung angesehen zu werden und darüber hinaus einen bedeutsamen Beitrag zur Etablierung einer Kultur der guten wissenschaftlichen Praxis im tertiären Bildungssektor zu leisten.

Literatur

Deutsche Forschungsgemeinschaft (DFG) (2019). *Leitlinien zur Sicherung guter wissenschaftlicher Praxis. Kodex.* Verfügbar unter: https://zenodo.org/record/3923602#.YKvqVC8eu3c [22.05.2021].

Dumpitak, C. (2019). Institutionelle Förderung einer Kultur guter wissenschaftlicher Praxis - am Beispiel der Heinrich-Heine-Universität Düsseldorf. In J. Kohler, P. Pohlenz & U. Schmidt (Hrsg.), *Handbuch Qualität in Studium, Lehre und Forschung 69* (1–34). Berlin: DUZ Verlags- und Medienhaus.

Kohl, K. E. (2010). Im Zweifel für die Lernchance? Freiwillige Plagiatskontrolle wissenschaftlicher Arbeiten. In S. Mandel, M. Rutishauser & E. Seiler Schiedt (Hrsg.), *Digitale Medien für Lehre und Forschung* (415–427). Münster: Waxmann Verlag. Verfügbar unter: https://www.waxmann.com/?eID=texte&pdf=2385Volltext.pdf&typ=zusatztext [02.06.2021].

Meinicke, H.-P., Schenk, A., Montero, I., Vurgun, S., Chmura, N., Schölzig, K., Dumpitak, C., von Feilitzsch, T., Vasilov, V. & Bross, M. (in Vorbereitung). *Gute wissenschaftliche Praxis: Bestandsaufnahme und Umsetzungsstrategien.* Freiburg: UniWiND-Publikation.

Österreichische Agentur für wissenschaftliche Integrität (ÖAWI). *Train-the-Trainer. Gute Wissenschaftliche Praxis will vermittelt werden.* Verfügbar unter: https://oeawi.at/training-train-the-trainer/ [26.04.2021].

Rotzal, T. & Schuh, D. (2016). Grundlagenlehre: Bibliotheken als Vermittler wissenschaftlicher Arbeitstechniken, Werte und Normen. *o-bib. Das offene Bibliotheksjournal 3(4)*, 61–74. Verfügbar unter: https://doi.org/10.5282/o-bib/2016H4S61-74 [26.04.2021].

Schäfer, A. & Münzinger, J. (2016). Schon wieder ein Plagiat? – Gute Lehre kann helfen. Ein hochschuldidaktisches Konzept für plagiatspräventive Lehre. *Greifswalder Beiträge zur Hochschullehre*, 7(2), 44–53.

Schuh, D. (2018). Saubere Arbeit sichern. Akademische Integrität als Vermittlungsgegenstand und -ziel. In J. Kohler, P. Pohlenz & U. Schmidt (Hrsg.), *Handbuch Qualität in Studium, Lehre und Forschung 63* (65–86). Berlin: DUZ Verlags- und Medienhaus.

Sponholz, G. (2019). *Curriculum für Lehrveranstaltungen zur guten wissenschaftliche Praxis.* Verfügbar unter: https://ombudsman-fuer-die-wissenschaft.de/2693/curriculum-fuer-lehrveranstaltungen-zur-gwp/ [22.05.2021].

Strassl, K. G. & Baravalle M. (2019). Plagiarism in arts – aspects, similarities and boundaries. (Posterpräsentation). *6th World Conference on Research Integrity.* Verfügbar unter: https://wcrif.org/programme/programme [24.04.2021].

Tauginienė, L., Ojsteršek, M., Foltýnek, T., Marino, F., Cosentino, M., Gaižauskaitė, I., Glendinning, I., Sivasubramaniam, S., Razi, S., Ribeiro, L., Odiņeca, T. & Trevisiol, O. (2018). *General Guidelines for Academic Integrity.* ENAI Report 3A [online]. First publication date October 2018, amended version September 2019. Verfügbar unter: https://www.academicintegrity.eu/wp/guidelines/ [25.04.2021].

Universitätsverband zur Qualifizierung des wissenschaftlichen Nachwuchses in Deutschland e. V. (UniWiND) (2017). *Gemeinsam für den wissenschaftlichen Nachwuchs. Strategiepapier des Universitätsverbandes UniWiND e. V.* Verfügbar unter: https://www.uniwind.org/fileadmin/user_upload/Publikationen/170130_Strategiepapier_UniWiND_final.pdf [22.05.2021].

Weber-Wulff, D. (2016). Plagiarism Detection Software: Promises, Pitfalls, and Practices. In T. Bretag (Hrsg.), *Handbook of Academic Integrity* (627–631). Singapore: Springer. Verfügbar unter: https://doi.org/10.1007/978-981-287-098-8_19. [22.05.2021].

WISAR: Referenzrahmen für wissenschaftliches Arbeiten

Andrea Klein, Johanna Gröpler, Birgit Enzmann, Nicole Hermannsdörfer

Wissenschaftliches Arbeiten – eine Herausforderung

Die Fähigkeit, auf wissenschaftliche Art und Weise neues Wissen zu generieren, unterscheidet ein Studium von einer Ausbildung. Um einen Studienabschluss zu erreichen, müssen Studierende nachweisen, dass sie in der Lage sind, eine wissenschaftliche Arbeit zu verfassen (vgl. KMK, 2017, 13–14). Dies erfordert nicht nur das sichere Beherrschen der Techniken des wissenschaftlichen Arbeitens, sondern auch eine kritisch-reflexive Denkhaltung und schließlich das Einhalten der Regeln akademischer Integrität. Die Förderung dieser Kompetenzen geschieht an deutschen Hochschulen teils in gesonderten Kursen zum wissenschaftlichen Arbeiten, teils innerhalb der Fachlehrveranstaltungen. Letztlich fehlt aber eine Verankerung als „integraler Bestandteil des akademischen Curriculums" (Moritz, 2020, 91). Ebenso gibt es trotz eines umfangreichen Lehrbuchangebots zum wissenschaftlichen Arbeiten keine umfassende eigene Didaktik. Lediglich Teilbereiche, wie das wissenschaftliche Schreiben, sind hier schon weit vorangeschritten (vgl. gefsus, 2018). Zudem existieren zwar verschiedene Referenzrahmen zu einzelnen Kompetenzzielen des wissenschaftlichen Arbeitens, diese setzen jedoch oft auf einem zu hohen Niveau an, nämlich dem der Bachelorarbeit, und bilden nicht den sukzessiven Kompetenzzuwachs im Bereich des wissenschaftlichen Arbeitens ab (vgl. Abschnitt „Anforderungen an einen Referenzrahmen").

Entsprechend bestehen wenig Transparenz und somit wenig Orientierung für alle Beteiligten. Weder Studierende noch Lehrende können mit Gewissheit sagen, wer wann über welche (Teil-)Kompetenzen verfügen soll oder muss. Wissenschaftliches Arbeiten wird aktuell im deutschen Hochschulsystem ohne eine übergreifende „Klammer" gelernt und gelehrt. Der Beitrag zeigt auf, warum eine solche Klammer geschaffen werden sollte, und stellt erste Ideen zu einem Referenzrahmen für wissenschaftliches Arbeiten vor, der als Kommunikationsanlass an den Hochschulen dienen kann.

Zunächst wird hierzu der Nutzen eines solchen Referenzrahmens sowohl für Lernende und Lehrende als auch für das Hochschulsystem skizziert. Im Anschluss werden bereits bestehende Referenzrahmen, die Berührungspunkte mit dem wissenschaftlichen Arbeiten aufweisen, hinsichtlich ihrer Anwendbarkeit im Sinne einer umfassenden Orientierung geprüft und daraus Dimensionen und Lernschritte für den neuen Referenzrahmen abgeleitet.

Ziele und Nutzen eines Referenzrahmens

Der geplante Referenzrahmen zum wissenschaftlichen Arbeiten (WISAR) soll systematisch die Kompetenzen beschreiben, über die Lernende auf einem bestimmten Niveau im Bereich des wissenschaftlichen Arbeitens verfügen sollten. Er stellt dadurch Transparenz der Erwartungen her, bietet Planungshilfe, Vergleichbarkeit und Orientierung. Dies lässt sich für die drei Zielgruppen Lernende, Lehrende und das Hochschulsystem als Ganzes konkretisieren.

Nutzen für Lernende

Aus Sicht der Lernenden (egal, in welchem Abschnitt ihrer wissenschaftlichen Laufbahn sie sich befinden) soll der Referenzrahmen Orientierung bieten. Sie können daraus zunächst ablesen, auf welchem Wissensstand sie sich aktuell befinden. Im Zusammenspiel mit den im eigenen Studiengang geltenden spezifischen Vorgaben lässt sich zudem ermitteln, welche Kompetenzen sie sich aneignen sollten, um studierfähig zu sein oder eine (Abschluss-)Prüfung zu bestehen, bzw. wie sie sich auch nach dem Abschluss weiterentwickeln können. Dies ist besonders für die folgenden Untergruppen von Studierenden von hohem Interesse: für Studierende in nicht-konsekutiven Studiengängen, für ausländische Studierende, für Studierende aus nicht-akademischen Herkunftsfamilien sowie für Studierende an HAWs und Dualen Hochschulen. Diese Studierenden nehmen vermutlich mit großen Unsicherheiten ihr Studium auf, da ihnen oft Informationen über die ihnen noch fremde Wissenschaftskultur und das Wissenschafts- und Forschungsverständnis fehlen. Perspektivisch können die Lernenden im Sinne einer individuellen Steuerung ihres Lernens passgenaue Angebote auswählen. Denn sobald Lernende einfach herausfinden können, wo sie in Bezug auf ihre Kompetenzen stehen und welche Lernschritte für das Erreichen der gewünschten Stufe erforderlich sind, sind sie in der Lage, die entsprechenden Materialien auszuwählen (oder sich empfehlen zu lassen). Hiervon könnten insbesondere Studienwechsler:innen mit wissenschaftlicher Vorerfahrung profitieren oder auch Berufserfahrene, die in das Studium quereinsteigen und Lücken schließen möchten.

Nutzen für Lehrende

Auch Lehrenden soll der Referenzrahmen Orientierung bieten. Er soll ihnen erlauben, die Abfolge von Kompetenzen nachzuvollziehen und innerhalb des Kollegiums zu diskutieren, welche Erwartungen auf welchem Studienniveau innerhalb ihres Bereiches angemessen sind. Durch die Aufteilung des Referenzrahmens in mehrere Dimensionen und in mehrere Kompetenzen pro Dimension kann dies in hohem Detaillierungsgrad geschehen. Mit Dimension meinen wir die Handlungsausdehnungen wissenschaftlichen Arbeitens: Planen, Recherchieren, Reflektieren, Verfassen von Texten, mündliches Präsentieren usw. Für das Handeln in jeder Dimension sind bestimmte Kompetenzen erforderlich. Dabei ergibt sich aus der Art des zu erstellenden wissenschaftlichen Produkts (Referat, Experiment, wissenschaftliches Poster, Hausarbeit, Abschlussarbeit usw.), welche Dimensionen begangen und welche Kompetenzen beherrscht werden müssen. Zudem ergibt sich meist aus dem Kontext, in dem ein wissenschaftliches Produkt zu erstellen ist, auf welchem Niveau die Kompetenzen zu erreichen sind, z. B. nur als Basiskompetenzen in der Studieneingangsphase oder als professionelle Kompetenz in Forschung und Lehre.

Mithilfe eines derart gestalteten Referenzrahmens für wissenschaftliches Arbeiten können entsprechende Veranstaltungsinhalte und Prüfungsleistungen im Sinne des *Constructive Alignment* (vgl. Biggs & Tang, 2011) ausgerichtet werden. Auch beim Erstellen bzw. Anpassen der eigenen Bewertungskriterien für semesterbegleitende und -abschließende Leistungskontrollen ist eine Zeitersparnis zu erwarten.

Nutzen für das Hochschulsystem

Wissenschaftliches Arbeiten ist, wie oben ausgeführt, bislang kein integraler Bestandteil des akademischen Curriculums im Sinne von Studienordnungen und Modulhandbüchern. Ein Referenzrahmen kann als Grundlage für dessen Anpassung und perspektivisch auch als Maßstab der Qualitätsentwicklung und Akkreditierung dienen. Zudem kann der flächendeckende Einsatz eines Referenzrahmens ein Schritt zu mehr Prüfungsgerechtigkeit sein. Prüfungsanforderungen werden transparent und vergleichbarer, ohne identisch sein zu müssen. Dies fördert die Chancengleichheit und Partizipation an Wissenschaft und Forschung.

Anforderungen an einen Referenzrahmen

Um den geschilderten Nutzen zu bieten, muss der Referenzrahmen für wissenschaftliches Arbeiten hinreichend komplex, aber dennoch flexibel einsetzbar und allgemein verständlich sein. Bei seiner Erarbeitung sind für uns[1] die folgenden Gedanken handlungsleitend:

1) Dem Referenzrahmen liegt ein ganzheitliches Verständnis von wissenschaftlichem Arbeiten zugrunde, das Methodik und Geisteshaltung gleichermaßen umfasst.

Wissenschaftliches Arbeiten beschreibt zum einen ein Repertoire an Strategien und Techniken, die es ermöglichen, einen gesamten Forschungsprozess von der Planung bis zur Kommunikation innerhalb der *scientific community* zu durchlaufen. Ein solcher Forschungsprozess setzt als zweites Moment kritisches Denken voraus, also eine bewusste, selbstregulative und zielorientierte Urteilsbildung, die auf Analyse, Interpretation, Bewertung und der daraus abgeleiteten Schlussfolge-

1 Wir sind eine Arbeitsgruppe aus Wissenschaftlerinnen, die sich im Rahmen eines Treffens des Netzwerkes „Wissenschaftliches Arbeiten“ im November 2020 gebildet hat.

rung besteht (vgl. Facione, 1990). Als drittes Moment tritt ein wissenschaftlicher Habitus hinzu, demgemäß sich Forschende als Teil der *scientific community* verstehen und sich den hier geltenden Regeln im Sinne der akademischen Integrität (Tauginienė et al., 2018, 9) verpflichtet fühlen.

Hinsichtlich der Methoden und Techniken wissenschaftlichen Arbeitens scheint eine gedankliche Trennung von inhaltlichen, sprachlichen und formalen Aspekten nicht sinnvoll, ebenso wie die komplette Abspaltung des Schreibprozesses vom Gesamtprozess des wissenschaftlichen Arbeitens. Dies ginge sowohl an der Realität wissenschaftlichen Arbeitens als auch an den Bedürfnissen der Studierenden vorbei, weil die schriftliche Auseinandersetzung mit einem Thema und die Ergebnispräsentation entweder mit Vorträgen und Fachdiskussionen einhergeht oder auf diesen aufbaut.

Weiterhin nehmen wir an, dass ein Grundstock an Fähigkeiten existiert, der benötigt wird, um fachspezifische Methoden darauf aufzubauen, und der demnach von jeder Person beherrscht werden muss, die wissenschaftlich arbeitet. Als Beispiel seien hier die Literaturrecherche und -verarbeitung genannt.

2) Der Referenzrahmen soll möglichst flexibel sein, um den Unterschieden innerhalb der Hochschul- und Fächerlandschaft Rechnung zu tragen („der Rahmen als Rahmen" ohne fachspezifische Engführung).

Der Rahmen soll Orientierung bieten, aber kein Korsett sein. Es ist davon auszugehen, dass Studienfächer einerseits sowie die Vertreter:innen der Hochschularten (Universitäten, HAWs, Duale Hochschulen) andererseits unterschiedliche Bedürfnisse hinsichtlich des wissenschaftlichen Arbeitens formulieren möchten. Der Referenzrahmen wird deswegen so angelegt, dass er bedarfsspezifisch ausgestaltet und angewendet werden kann.

Der Referenzrahmen soll überfachlich in dem Sinn sein, dass wissenschaftliches Arbeiten nicht als eigenes Fach gedacht wird, sondern als ein Bündel verschiedener Kompetenzen, die im Laufe eines Studiums und darüber hinaus (im Sinne der Professionalisierung des wissenschaftlichen Nachwuchses) aufgebaut werden müssen. Der Kompetenzaufbau kann dabei innerhalb oder außerhalb des Curriculums stattfinden. Sofern er innerhalb des Curriculums stattfindet, sind eine Lehrveranstaltung oder mehrere von den fachlichen Modulen getrennte Lehrveranstaltungen sowie auch eine Integration in die Fachveranstaltungen möglich.

3) Der Referenzrahmen soll möglichst zugänglich sein und zum Lernen animieren.

Die Formulierung des Referenzrahmen soll möglichst allgemeinverständlich sein. Deshalb wird für die Einzelkompetenzen die Ich-Form gewählt, damit Studierende sich besser identifizieren und die Aussagen für sich als Prüffrage formulieren können. Der Referenzrahmen soll so zum Lernen animieren. Lehrenden kommt die Aufgabe zu, von dieser Formulierung zu abstrahieren und für sich den Lehrinhalt zu erschließen.

Die Lernschritte des Referenzrahmens werden aus mehreren Gründen bewusst nicht nach Studienniveaus (Bachelor, Master, Promotion) benannt, sondern lediglich nummeriert. Erstens lässt sich die Fähigkeit zum wissenschaftlichen Arbeiten nicht punktuell, z. B. in einem einzelnen Seminar erwerben. Sie entwickelt sich im Laufe des Studiums durch immer neue Lernanlässe (vgl. Ruhmann & Kruse, 2014, 18). Ein Verzicht auf den Bezug zu Qualifikationsstufen hebt diesen prozesshaften Charakter deutlicher hervor. Zweitens erscheint der Bachelor-Abschluss als erste Niveaustufe zu hoch angesetzt. So setzt beispielsweise bereits das Verfassen eines Referats Kompetenzen im Bereich des wissenschaftlichen Arbeitens voraus. Deshalb sollte auch das in der Studieneingangsphase erreichbare Niveau bei der Erstellung des Referenzrahmen gedanklich präsent sein. Zum dritten lässt der Rahmen in dieser Form Flexibilität für eine kontextabhängige Ausgestaltung zu. Je nach Studiengang und den dort vorherrschenden Prüfungsformen werden zu unterschiedlichen Zeitpunkten im Studium andere Kompetenzen des wissenschaftlichen Arbeitens relevant. Es obliegt deshalb der Studiengangleitung oder den Lehrenden zu kommunizieren, welches Niveau wann erreicht sein sollte. Außerdem endet das Erlernen des wissenschaftlichen Arbeitens nicht mit der Promotion. Auch und gerade in der Postdoc- und Habilitationsphase werden die Kompetenzen weiter aufgebaut. Diese Einbindung früher und später Stufen in ein gemeinsames Rahmenwerk entspricht zugleich dem Gedanken der Gemeinschaft von Lehrenden und Lernenden. Der Rahmen fordert das Individuum zum Weiterlernen auf.

Deshalb schlagen wir für den WISAR Niveaustufen vor, die sich am sukzessiven Kompetenzzuwachs im Studienverlauf und ggf. wissenschaftlicher Weiterqualifizierung orientieren. Am Anfang steht der Erwerb grundlegender Kenntnisse für die Anfertigung erster Referate und Hausarbeiten in einem grundständigen Studium. Darauf bauen Kompetenzen für die fortgeschrittene Anwendung bei der Abschlussarbeit in einem grundständigen Studiengang auf. Der nächste Lernschritt führt zur sicheren Anwendung und wird gefolgt durch den Kompetenzaufbau für die professionelle Anwendung, zum Beispiel bei einer wissenschaftlichen Publikation. Expertise haben Lernende erreicht, wenn sie z. B. neue wissenschaftliche Methoden oder Arbeitsweisen entwickeln.

Geplante Dimensionen

Als Grundgerüst für den Referenzrahmen wollen wir basierend auf unserer Erfahrung aus eigenen Forschungsprozessen, Lehrveranstaltungen, Schreibberatung sowie der Betreuung von Abschlussarbeiten die typischen Schritte eines wissenschaftlichen Arbeitsprozesses verwenden: Planung, Recherche, Rezeption, Methodenwahl sowie Präsentation der Forschungsergebnisse in Form von Texten, Präsentationen und Visualisierungen. So können Lernende die Methoden und Techniken wissenschaftlichen Arbeitens als Teil eines Sinngefüges begreifen. Lehrende können Lernziele, Übungen und Prüfungsleistungen aufeinander abstimmen. Der heutigen Vielfalt von Prüfungsformen entsprechend soll keine Engführung auf die Erstellung von Seminar- und Abschlussarbeiten erfolgen: Schriftliche Kommunikationsfähigkeit und Präsentationskompetenz stehen gleichberechtigt nebeneinander. Zusätzlich sollen – dem geschilderten ganzheitlichen Verständnis wissenschaftlichen Arbeitens entsprechend – das kritisch-reflexive Denken und die akademische Integrität als Querschnittsdimensionen integriert werden.

Die Dimensionen enthalten (wie bereits erläutert) jeweils mehrere Einzelkompetenzen, die möglichst konkret beschrieben werden, um Unklarheiten zu vermeiden. In diese Beschreibungen sollen bereits vorhandene Qualifikationsrahmen und Positionspapiere einfließen, die entweder konkret das wissenschaftliche Arbeiten oder einen Teilbereich, wie zum Beispiel die Informationskompetenz, behandeln. Deshalb wurden acht solcher Vorschläge daraufhin überprüft, inwieweit ihre Ziele und Dimensionen dem eingangs formulierten Anspruch gerecht werden, wissenschaftliches Arbeiten als ganzheitlichen Prozess abzubilden – dessen Aneignung nicht mit der Erlangung des Doktorgrades endet –, und eine Orientierung für Kompetenzniveaus sowohl für Lehrende und Lernende als auch den gesamten Hochschulbereich zu geben.

Sichtung bestehender Referenzrahmen

Erste Maßnahmen, einen Standard für wissenschaftliches Arbeiten zu etablieren, wurden auf europäischer Ebene Anfang der 2000er-Jahre ergriffen. Im Zuge des Bologna-Prozesses wurde 2005 neben dem „Framework for Qualifications of the European Higher Education Area" (QF EHEA; Bologna Working Group, 2005) parallel auch auf nationaler Ebene der „Qualifikationsrahmen deutscher Hochschulabschlüsse" (HQR) entwickelt. Beide sollen im Einklang mit dem Europäischen Qualifikationsrahmen für lebenslanges Lernen (EQR) die Vergleichbarkeit von Hochschulabschlüssen auf europäischer Ebene sicherstellen. Diese Qualifikationsrahmen bieten den Hochschulen Orientierung, welche Kompetenzen von Absolvent:innen auf Bachelor- und Masterniveau sowie von Promovierenden erwartet werden und entsprechend im Curriculum verankert werden müssten (vgl. KMK, 2017). Dazu gehören sowohl Fach- und Methoden- als auch Sozial- und Selbstkompetenzen (vgl. Tabelle 1). Sie bleiben allerdings in ihren Ausführungen recht oberflächlich. So sind im HQR schriftliche und andere Präsentationskompetenzen nicht weiter ausgeführt, sondern ergebnisorientiert auf das Präsentieren der Arbeitsergebnisse konzentriert (vgl. z. B. KMK, 2017, 7). Eine detaillierte Beschreibung der dazugehörigen Einzelkompetenzen ist aber wichtig, um klare Anforderungen an die Lernenden stellen und entsprechende Aufgaben entwickeln zu können. Die Niveaustufen Bachelor-, Master- und Doktorandenebene/äquivalente künstlerische Abschlüsse werden aus dem HQR abgeleitet. Dem heterogenen Kenntnisstand der Studienanfänger:innen wird jedoch ebenso wenig Rechnung getragen wie dem nachhaltigen Wissensgewinn und -erhalt ab der Postdoc-Phase. Unser in der Entwicklung befindliche Referenzrahmen zum wissenschaftlichen Arbeiten soll diese Lücke schließen, zugleich aber die Anforderungen des HQR integrieren, weiter ausdifferenzieren und greifbarere Formulierungen bieten.

Das „Positionspapier Schreibkompetenz im Studium" der Gesellschaft für Schreibdidaktik und Schreibforschung (gefsus, 2018) dagegen legt den Fokus auf die Entwicklung der Schreibkompetenz und definiert drei Dimensionen (vgl. Tabelle 1). Es wird die Notwendigkeit herausgestellt, nicht nur die Heterogenität der Studierenden in der Schreibkompetenzentwicklung zu berücksichtigen, sondern auch die Lehrenden durch eine Verankerung der Schreibförderung im Curriculum und Weiterbildungsangebote zu unterstützen und dabei immer die aktuelle Forschung der Schreibdidaktik einzubeziehen (gefsus, 2018, 6). Verschiedene Niveaustufen sind nicht ausgeformt, da die Autor:innen des Positionspapiers aufgrund der verschiedenen Ausgangslagen in den Hochschulen keine verbindlichen Standards vorgeben, sondern Orientierung bieten wollen, über welche Schreibkompetenzen Hochschulabsolvent:innen verfügen sollten (gefsus, 2018, 11). Mit Schreibkompetenz ist dabei nicht nur gemeint, orthografisch und stilistisch einwandfrei zu formulieren, sondern die „Fähigkeit, Texte zum Lernen und als Anknüpfungspunkte für eigene Textproduktionen zu nutzen und sich schriftsprachlich angemessen auszudrücken" (gefsus, 2018, 9). Dieser Ansatz kommt dem in diesem Beitrag vertretenen ganzheitlichen Verständnis des wissenschaftlichen Arbeitens nahe, das sich allerdings nicht nur auf das Schreiben und den Schreibprozess, sondern auch auf andere Präsentationsarten und das akademische Selbstverständnis beziehen wird, da sie ebenfalls wichtige Bestandteile der guten wissenschaftlichen Praxis sind. Deshalb ist das gefsus-Positionspapier eine wichtige Orientierung für die geplante Dimension „Schriftliche Kommunikationskompetenz".

Die „Leitlinien zur guten wissenschaftlichen Praxis" (DFG, 2019), die ab Juli 2022 von den Hochschulen mit DFG-geförderten Projekten umgesetzt werden müssen (DFG, 2020), zielen dagegen auf Forschungsintegrität ab. Der WISAR bezieht diese Leitlinien insofern mit ein, als dass die abgebildeten Kompetenzen Studierende, Lehrende und Forschende ermächtigen sollen, diese Leitlinien zu erfüllen. Die UniWiND-Publikation „Kompetenzentwicklung von Nachwuchswissenschaftlerinnen und Nachwuchswissenschaftlern" (Vurgun et al., 2019), die sich vorrangig an Graduierteneinrichtungen bzw. Akteure in der Förderung von Nachwuchswissenschaftler:innen richtet, beschreibt die Kompetenz-Toolbox zum Einsatz in der Beratung von Promovierenden und Postdocs. Die aufgeführten Kompetenzen sind wesentlich umfangreicher und gehen über die Anforderungen an das wissenschaftliche Arbeiten hinaus, da das Ziel auch die Kompetenzentwicklung für außerwissenschaftliche Karrieren ist (vgl. Vurgun et al., 2019, 4–5). Für den WISAR interessant sind insbesondere der Kompetenzbereich „Schriftliche Kommunikationskompetenzen" (Vurgun et al., 2019, 109–119) sowie die Beispiele für „Critical Incidents" in verschiedenen Promotionsphasen, die als Fragen formuliert dem Promovierenden dabei helfen können, eigene Probleme während des Schreib- und Arbeitsprozesses aufzudecken und eine adäquate Lösung zu entwickeln (z. B. Vurgun et al., 2019, 115–117). Solche Beispiele für „Critical Incidents" sollen im WISAR ebenfalls sowohl als Selbstcheck für die Lernenden als auch als Problemfindungshilfe für die Lehrenden enthalten sein. Letztere können sich dadurch ggf. besser in ihr Gegenüber hineinversetzen und entsprechende Maßnahmen ergreifen.

Die gerade vorgestellten drei Dokumente – das „Positionspapier Schreibkompetenz im Studium", die „Leitlinien zur guten wissenschaftlichen Praxis" und die UniWiND-Publikation „Kompetenzentwicklung von Nachwuchswissenschaftlerinnen und Nachwuchswissenschaftlern" – sind fachübergreifend gedacht. Die darin formulierten Kompetenzziele wissenschaftlichen Arbeitens sollen auf alle Studienfächer übertragbar sein und die Grundlage für den Erwerb fachspezifischer Methoden bilden. Dies ist ebenfalls der Ansatz für den WISAR, zumal die grundlegenden Fähigkeiten des wissenschaftlichen Arbeitens auch für eine potenzielle spätere wissenschaftliche Karriere vonnöten sind.

Einzigartig in Deutschland ist der „Qualifikationsrahmen Soziale Arbeit" (QR SozArb), der für eine ganze Fachgemeinschaft als Referenzgrundlage dient (Schäfer & Bartosch, 2016). Wie auch beim HQR gibt es drei Niveaustufen: Bachelor, Master und Doktorat. Anders als der HQR ist der QR SozArb viel kleinteiliger. Er umfasst sieben Dimensionen, in denen sowohl überfachliche als auch die fachspezifischen Kompetenzen im Bereich Soziale Arbeit beschrieben werden. Hilfreich für den WISAR ist vor allem die Dimension „D Recherche und Forschung in der Sozialen Arbeit" (vgl. Tabelle 1), da sie, abstrahiert man vom fachlichen Bezug auf Soziale Arbeit, alle Schritte des wissenschaftlichen Arbeitsprozesses abbildet und im Vergleich zum HQR einzelne Kompetenzen präziser formuliert.

Die Dimensionen der bisher beschriebenen Qualifikationspapiere bilden im Groben den Prozess des wissenschaftlichen Arbeitens bzw. nötige Einzelkompetenzen ab. Niveaustufen sind entweder gar nicht vorgesehen oder richten sich nach den Abschlüssen im europäischen Hochschulsystem: Bachelor, Master, Doktorat. Angesichts der ausgesprochen heterogenen Zugangsvoraussetzungen der Studierenden ist es nur folgerichtig, eine erste Niveaustufe bereits innerhalb der Studieneingangsphase zu definieren. Ein entsprechendes Erwartungsniveau enthält die für bayerische Schulen entwickelte Broschüre „Wissenschaftspropädeutisches Arbeiten im W-Seminar. Grundlagen – Chancen – Herausforderungen" (ISB, 2011). Interessant für den WISAR ist diese Publikation auch aufgrund ihrer verständlichen Sprache, die niedrigschwellig und damit auch für Lernende zugänglich ist.

Eine hohe Schnittmenge mit dem wissenschaftlichen Arbeiten hat Informationskompetenz, also die Fähigkeit, kritisch und ethisch mit Informationen umzugehen (GKI, 2021, 4). Deshalb sollen in den WISAR auch der Referenzrahmen Informationskompetenz (Klingenberg, 2016) inhaltlich teilweise integriert und der 2016 veröffentlichte „Framework for Information Literacy" der Association of College and Research Libraries (ACRL) als Orientierung herangezogen werden. Hier schließt auch „The Digital Competence Framework for Citzens" (DigComp 2.1; Carretero, Vuorikari & Punie, 2017) an, der sich zwar an alle Bürger:innen richtet, aber den verantwortungsvollen Umgang mit der Informationsmasse und digitalen Hilfsmitteln berücksichtigt – wichtige Punkte für den WISAR, wenn es um Informationsbewertung, die Einbeziehung neuer Medien und Software in den Forschungsprozess und damit verbunden akademische Integrität geht.

Die folgende Tabelle bietet eine Übersicht über die Qualifikations- und Referenzrahmen sowie Positionspapiere, die zur Orientierung und inhaltlichen Referenzierung herangezogen werden. Hier zeigt sich deutlich, wie unterschiedlich differenziert die Kompetenzbereiche und Niveaustufen ausgestaltet sind.

Keines dieser Dokumente allein bildet den Prozess des wissenschaftlichen Arbeitens ganzheitlich ab. Zudem sind sie ausgehend von einem Ziel bzw. einer zu beherrschenden Kompetenz konstruiert. Dem WISAR dagegen dient das Prozessgefüge zusammenhängender Kompetenzen als Startpunkt.

Tabelle 1: Referenzrahmen und Qualifikationspapiere, die als Orientierungspunkte für WISAR dienen (sortiert nach Ersterscheinungsdatum).

Dokument	**Untergliederung**	**Niveaustufen**
HQR (KMK, 2017, Erstveröffentlichung 2005)	Wissen und Verstehen (Fachkompetenz)	Bachelor, Master, Doktorat
	Einsatz, Anwendung und Erzeugung von Wissen (Methodenkompetenz)	
	Kommunikation und Kooperation (Sozialkompetenz)	
	Wissenschaftliches Selbstverständnis/Professionalität (Selbstkompetenz)	

QR SozArb (Schäfer & Bartosch, 2016, Erstveröffentlichung 2006)	A – Wissen und Verstehen/Verständnis	Bachelor, Master, Doktorat
	B – Beschreibung, Analyse und Bewertung	
	C – Planung und Konzeption Sozialer Arbeit	
	D – Recherche und Forschung in der Sozialen Arbeit	
	E – Organisation, Durchführung und Evaluation in der Sozialen Arbeit	
	F – Professionelle allgemeine Fähigkeiten und Haltungen in der Sozialen Arbeit	
	G – Persönlichkeit und Haltungen	
W-Seminar (ISB, 2011)	Lernen über Wissenschaft	gerichtet an Schüler:innen der gymnasialen Oberstufe
	Lernen in Wissenschaft	
	Lernen an Wissenschaft	
DigComp 2.1 (Carretero et al., 2017, Erstveröffentlichung 2013)	Information and Data Literacy	1&2: Foundation 3&4: Intermediate 5&6: Advanced 7&8: Highly Specialised
	Communication and Collaboration	
	Digital Content Creation	
	Safety	
	Problem Solving	
Referenzrahmen Informationskompetenz (Klingenberg, 2016)	Suchen (Arbeitsschritte)	A1– C2, angelehnt an den Gemeinsamen Europäischen Referenzrahmen für Sprachen
	Prüfen (Kriterien)	
	Wissen (Arbeitsschritte)	
	Darstellen (Kriterien)	
	Weitergeben (Arbeitsschritte)	

Framework Informationskompetenz in der Hochschulbildung (GKI, 2021)	Autorität ist konstruiert und kontextbezogen	keine
	Informationen schaffen als schöpferischer Prozess	
	Informationen haben Wert	
	Forschung als Hinterfragen	
	Wissenschaft als Diskurs	
	Suche als strategische Erkundung	
Positionspapier Schreibkompetenz im Studium (gefsus, 2018)	Schreiben als Medium kritischen Denkens nutzen	keine
	Den eigenen Schreibprozess produktiv steuern	
	Den Textkonventionen der jeweiligen Fachgemeinschaft entsprechend kommunizieren	
UniWiND Kompetenz-Toolbox (Vurgun et al., 2019)	Fachkompetenzen	Stufe 1: Anfänger:in Stufe 2: Anwender:in Stufe 3: Expert:in
	Führungskompetenzen	
	Kreativität	
	Lehr- und Didaktikkompetenzen	
	Mündliche Kommunikationskompetenzen	
	Projektmanagement	
	Schriftliche Kommunikationskompetenzen	
	Selbstmanagement	
	Systematisches Arbeiten	
	Teamfähigkeit	

Die Kompetenzdimensionen des WISAR unterteilen sich in die fünf Prozessdimensionen Planen, Rezipieren, Methoden, schriftliche Kommunikationskompetenz, Visualisieren & Präsentieren sowie die zwei Querschnittsdimensionen kritisches Denken und akademische Integrität.

Prozessdimensionen des WISAR

Planen: Die Vorbereitung einer wissenschaftlichen Arbeit umfasst neben der inhaltlichen und methodischen Planung auch die Zeitplanung. All dies ist in der Dimension „Planen" zusammengefasst.

Rezipieren: Diese Kompetenzdimension beinhaltet sowohl die wissenschaftliche Recherche – beginnend mit dem Erkennen des Informationsbedarfs bis zur Informationsbeschaffung – als auch die Quellenbewertung, Wissensaneignung und das Anknüpfen an den aktuellen Forschungsstand. Als Grundlage der Kompetenzbeschreibungen und Niveaustufen orientiert sich der WISAR am RR Informationskompetenz und QR SozArb, da beide diese Kompetenzen relativ konkret formuliert haben. In Bezug auf digitale Quellen dient der DigComp 2.1 als weitere Referenz.

Methoden: Methoden- und Fachkompetenz ist bei den konsultierten Dokumenten zumeist rein fachbezogen ausgeführt (z. B. im QR SozArb) oder wenig ausdifferenziert dargestellt (z. B. HQR). Diese Dimension soll nicht nur die grundlegenden Methodenkompetenzen beschreiben, sondern auch die Fähigkeit, im jeweils nächsten Schritt die fachspezifischen Arbeitstechniken zu verstehen und anzuwenden.

Schriftliche Kommunikationskompetenz: Schreiben wird als Prozess gesehen und den Lernenden Wissen über Schreibphasen und -strategien vermittelt. Sie lernen, den Schreibprozess zu planen und zu strukturieren und ihre Arbeitsergebnisse leserorientiert in schriftlicher Form zu präsentieren sowie sich darüber auszutauschen.

Visualisieren & Präsentieren: Wissenschaftliche Ergebnisse werden nicht nur durch das geschriebene Wort vermittelt. Auch die Visualisierung von Sachverhalten und die Weitergabe durch das gesprochene Wort sind wesentliche Bestandteile des wissenschaftlichen Arbeitens.

Querschnittsdimensionen

Kritisches Denken: Lernende entwickeln die Fähigkeit, Texte zu analysieren, fremde Aussagen kritisch zu prüfen und auf Basis dessen Schlussfolgerungen zu ziehen. Sie lernen Problemlösungen zu entwickeln und trainieren ihre Diskussionsfähigkeit.

Akademische Integrität/wissenschaftliches Selbstverständnis: Den Lernenden wird gute wissenschaftliche Praxis und wissenschaftliches Selbstverständnis schon von Beginn an zum Beispiel durch korrekte Zitiertechniken, aber auch den wissenschaftlichen Austausch nahegebracht. Sie lernen, dass akademische Integrität auch auf dem Zusammenspiel aller Kompetenzdimensionen beruht.

Weiteres Vorgehen

Im nächsten Schritt werden die Einzelkompetenzen für die verschiedenen Niveaustufen des WISAR ausgearbeitet, sodass eine tabellarische Übersicht entsteht. Diese soll in Gesprächen mit Lehrenden mit einem möglichst breiten fachlichen Hintergrund zur Diskussion gestellt werden. Eine praktische Erprobung erfolgte im Sommersemester 2021 in verschiedenen Hochschulen. Deren Ergebnisse werden in die Weiterentwicklung des WISAR einbezogen. Zudem wurden die Niveaustufen mithilfe einer Onlineumfrage unter Lernenden evaluiert.

Literatur

Association of College and Research Libraries (ACRL) (2016). *Framework for Information Literacy for Higher Education.* Verfügbar unter: http://www.ala.org/acrl/sites/ala.org.acrl/files/content/issues/infolit/framework.pdf [08.06.2021].

Biggs, J. B. & Tang, C. S. (2011). *Teaching for quality learning at university: What the student does.* 4th ed. Maidenhead: McGraw-Hill/Society for Research into Higher Education/Open University Press.

Bologna Working Group (2005). *A Framework for Qualifications of the European Higher Education Area: Bologna Working Group Report on Qualifications Frameworks.* Danish Ministry of Science, Technology and Innovation. Verfügbar unter: http://ecahe.eu/w/images/7/76/A_Framework_for_Qualifications_for_the_European_Higher_Education_Area.pdf [08.06.2021].

Carretero, S., Vuorikari, R. & Punie, Y. (2017). *DigComp 2.1: The Digital Competence Framework for Citizens with eight proficiency levels and examples of use.* Luxembourg: Publications Office of the European Union.

Deutsche Forschungsgemeinschaft (DFG) (2019). *Guidelines for Safeguarding Good Research Practice. Code of Conduct.* Verfügbar unter: http://doi.org/10.5281/zenodo.3923602 [08.06.2021].

Deutsche Forschungsgemeinschaft (DFG) (2020). *Umsetzung des Kodex durch Hochschulen und außerhochschulische Forschungseinrichtungen.* Verfügbar unter: https://wissenschaftliche-integritaet.de/umsetzung-des-kodex-durch-hochschulen-und-ausserhochschulische-forschungseinrichtungen/ [08.06.2021].

Facione, P. A. (1990). Critical Thinking: *A Statement of Expert Consensus for Purposes of Educational Assessment and Instruction. Research Findings and Recommendations.* Millbrae, California. Verfügbar unter: https://eric.ed.gov/?id=ED315423 [08.06.2021].

Gemeinsame Kommission Informationskompetenz von dbv und VDB GKI, Schoenbeck, O., Schröter, M. & Werr, N. (2021). Framework Informationskompetenz in der Hochschulbildung. *O-Bib. Das Offene Bibliotheksjournal*, 8(2), 1–29. Verfügbar unter: https://doi.org/10.5282/o-bib/5674 [08.06.2021].

Gesellschaft für Schreibdidaktik und Schreibforschung (gefsus) (2018). *Positionspapier Schreibkompetenz im Studium.* Verabschiedet am 29. September 2018 in Nürnberg. Verfügbar unter: http://www.schreibdidaktik.de/images/Downloads/gefsus_2018_positionspapier.pdf [08.06.2021].

ISB – Staatsinstitut für Schulqualität und Bildungsforschung (2011). *Wissenschaftspropädeutisches Arbeiten im W-Seminar: Grundlagen – Chancen – Herausforderungen.* Verfügbar unter: https://www.isb.bayern.de/download/10020/handreichung_wp.pdf [08.06.2021].

Klingenberg, A. (2016). Referenzrahmen Informationskompetenz für alle Bildungsebenen. In W. Sühl-Strohmenger (Hrsg.), *Handbuch Informationskompetenz* (30–41). Berlin, Boston: De Gruyter.

Kultusministerkonferenz (KMK) (2017). *Qualifikationsrahmen für deutsche Hochschulabschlüsse.* Verfügbar unter: https://www.hrk.de/fileadmin/redaktion/hrk/02-Dokumente/02-03-Studium/02-03-02-Qualifikationsrahmen/2017_Qualifikationsrahmen_HQR.pdf [08.06.2021].

Moritz, R. (2020). Der frühe Vogel – wissenschaftliches Schreiben im akademischen Curriculum. *JoSch – Journal für Schreibwissenschaft, 2*(20), 90–96.

Ruhmann, G. & Kruse, O. (2014). Prozessorientierte Schreibdidaktik: Grundlagen, Arbeitsformen, Perspektiven. In S. Dreyfürst & N. Sennewald (Hrsg.), *Schreiben. Grundlagentexte zur Theorie, Didaktik und Beratung* (15–34). Opladen: Budrich.

Schäfer, P. & Bartosch, U. (2016). *Qualifikationsrahmen Soziale Arbeit (QR SozArb Version 6.0).* Verfügbar unter: https://bagprax.sw.eah-jena.de/data/stellungnahmen/weitere/QR_SozArb_Version_6.0.pdf [08.06.2021].

Tauginienė, L., Gaižauskaitė, I., Glendinning, I., Kravjar, J., Ojsteršek, M., Ribeiro, L. et al. (2018). *Glossar für akademische Integrität [Glossary for Academic Integrity].* Übersetzung: Dahlhaus, S., Schäfer, A. & Trevisiol, O. Konstanz 2018. ENAI Report 3G [online]. Verfügbar unter: https://www.academicintegrity.eu/wp/wp-content/uploads/2019/07/Glossary_german.pdf [08.06.2021].

Vurgun, S., Dumpitak, C., Adams, A., Husmann, D., Kissling, C., Nickels, B. et al. (2019). *Kompetenzentwicklung von Nachwuchswissenschaftlerinnen und Nachwuchswissenschaftlern: Fördern und Entwickeln.* Jena: UniWiND-Publikationen, Bd. 10.

Mehr als nur Zitiertechniken – wie wissenschaftliches Arbeiten die Bildung reflexiver Professionalität in der Sozialen Arbeit unterstützen kann

Julius Späte

Einleitung

Mit einer internationalen Definition konnten sich 2014 weltweit 116 Mitgliedsorganisationen der „International Federation of Social Workers" auf ein grundlegendes und allgemeines Verständnis der Sozialen Arbeit einigen. In dieser Definition wird Soziale Arbeit als „praxisorientierte Profession und wissenschaftliche Disziplin" (Deutscher Berufsverband für Soziale Arbeit e. V. – DBSH[1], 2016, 2) beschrieben. Die Schwierigkeit von Wissenschaft und Praxis der Sozialen Arbeit besteht darin, dass sie grundlegend zwei eigenständige Systeme „mit je eigenen Gesetzmäßigkeiten" (Schneider, 2016, 17) sind. Dadurch gelingt – in Bezug auf die Systemtheorie von Luhmann (2015) – die Kommunikation zwischen beiden Seiten nur mit einem besonderen Aufwand aufgrund der verschiedenen Sprachen und Codes in den jeweiligen Systemen (Bardmann, 2015, 42ff.).

Für Soziale Arbeit wird auf der Basis der Aussage „Ohne Gegenstand keine Disziplin, ohne Zuständigkeitsbereich keine Profession!" (Staub-Bernasconi, 2018a, 369) die enge Verbindung von Wissenschaft und Praxis betont (Birgmeier & Mührel, 2017, 59). Trotzdem ist es in der alltagspraktischen Umsetzung denkbar,

---

[1] Im Folgenden DBSH genannt.

dass einerseits Soziale Arbeit der Gegenstand wissenschaftlicher Forschung ist, ohne dabei auf die untersuchte Praxis einzuwirken, und dass es andererseits der Praxis gelingt, lebensweltlichen Herausforderungen ohne Wissenschaft zu trotzen. Das ist selbstverständlich eine vereinfachte Darstellung, da in der Wissensgesellschaft viele Handlungsebenen auch schon auf wissenschaftlichen Erkenntnissen aufbauen. Jedoch besteht in der Sozialen Arbeit ein beständiger Konflikt zwischen Theorie und Praxis (Pantuček & Posch, 2009, 18ff.). Junge Menschen, die das Studium der Sozialen Arbeit absolvieren, verfolgen zumeist die Absicht, anderen Menschen helfen zu wollen (Erler, 2012, 11). Dabei fragen sie sich während des Studiums nicht selten, wozu disziplinäre und bezugswissenschaftliche Theorien in der Praxis nützlich seien – insbesondere dann, wenn diese nicht zu ihren subjektiv wahrgenommenen, konkreten Einzelfällen passen – und wieso sie Module zu wissenschaftlichem Arbeiten[2] absolvieren müssen. Borrmann (2016) verweist auf der Grundlage seiner Erfahrungen darauf, dass Studierende einen Zugang zu Sozialer Arbeit in „den in der Praxis vorgefundenen Strukturen des Sozialen Hilfesystems" oder „in ihren persönlichen praktischen Erfahrungshintergründen" finden, in der „[p]ersönliche Praxis bestimmt [...], was als Soziale Arbeit wahrgenommen wird" (Borrmann, 2016, 7). Auch auf Basis eigener Lehrerfahrungen kann behauptet werden, dass anscheinend viele Studierende lieber praktische Methoden und Techniken an die Hand bekommen möchten, um gezielt Hilfsprozesse zu gestalten, als wissenschaftliche Theorien zu diskutieren. Dass viele dieser Arbeitsweisen in der Sozialen Arbeit wissenschaftlich fundiert sind, spielt häufig eine nebensächliche Rolle, analog zu dem Gedanken, dass für das Fahren eines Autos das Wissen über dessen Konstruktion nicht notwendig ist. Das Erlernen wissenschaftlichen Arbeitens[3] im Studium läuft dadurch Gefahr, auf eine notwendige Voraussetzung für den Studienabschluss reduziert sowie nicht angemessen umgesetzt zu werden. Damit verbunden ist der Eindruck, dass in der Folge die Basis bzw. das Verständnis für wissenschaftliches und kritisches Denken nicht ausreichend ausgebildet wird. Dies sollte jedoch das Fundament professioneller Sozialer Arbeit als wissenschaftlich fundierte Praxis sein (Von Spiegel, 2018, 36ff.).

---

[2] Dazu werden für diesen Beitrag auch Forschungsmodule gezählt.

[3] Hier sind das Erlernen der Grundlagen empirischer Sozialforschung sowie einer integren Forschungspraxis eingeschlossen.

Von daher geht dieser Beitrag der Frage nach, wie die im Studium der Sozialen Arbeit verorteten Module zum Thema wissenschaftliches Arbeiten nicht nur dazu verwendet werden können, um Studierende in die Normen und Werte des Wissenschaftssystems einzuführen sowie ihnen die Regeln zum erfolgreichen Abschluss der Prüfungsleistungen zu vermitteln, sondern wie sie verstärkt, die Bildung reflexiver Professionalität von zukünftigen praktisch tätig werdenden Sozialarbeitenden unterstützen können.

Die Kongruenz sozialarbeiterischer Wissenschaft und Praxis

Die Eigenständigkeit der Systeme von Wissenschaft und Praxis der Sozialen Arbeit wird laut Birgmeier und Mührel (2017) innerhalb des Faches stark diskutiert. Dabei geht es darum, die jeweiligen Rollen von Disziplin und Profession der Sozialen Arbeit und ihren Einfluss aufeinander auszuloten und Soziale Arbeit als eigenständige Wissenschaft zu begründen. Innerhalb der Fachdiskussion zeichnen sich zwei Positionen ab, die entweder ein divergentes oder ein kongruentes Verständnis von Disziplin und Profession haben.

Das Divergenztheorem befürwortet eine Trennung beider sowie eine damit verbundene eindeutige Aufgabenverteilung. Während die Profession in der Wirklichkeit sozialer Probleme tätig ist, entwickelt die Wissenschaft dazugehörige Theorien (Birgmeier & Mührel, 2017, 59f.). Dadurch kann aber die Dichotomie zwischen Theorie und Praxis verstärkt werden. Sofern Forschende im Wissenschaftssystem Ergebnisse produzieren und referieren, aber keine anwendbaren Handlungsempfehlungen zur Bekämpfung sozialer Problemlagen zur Verfügung stellen, sind diese für die Praxis kaum von Interesse. In diesem Fall gelingt auch die Reflexion sowie Übertragung der Erkenntnisse in die Praxis nicht und die Differenz zwischen Disziplin und Profession bleibt bestehen (Thole, 2015, 325).

Das Kongruenztheorem hingegen versteht die Soziale Arbeit insgesamt als Disziplin und Profession. Die beiden Dimensionen – Wissenschaft und Praxis – stehen kongruent zueinander und bilden ein zirkuläres Verhältnis mit dem Schwerpunkt eines beständigen Prozesses der Professionsbildung. Dabei fließen wissenschaftliche Erkenntnisse in die Praxis ein und einzelfallbezogene Erfahrungen in die Wissenschaft zur Theoriebildung und -anpassung (Birgmeier & Mührel, 2017, 59f.). Innerhalb dieses zirkulären Verhältnisses werden die Grenzen der beiden gesellschaftlichen Funktionssysteme nicht überschritten, aber es fördert im Sinne eines Schnittpunktes einen kommunikativen Austausch zwischen den Systemen (Schneider, 2016, 17f.). Diese Perspektive kann wie in Abbildung 1 dargestellt werden. Die im Kongruenztheorem konstatierte Gesamtheit von Disziplin und Profession der Sozialen Arbeit verdeutlicht sich dadurch, dass professionelle Sozialarbeitende in verschiedenen Funktionssystemen tätig sind und im Wissenschaftssystem Erkenntnisse durch Forschungen darüber gewonnen werden. Die verschiedenen Handlungsfelder, in denen professionelle Sozialarbeitende beratend, erziehend, helfend u.v.m. agieren, werden dabei als Teile verschiedener Funktionssysteme gesehen, in denen ein bestimmtes codespezifisches Handeln stattfindet[4].

Innerhalb des Wissenschaftssystems werden die Einflüsse professionellen sozialarbeiterischen Handelns in den unterschiedlichen Funktionssystemen untersucht – und zwar nicht nur per se von der eigenen Disziplin, sondern auch von Bezugswissenschaften, allen voran der Soziologie. Die Gesamtheit kann als Soziale Arbeit verstanden werden, die damit die Aufgabe hat, mittels Kommunikation zwischen Systemen ein zirkuläres Verhältnis herzustellen. Dieses Verhältnis besteht dann nicht nur zwischen der Wissenschaft und Praxis für den o. g. Austausch, sondern auch zwischen anderen Funktionssystemen[5]. Mit dieser Betrachtung wird die Soziale Arbeit auch dem Begriffsgebrauch der luhmannschen Systemtheorie gerecht, in der sie klassisch als eine kommunikative Arbeit angesehen werden kann. (Sandermann & Neumann, 2018, 143ff.)

---

4 Dabei basiert diese Annahme darauf, dass das von Baecker (1994) vorgeschlagene Funktionssystem der sozialen Hilfen nicht nur sozialarbeiterische Tätigkeiten einschließt, sondern beispielsweise auch Sozialleistungen (wie die Grundsicherung für Arbeitsuchende nach dem SGB II etc.), die nicht als sozialarbeiterische Tätigkeiten, sondern als sozialpolitische Maßnahmen verstanden werden.

5 Ein Beispiel dafür könnte eine Kommunikation zwischen dem Medizin- und Sozialhilfesystem im Kontext von Menschen mit psychischen Erkrankungen sein, die ambulant im Rahmen der Eingliederungshilfe (SGB XII) betreut werden.

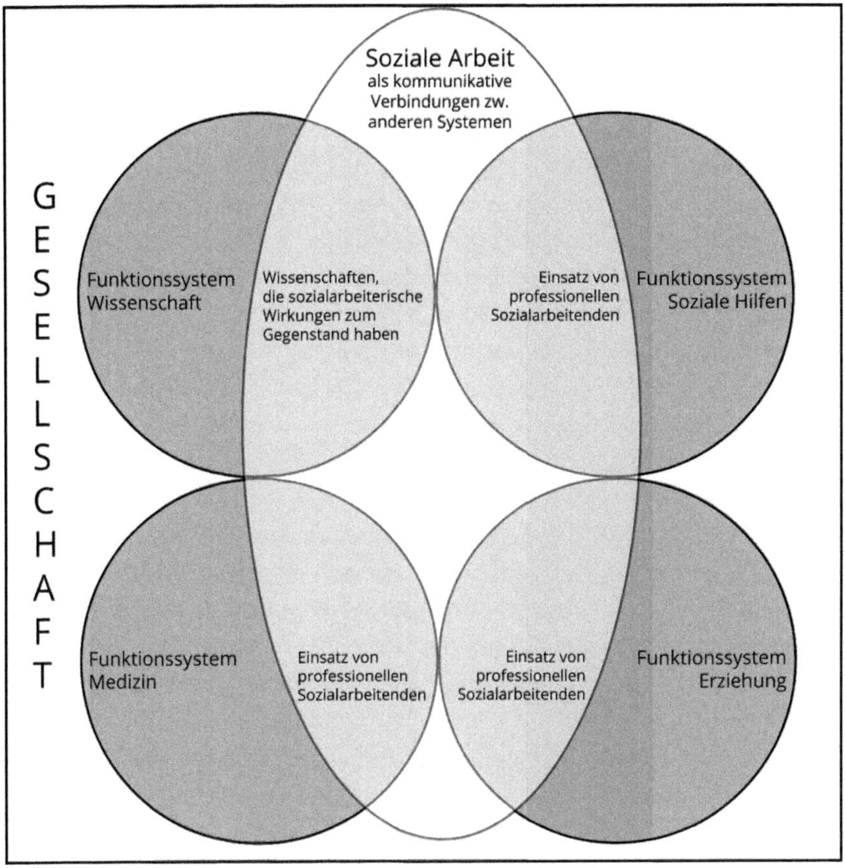

Die Kongruenz von Disziplin und Profession der Sozialen Arbeit in exemplarisch ausgewählten gesellschaftlichen Funktionssystemen[6]*; eigene Darstellung in Anlehnung an Luhmann (2015); Baecker (1994); Vogd (2005); Birgmeier & Mührel (2017).*

6 Die in der Abbildung ausgewählten Funktionssysteme Soziale Hilfen, Medizin und Erziehung sind diejenigen, in denen Soziale Arbeit zu einem großen Teil praktisch tätig wird und mit Menschen arbeitet. Vor dem Hintergrund der in diesem Beitrag formulierten Perspektive, dass Soziale Arbeit eine kommunikative Arbeit zwischen Systemen ist, könnten auch weitere Funktionssysteme, wie z. B. Sport oder Kunst, aufgenommen werden, in denen Soziale Arbeit agiert.

Die Soziale Arbeit als wissenschaftlich fundierte Praxis

Die kongruente Perspektive ermöglicht das Verständnis der Sozialen Arbeit als wissenschaftlich fundierte Praxis (Von Spiegel, 2018, 36). Sozialarbeitswissenschaftliche Forschungen und bezugswissenschaftliche Erkenntnisse tragen dazu bei, sozialarbeiterisches Handeln zu professionalisieren und zu theoretisch begründeten Angeboten zu führen (Staub-Bernasconi, 2018a, 379). Darin wird eine wissenschaftstheoretische Position deutlich, in der die Aufgabe der Wissenschaft darin verstanden wird, die Praxis zu stützen und gezielt zu verbessern, um Probleme von Menschen bei der Alltagsbewältigung zu lösen (Lorenzen, 2000, 230; Petersen, 2013, 17ff.).

Eine wissenschaftlich fundierte Praxis bedeutet aber nicht, dass das Technologiedefizit der Sozialen Arbeit, auf das Luhmann und Schorr (1982) für die Pädagogik verweisen und das u. a. Hiltrud von Spiegel (2018) in Bezug auf die Soziale Arbeit aufgreift, überwunden werden kann und soll. Evidenzbasierte Technologien zur Lösung sozialer Probleme zu besitzen, würde mit hoher Wahrscheinlichkeit ökonomische Vorteile mit sich bringen, aber gleichzeitig bedeuten, dass erfolgreich erprobte Anwendungen zu stets gleichen Ergebnissen führen müssten (Von Spiegel, 2018, 31ff.). Menschen können jedoch nicht wie „Trivialmaschinen“ mit der gewünschten Software im Hinblick auf soziales Verhalten und Handeln programmiert werden, was den Einsatz von Technologien erschwert und weniger wünschenswert erscheinen lässt als in anderen Disziplinen (Luhmann, 2014, 157).

Stattdessen meint eine wissenschaftlich fundierte Praxis der Sozialen Arbeit, dass ihre Fachkräfte eine professionelle Handlungskompetenz ausbilden und stetig weiterentwickeln. Dabei werden verschiedene Formen des Wissens für den praktischen Einsatz berücksichtigt, in dem Wissenschaftswissen und Reflexionswissen zu professionellem Handlungswissen führen (Birgmeier & Mührel, 2017, 24). Während also auf Basis sozialrechtlicher Auftragslagen wissenschaftliche Erkenntnisse in der Gestaltung von Konzeptionen und deren methodische Umsetzung in verschiedenen

Verfahrensweisen[7] zum Einsatz kommen, erfordert Reflexionswissen deren Anpassung auf die einzelfallbezogenen Anliegen der Adressat:innen. Dieser individuelle Bezug und auch die Relationierung der verschiedenen Wissensformen sollte dabei stets mit einer kritischen Haltung der Fachkräfte sich selbst und der eigenen Profession gegenüber in Verbindung stehen (Von Spiegel, 2018, 79ff.). Mit anderen Worten, in der Praxis tätige Sozialarbeitende und diejenigen, die es werden möchten, benötigen sowohl ein Verständnis von individuellen Lebenswelten als auch ein Verständnis von wissenschaftlichen Erkenntnissen und deren Einfluss auf die Praxis, denn das ist die Grundlage reflexiver Professionalität.

Reflexive Professionalität in der Sozialen Arbeit

Es kann also erst einmal festgehalten werden, dass eine als wissenschaftlich fundierte Praxis beschriebene Profession der Sozialen Arbeit sich – im Sinne des DBSH – als „ein wissenschaftlich begründetes, von Lebenswelt und Gesellschaft beauftragtes und methodisch-kompetentes Handeln" versteht (Leinenbach, 2011, 3). Dieses Handeln und die damit verbundene Angebotsgestaltung basieren sowohl auf wissenschaftlichen Erkenntnissen als auch auf lebensweltlichen sowie gesellschaftlichen Aufträgen. Darüber hinaus ist sie mit dem professionellen Qualitätsanspruch verbunden, planvolle, nachvollziehbare und überprüfbare Leistungen zu schaffen, um sich von einem rein intuitiven sozialen Handeln abzugrenzen – denn „gut gemeint" bedeutet nicht „gut gemacht" (Ehrhardt, 2013, 10). Da Soziale Arbeit innerhalb konkreter Fallsituationen wirkt, ist die Gratwanderung zwischen wissenschaftlichem Wissen und Reflexionswissen eine besondere Herausforderung der Profession. Dieser Herausforderung sollen Sozialarbeitende mit einer reflexiven Professionalität begegnen, die mit der Kompetenz verbunden ist, verschiedene Wissensformen zu relationieren und in der Praxis einzusetzen, ohne dabei Alltagstheorien und normative weltanschauliche Perspektiven zu vermischen. Im Sinne

[7] Das Verständnis von Methoden und Verfahrensweisen wird an dieser Stelle in Anlehnung an Kreft & Müller (2019, 22) verstanden. Vor dem Hintergrund eines vielseitigen und häufigen Gebrauchs des Methodenbegriffes plädieren sie, dass die methodische Ausrichtung der Sozialen Arbeit die Tätigkeit mit einzelnen Menschen, Gruppen oder im Gemeinwesen verdeutlichen soll, mit denen innerhalb von sozialrechtlichen Verfahren zusammengearbeitet wird.

von G. H. Mead (1973, 175) ist Reflexivität der „Rückbezug der Erfahrung des Einzelnen auf sich selbst", durch den „der ganze gesellschaftliche Prozeß in die Erfahrung der betroffenen Individuen hereingebracht [wird]". Gelingt Sozialarbeitenden also eine kritisch reflektierte Verbindung verschiedener Wissensformen zu einem professionellen Handlungswissen, dann werden innerhalb der einzelfallbezogenen Arbeit multiperspektivisch die Einflüsse individueller sowie verschiedener sozialer und politischer Einflussfaktoren berücksichtigt. Auf diese Weise kann die Erfüllung der verschiedenen Auftragsdimensionen (Tripelmandat[8]) ermöglicht werden (Sandermann & Neumann, 2018, 115ff.). An dieser Stelle würde die Soziale Arbeit auch dem – eingangs schon erwähnten – internationalen Verständnis gerecht werden, indem „sie sich auf Theorien der Sozialen Arbeit, der Human- und Sozialwissenschaften und auf indigenes Wissen [stützt]" (DBSH, 2016, 2).

Eine nicht ausreichende kritische Reflexion des unterschiedlichen Wissens kann dazu führen, dass aus persönlichen Erfahrungen Alltagstheorien entwickelt werden, die zu Vorurteilen und sogar zu Ideologien bei Sozialarbeitenden werden können, die in ihre Arbeit einfließen. Aus diesem Grund ist eine beständige Reflexion des Wissens als Teil professioneller Arbeit notwendig (Ehrhardt, 2013, 21f.). Diese reflexive Professionalität zeichnet sich bei der Differenzierung und Anwendung verschiedener Wissensformen[9] ebenfalls „durch eine kritische und lebensgeschichtliche Distanz zu sich selbst" (Von Spiegel, 2018, 83) aus. Für die Arbeit mit den Lebenswelten unterschiedlicher Adressat:innen bedeutet es, sich kritisch zu den eigenen Normen und Werten sowie der eigenen Erziehungs-, Bildungs- und Sozialisationserfahrung positionieren zu können. Von Spiegel (2018) kritisiert jedoch, dass diese Ebene innerhalb des Studiums weniger Beachtung findet:

---

8 Soziale Arbeit bewegt sich bei der Erfüllung ihrer Aufgaben zwischen den Ansprüchen des Staates und den lebensweltlichen Bedarfen ihrer Adressat:innen, was als das doppelte Mandat bezeichnet wird (Ziegler, 2015, 69). Die zwei Mandate können um ein Drittes erweitert werden, welches besagt, dass die Soziale Arbeit auch eine Verantwortung gegenüber ihrer eigenen Profession und Fachlichkeit hat (Staub-Benasconi, 2018b, 111ff.).

9 Diese Formen könnten beispielsweise nach Hiltrud von Spiegel (2018, 45ff.) als wissenschaftliches Wissen, Beschreibungswissen, Erklärungswissen, Wertwissen und Veränderungswissen kategorisiert werden.

> „Biografische Arbeit gehört eher nicht zum Curriculum, zumindest nicht in einer engen Verknüpfung mit der ‚Charakterbildung'. Studierende erhalten wenige Anregungen für ein Überdenken ihrer gesammelten biografischen Erfahrungen und eine Revision ihrer vorberuflich gewonnenen Interpretationsfolien. Die kognitive Ausrichtung der Hochschulstudiengänge sieht eine persönlichkeitsorientierte und damit personalintensive und verbindliche Arbeit nicht vor; eine solche wird auch nur von wenigen Lehrenden gutgeheißen" (Von Spiegel, 2018, 83).

An dieser Stelle soll nicht behauptet werden, dass keine intensive Arbeit an der Berufsidentität angehender Fachkräfte in allen angebotenen Studiengängen der Sozialen Arbeit stattfindet. Auf der Ausbildung einer reflexiven Professionalität sollte jedoch sogar der Fokus liegen, wie es auch die Deutsche Gesellschaft für Soziale Arbeit e. V. in ihrer Empfehlung zu einem Kerncurriculum formuliert hat:

> „Insgesamt kommt es im Prozess der wissenschaftlichen Qualifizierung darauf an, bei den Studierenden eine akademische Grundhaltung zu befördern, die sie in die Lage versetzt, den Gegenstand ihrer Arbeit und ihre Rolle im Prozess der Wahrnehmung, Erklärung und Handlung kritisch zu reflektieren. Deswegen muss die Ausbildung dieser Reflexionsfähigkeit – in dem jeweils gegebenen zeitlichen Rahmen – gegenüber reiner Wissensvermittlung oder -akkumulation immer im Vordergrund stehen" (DGSA, 2016, 2).

Die Kompetenz, kritisch zu denken und sich reflektieren zu können, kann innerhalb verschiedener Module im Studium zum Lehrgegenstand werden. Ein möglicher Schwerpunkt der Bildung reflexiver Professionalität für die Module des wissenschaftlichen Arbeitens in der Sozialen Arbeit könnte aber bei der Differenzierung der o.g. Wissensformen liegen und den unterschiedlichen Voraussetzungen, wie dieses Wissen entsteht.

Die Doppelrolle wissenschaftlichen Arbeitens in der Sozialen Arbeit

Forschungsmethoden und Techniken zur Erstellung wissenschaftlicher Arbeiten sind das notwendige Handwerkszeug für alle wissenschaftlichen Disziplinen. Lehrende, die ihre Studierenden in einer bestimmten Disziplin bilden und sozialisieren wollen, verfolgen mit hoher Wahrscheinlichkeit die Absicht, zu verdeutlichen, wie mit der jeweiligen disziplinären Perspektive die Welt verstanden sowie erklärt werden kann und wie – ganz allgemein ausgedrückt – mittels Beobachtungen Theorien aufgestellt und diese mit Experimenten verifiziert bzw. falsifiziert werden können (Römpp, 2018, 11). Dafür benötigen Studierende nicht nur die Methoden, bestehendes Wissen zu überprüfen und neues zu schaffen, sondern auch die Techniken, dieses Wissen in eine bestimmte Form zu bringen (Balzer & Brendel, 2019, 2). Die Module, die in das wissenschaftliche Arbeiten einführen sollen, könnten daher grundlegend von folgender (exemplarisch ausgewählter) Idee ausgehen:

> „Zur Anfertigung einer wissenschaftlichen Abhandlung muss der Verfasser bestens vertraut sein mit den Methoden und Techniken des wissenschaftlichen Arbeitens, dem Aufbau und der Strukturierung wissenschaftlicher Texte, den Zitierregeln sowie der Fußnotentechnik, der äußeren Gestaltung einer wissenschaftlichen Arbeit und den einzuhaltenden Formvorschriften" (Brink, 2013, 1).

Nicht anders verhält es sich auch mit der Einführung von Studierenden der Sozialen Arbeit in ihre wissenschaftliche Disziplin. Im „Qualifikationsrahmen Soziale Arbeit", der sich „als allseits anerkannte Referenzgrundlage der Disziplin und Profession Sozialer Arbeit" (Schäfer & Bartosch, 2016, 2) versteht, sind im Abschnitt „Recherche und Forschung in der Sozialen Arbeit" hauptsächlich die Kompetenzen formuliert, die zur Erfüllung der Anforderungen des Wissenschaftssystems notwendig sind (Schäfer & Bartosch, 2016, 40ff.). Das spiegelt sich auch in Werken zum wissenschaftlichen Arbeiten in der Sozialen Arbeit (z. B. Werner et al., 2017 oder Kotthaus, 2014) wider, die einen Schwerpunkt auf die Vermittlung der jeweiligen Regeln und Vorschriften zur Erstellung von Hausarbeiten (und anderer Formate für Studien- und Forschungsergebnisse) legen. Dies ist eine zwingend notwendige Fertigkeit für den Erfolg des Studiums. Soziale Arbeit ist jedoch – wie mit der Einnahme der kongruenten Perspektive verdeutlicht werden sollte – nicht nur eine Disziplin zur Beschreibung sozialer Problemlagen, sondern auch ein praktisches und normatives Instrument der Gesellschaft, im Rahmen dieser Problemlagen für die Teilhabe von Menschen zu handeln (Erler, 2012, 14). Dass diese sozialarbeiterischen Handlungen in der Praxis „ihre Wurzeln im Voraussetzungslosen [haben], [...] aber im Zuge ihrer Entwicklung professionalisiert und verwissenschaftlicht [wurden]" (Bardmann, 2015, 42) und somit in einer Verbindung zur Disziplin stehen, sollte im Studium beständig deutlich werden. Dies erfordert, dass das Studium der Sozialen Arbeit nicht auf der einen Seite in eine wissenschaftliche Disziplin und auf der anderen Seite separat davon in eine praxisorientierte Profession einführt, sondern in allen Modulen verdeutlicht, dass

> „[n]ur auf Grundlage erprobter Theorie basierenden, nach klaren und erkennbaren Regeln gewonnenen Daten, die anhand nachvollziehbarer Methoden ausgewertet und beurteilt worden sind, [...] professionelle Entscheidungen getroffen werden [können]" (Kotthaus, 2014, 22).

Wissenschaftliches Arbeiten zu erlernen, bedeutet in diesem Sinne, ein wissenschaftliches Denken auszubilden, das der Dichotomie von Theorie und Praxis der Sozialen Arbeit entgegenwirkt. Studierende sollen lernen, der Gesellschaft kritisch sowie reflexiv zu begegnen und in ihr zu agieren. Da ein großer Teil der Studierenden der Sozialen Arbeit nicht die Absicht verfolgt, innerhalb des Wissenschaftssystem zu Erkenntnissen des Faches beizutragen, sondern in anderen Funktionssystemen (z. B. Medizin, Erziehung und Soziale Hilfen – siehe Abb. 1) mit Menschen zu arbeiten, sollte das Studium dahingehend orientiert sein, in das Wissen, die Sprache und die jeweiligen Codes der Systeme einzuführen (Bardmann, 2015, 42f.).

Vor diesem Hintergrund könnten Module zum wissenschaftlichen Arbeiten lediglich dahingehend angelegt sein, Studierende in die Sprache, Codes und Regeln des Wissenschaftssystems einzuführen, während andere Module den Praxiskontext abhandeln. Aber damit würde das Studium dem kongruenten Anspruch der Sozialen Arbeit als Disziplin und Profession nicht gerecht. Solche Module sollten vielmehr einen erkenntnis- und wissenschaftstheoretischen Schwerpunkt setzen, um Studierenden zu verdeutlichen, wie Wissen in unterschiedlichen Systemen entsteht, wie es in der systeminhärenten Logik eingebunden ist sowie gebraucht wird. Damit würden angehende Fachkräfte erlernen, was sie für die vielseitigen, sie erwartenden Aufgaben – sei es für die Praxis oder die Wissenschaft – brauchen, und gleichzeitig an ihrer reflexiven Professionalität arbeiten, um sich beständig vor Augen zu halten und zu verstehen,

> „dass die ganze Gesellschaft sich in der Unterschiedlichkeit ihrer Subsysteme vor allem über Unterscheidungen verständlich und zugänglich macht. Wer mit ‚falschen Unterscheidungen' in Kontexten etwas ausrichten möchte, die gar nicht auf diese Unterscheidungen hin ausgelegt sind, darf sich nicht wundern, wenn er mit seinen Bemühungen scheitert. Erfolgreiches Handeln ist immer kontext-, d. h. codesensibles Handeln." (Bardmann, 2015, 43)

Die Position, dass Module zum wissenschaftlichen Arbeiten eine Doppelrolle zur Einführung in das Wissenschaftssystem und zur Ausbildung reflexiver Professionalität haben sollten, würde dann – weiterführend gedacht – dem gesamten „Qualifikationsrahmen Soziale Arbeit" (QR SozArb) gerecht werden. Dafür müssten die Module zum wissenschaftlichen Arbeiten sowie alle anderen in den Curricula vorkommenden Module die im QR SozArb aufgeführten sieben Dimensionen zur Kompetenzentwicklung von angehenden Sozialarbeitenden als Querschnittsaufgaben verstehen und in den Lehrangeboten berücksichtigt werden.

Fazit und Ausblick

Dieser Beitrag sollte aufzeigen, dass wissenschaftliches Arbeiten weit über das Erlernen von Zitiertechniken und Dokumentationsformen hinausgeht. Während es aber den Disziplinen, deren „Praxis" die Forschung ist, leichter fallen könnte, Studierende für das Wissenschaftssystem zu sozialisieren und zu bilden, besteht die Anforderung der Sozialen Arbeit darin, sowohl für die Wissenschaft als auch die Praxis auszubilden. Wird die Soziale Arbeit dabei als wissenschaftlich fundierte Praxis verstanden, kann es dem Studium der Sozialen Arbeit gelingen, dieser Anforderung gerecht zu werden. Unter der Berücksichtigung der eingangs formulierten Frage, wie die Module zum wissenschaftlichen Arbeiten in der Sozialen Arbeit auch die Bildung reflexiver Professionalität unterstützen können, sollte dazu angeregt werden, dass solche Module beide Aufgaben übernehmen können. Sie bieten das Potenzial, sowohl in das Wissenschaftssystem einzuführen, als auch den Anwendungsbezug wissenschaftlicher Erkenntnisse in der Praxis zu vermitteln.

Damit kann das Verständnis des zirkulären Verhältnisses zwischen Disziplin und Profession bei Sozialarbeitenden gestärkt werden. Es verdeutlicht, dass sich die Praxis in ihren Handlungen auf wissenschaftliche Grundlagen bezieht sowie im Gegenzug der Wissenschaft Forschungsperspektiven liefert, um neue Theorien aufzustellen, alte Theorien anzupassen und auch Handlungsempfehlungen zu generieren. Dieses Verständnis ist die Grundlage einer reflexiven Professionalität von Fachkräften, mit der sie der multiperspektivischen Komplexität der Praxis begegnen können.

Module zum wissenschaftlichen Arbeiten im Studium der Sozialen Arbeit sollten – als Querschnittsaufgaben zur Ausbildung aller Kompetenzdimensionen des QR SozArb – also insgesamt das Ziel verfolgen, Studierenden ein akademisches Verständnis von Praxis zu vermitteln. Diese sollen lernen, wie wissenschaftliche Erkenntnisse zu Handlungsempfehlungen für die Praxis führen können, aber auch, wie wissenschaftliche Ergebnisse kritisch rezipiert werden. Es ist deutlich, dass mit dieser Zielformulierung ein normativer Anspruch verbunden ist, der in der Lehre aufgrund begrenzter Seminarzeiten nicht immer leicht umgesetzt werden kann, denn die Methoden und Techniken wissenschaftlichen Arbeitens sollen auch weiterhin grundlegende Inhalte bleiben. Die darüber hinaus geforderte Bildung eines kritischen Denkens und einer reflexiven Professionalität benötigt zusätzliche Zeit, die man sich in den Modulen zum wissenschaftlichen Arbeiten (aber auch allen anderen im Studium) unbedingt nehmen sollte. Da die Bildung reflexiver Professionalität ein beständiger Prozess für Sozialarbeitende ist, gilt die Aufgabe, das kongruente Verständnis von Disziplin und Profession der Sozialen Arbeit zu vermitteln und zu reflektieren, auch stets für die Praxis, weil dies im Ergebnis reflexiv-professionell handelnde Fachkräfte hervorbringt.

Literatur

Balzer, W. & Brendel, K. R. (2019). *Theorie der Wissenschaften.* Wiesbaden: Springer VS.

Bardmann, T. M. (2015). *Die Kunst des Unterscheidens. Eine Einführung ins wissenschaftliche Denken und Arbeiten für soziale Berufe.* Wiesbaden: Springer VS.

Baecker, D. (1994). Soziale Hilfe als Funktionssystem der Gesellschaft. *Zeitschrift für Soziologie*, 23(2), 93–110.

Birgmeier, B. & Mührel, E. (2017). *Wissenschaftliche Grundlagen der Sozialen Arbeit.* (2. Aufl.). Schwalbach am Taunus: Wochenschau Verlag.

Borrmann, S. (2016). *Theoretische Grundlagen der Sozialen Arbeit.* Ein Lehrbuch. Weinheim und Basel: Beltz Juventa.

Brink, A. (2013). *Anfertigung wissenschaftlicher Arbeiten. Ein prozessorientierter Leitfaden zur Erstellung von Bachelor-, Master- und Diplomarbeiten* (5. Aufl.). Wiesbaden: Springer Gabler.

Deutscher Berufsverband für Soziale Arbeit e. V. – DBSH (2016). *Deutschsprachige Definition Sozialer Arbeit des Fachbereichstag Soziale Arbeit und DBSH.* Verfügbar unter: https://www.dbsh.de/media/dbsh-www/redaktionell/bilder/Profession/20161114_Dt_Def_Sozialer_Arbeit_FBTS_DBSH_01.pdf [22.06.2021].

Deutsche Gesellschaft für Soziale Arbeit e. V. (2016*). Kerncurriculum Soziale Arbeit. Eine Positionierung der Deutschen Gesellschaft für Soziale Arbeit.* Verfügbar unter: https://www.dgsa.de/fileadmin/Dokumente/Aktuelles/DGSA_Kerncurriculum_final.pdf [22.06.2021].

Ehrhardt, A. (2013). *Methoden der Sozialen Arbeit* (2. Aufl.). Schwalbach/Taunus: Wochenschau Verlag.

Erler, M. (2012). *Soziale Arbeit. Ein Lehr- und Arbeitsbuch zu Geschichte, Aufgaben und Theorien.* Weinheim und Basel: Beltz Juventa.

Kotthaus, J. (2014). *FAQ Wissenschaftliches Arbeiten. Für Studierende der Sozialen Arbeit.* Opladen & Toronto: Barbara Budrich/UTB.

Kreft, D. & Müller, C. W. (2019). Konzepte, Methoden, Verfahren und Techniken in der Sozialen Arbeit: Ein Ordnungsversuch für das Handeln nach den Regeln der Kunst. In D. Kreft & C. W. Müller (Hrsg.), *Methodenlehre in der Sozialen Arbeit. Konzepte, Methoden, Verfahren, Techniken* (12–25). 3. Aufl. München: Ernst Reinhardt/UTB.

Leinenbach, M. (2011). *Generalistisches Grundstudium. Forderungen des DBSH zur Ausbildung und Qualitätssicherung in der Sozialen Arbeit.* Verfügbar unter: https://www.dbsh.de/media/dbsh-www/downloads/Ausbildung_Einfuehrung.pdf [22.06.2021].

Lorenzen, P. (2000). *Lehrbuch der konstruktiven Wissenschaftstheorie.* Stuttgart & Weimar: Verlag J.B. Metzler.

Luhmann, N. (2014). *Das Erziehungssystem der Gesellschaft* (5. Aufl.). Frankfurt a. M.: Suhrkamp Verlag.

Luhmann, N. (2015). *Soziale Systeme. Grundriß einer allgemeinen Theorie* (16. Aufl.). Frankfurt a. M.: Suhrkamp Verlag.

Luhmann, N. & Schorr, K.-E. (1982). Das Technologiedefizit der Erziehung und die Pädagogik. In N. Luhmann & K.-E. Schorr (Hrsg.), *Technologie und Selbstreferenz: Fragen an die Pädagogik* (11–40). Frankfurt a. M.: Suhrkamp Verlag.

Mead, G. H. (1973). *Geist, Identität und Gesellschaft.* Frankfurt a. M.: Suhrkamp Verlag.

Pantuček, P. & Posch, K. (2009). Die Theorie-Praxis-Frage in der Sozialen Arbeit. Eine Einführung in einige ihrer Problemstellungen. In A. Riegler, S. Hojnik &K. Posch, (Hrsg.), *Soziale Arbeit zwischen Profession und Wissenschaft. Vermittlungsmöglichkeiten in der Fachhochschulausbildung* (15–30). Wiesbaden: VS Verlag für Sozialwissenschaften.

Petersen, J. P. (2013). *Kontraktualismus – eine Option für die Pädagogik? Eine Untersuchung der präsuppositionalen Strukturen zur Klärung der Leistungsfähigkeit des Kontraktmodells als Legitimation pädagogischen Handelns.* Verfügbar unter: https://macau.uni-kiel.de/servlets/MCRFileNodeServlet/dissertation_derivate_00004945/Diss_JPP_Kontrakt.pdf [03.12.2020].

Römpp, G. (2018). *Philosophie der Wissenschaft.* Köln: Böhlau Verlag/UTB.

Sandermann, P. & Neumann, S. (2018). *Grundkurs Theorie der Sozialen Arbeit.* München: Ernst Reinhardt Verlag/UTB.

Schäfer, P. & Bartosch, U. (2016). *Qualifikationsrahmen Soziale Arbeit (QR SozArb Version 6.0).* Verfügbar unter: https://bagprax.sw.eah-jena.de/data/stellungnahmen/weitere/QR_SozArb_Version_6.0.pdf [22.06.2021].

Schneider, A. (2016). *Forschungsperspektiven in der Sozialen Arbeit* (2. Aufl.). Schwalbach am Taunus: Wochenschau Verlag.

Staub-Bernasconi, S. (2018a). Soziale Probleme – Themen einer systemtheoretisch begründeten Handlungswissenschaft. In G. Graßhoff, A. Renker & W. Schröer (Hrsg.), *Soziale Arbeit. Eine elementare Einführung* (369–386). Wiesbaden: Springer VS.

Staub-Bernasconi, S. (2018b). *Soziale Arbeit als Handlungswissenschaft. Soziale Arbeit auf dem Weg zu kritischer Professionalität* (2. Aufl.). Opladen & Toronto: Verlag Barbara Budrich/UTB.

Thole, W. (2015). Theorie und Praxis. In W. Thole, D. Höblich & S. Ahmed (Hrsg.), *Taschenwörterbuch Soziale Arbeit* (325–327). 2. Aufl. Bad Heilbrunn: Verlag Julius Klinkhardt/UTB.

Werner, M., Vogt, S. & Scheithauer, L. (2017). *Wissenschaftliches Arbeiten in der Sozialen Arbeit.* Schwalbach am Taunus: Wochenschau Verlag.

Vogd, W. (2005). Medizinsystem und Gesundheitswissenschaften – Rekonstruktion einer schwierigen Beziehung. *Soziale Systeme,* 11(3), 236–270.

Von Spiegel, H. (2018). *Methodisches Handeln in der Sozialen Arbeit. Grundlagen und Arbeitshilfen für die Praxis* (6. Aufl.). München: Ernst Reinhardt Verlag/UTB.

Ziegler, H. (2015). Doppeltes Mandat. In W. Thole, D. Höblich & S. Ahmed (Hrsg.), *Taschenwörterbuch Soziale Arbeit* (69). 2. Aufl. Bad Heilbrunn: Verlag Julius Klinkhardt/UTB.

Forschungsintegrität und Künstliche Intelligenz mit Fokus auf den wissenschaftlichen Schreibprozess

Traditionelle Werte auf dem Prüfstand für eine neue Ära

Nicolaus Wilder, Doris Weßels, Johanna Gröpler, Andrea Klein & Margret Mundorf

Einleitung

Dass Künstliche Intelligenz (KI) die traditionelle Art und Weise, wie Wissenschaft praktiziert wird, in ihren Grundfesten verändern wird, ist nicht erst seit der Lösung des seit etwa 50 Jahren im Zentrum biochemischen Rätselns stehenden Problems der Proteinfaltung durch DeepMinds Künstliche Intelligenz AlphaFold 2.0 offenkundig, der zugesprochen wird, die Biologie von Grund auf zu transformieren (Callaway, 2020). Die Diskussion um die Bedeutung, die KI für wissenschaftliche Erkenntnisprozesse hat, hat eine lange Tradition (The Royal Society, 2017; The Royal Society & The Alan Turing Institute, 2019). Was sich aber besonders in den letzten Jahren verändert hat, ist die Präsenz KI-basierter Anwendungen (Tahiru, 2021), die sich in den (akademischen) Alltag nahezu unbemerkt eingeschlichen hat, sowie deren Qualität, die die Ergebnisse mitunter nicht mehr als Erzeugnisse einer Künstlichen Intelligenz erkennen lässt. Besonders deutlich wird dies am Beispiel des aktuellen und hoch kontroversen Diskurses um GPT-3 von OpenAI, einem KI-basierten Sprachprozessor, der mühelos Texte generiert, die die MIT Technology Review als „shockingly good – and completely mindless" (Heaven, 2020) bezeichnet. Mithilfe solcher Software-Tools reicht ein Klick, um Texte umschreiben, paraphrasieren, zusammenfassen oder gänzlich neu generieren zu lassen. Und diese Möglichkeit hat unzweifelhaft Auswirkungen auf die fundamentalen Praktiken wissenschaftlichen Arbeitens sowie das Erlernen dieser Praktiken. Die klassische Publikation – als das Prädikat wissenschaftlicher Leistungen von Individuen oder Forschungskollektiven seit 2500 Jahren – steht wohlmöglich an einem Scheidepunkt, was z. B. die vollständig KI-generierte Publikation „Lithium-Ion Batteries – A Machine-Generated Summary of Current Research“ (Beta Writer, 2019) beim Springer-Verlag verdeutlicht.

Damit steht schlussendlich das wissenschaftliche Selbstverständnis selbst zumindest auf dem Prüfstand – unweigerlich verbunden mit der Frage, welche Werte und welches Selbstverständnis von Wissenschaft dem akademischen Nachwuchs mit auf den Weg gegeben werden soll, um diesen auf die komplexen Herausforderungen der Zukunft vorzubereiten. Können uns die traditionellen Werte zur Forschungsintegrität auch in Zeiten KI-gestützter Wissenschaft die nötige Orientierung bieten oder verlieren sie ihre Klarheit und Anwendbarkeit? Wie verhält es sich mit Transparenz und Nachvollziehbarkeit beim Einsatz von Anwendungen, die sich dadurch auszeichnen, bei jeder Verwendung genuin Neues und somit Nichtreproduzierbares zu erzeugen? Reicht es gegebenenfalls, Modifikationen in der Deutung der Werte vorzunehmen, oder müssen sie aufgegeben und durch neue ersetzt werden? Diese Fragen sind dabei nicht nur theoretisch reizvoll, sondern auch praktisch dringlich, besteht doch einerseits sowohl eine bereits stark ausgeprägte faktische Präsenz von KI im Bildungsbereich (Chen et al., 2020) als auch ein immer stärker werdender politischer Wille, KI fundamental in Wissenschaft und Forschung zu integrieren (GWK, 2020), und andererseits der Grundgedanke, dass für den Einsatz und die Ergebnisse von KI letztlich immer der Mensch in der Verantwortung steht (Université de Montréal, 2018).

Um sich diesen Fragen zu nähern, wird zunächst exemplarisch vergleichend ein Kanon an Grundwerten wissenschaftlichen Arbeitens über verschiedene Ebenen – europäisch, national, organisations- und disziplinspezifisch – aufgezeigt. In einem zweiten Schritt wird ein Einblick gegeben in das, was bereits jetzt KI-gestützt im akademischen Alltag möglich ist, am Beispiel der wissenschaftlichen Textproduktion, um dann in einer den Beitrag abschließenden Synthese zu diskutieren, inwieweit die Grundwerte zur Forschungsintegrität anwendbar sind auf eben jene Praktiken. Der hier vorliegende Artikel versteht sich dabei als Eröffnung eines Diskurses über die Adäquatheit der zur Diskussion stehenden Grundwerte.

Grundwerte zur Forschungsintegrität

Der Anfang wissenschaftlichen Denkens – also des Logos – kann als Reaktion auf den „Zerfall des Mythos“ (Deppert, 2019, 72) im antiken Griechenland gedeutet werden und ist somit der Versuch, ein durch diesen Zerfall entstandenes, für gesellschaftliches Zusammenleben jedoch notwendiges Orientierungsvakuum zu füllen. Diese Idee von Wissenschaft als Orientierung – die weit über das bloße Ansammeln deskriptiven Wissens hinausgeht – hat bis in die Gegenwart Bestand (Mittelstraß, 2019). Doch will Wissenschaft Orientierung stiften, bedarf sie selbst orientierender Prinzipien, eben Grundwerten zur Forschungsintegrität, da sie sich ansonsten in performativen Selbstwidersprüchen (Kranz, 2017) verstrickt und damit ihre Glaubwürdigkeit aufs Spiel setzt. Den Entwurf dieser neuen Orientierungsprinzipien sieht Deppert in der Philosophie Sokrates' zu einem ersten Höhepunkt kulminiert mit dem Vermeiden innerer Widersprüche (einer Art moralisches Konsistenzkriterium), der Idee der Selbstverantwortlichkeit, dem „Vertrauen in die Verläßlichkeit des eigenen Denkens“ (Deppert, 2019, 79f.) sowie dem Gebrauch der Vernunft, verstanden als Streben nach dem Rechten und Guten, also dem, was Mensch und Welt dienlich ist und beiden keinen Schaden zufügt (ebd., 127). Letztlich sind es im Kern diese 2500 Jahre alten Überlegungen, die ideengeschichtlich den Diskurs um Forschungsintegrität bis in die Gegenwart bestimmen, wo jedoch nicht mehr der Kampf gegen den Mythos im Zentrum steht, sondern vielmehr gegen die immer häufiger an die Öffentlichkeit gelangenden Fälle absichtlichen Fehlverhaltens in der Wissenschaft (Resnik & Shamoo, 2011; Fanelli, 2009; OECD, 2007).[1]

Als Zäsur für die aktuelle Auseinandersetzung um die Bestimmung gemeinsamer orientierender Werte in der Wissenschaft bietet sich das „Singapore Statement

[1] Aufgrund der inhaltlichen Ausrichtung des vorliegenden Beitrags müssen eigentlich zu klärende Aspekte vernachlässigt bleiben. Dies betrifft insbesondere Begriffsarbeit sowohl an dem sich noch in der Aushandlung befindenden Begriff der Forschungsintegrität selbst (Shaw, 2019) als auch an einer näheren Bestimmung dessen, was damit gemeint ist: Werte, Prinzipien, Normen etc. (Peels et al., 2019). Was im Folgenden versucht wird, ist eine Annäherung an die inhaltliche Bestimmung im Diskurs ausgehandelter orientierender Grundwerte – hier schlicht verstanden als die Bevorzugung bestimmter Handlungen vor anderen (Schwemmer, 2013) – in der Wissenschaft in dem Maße, wie sie eine Übertragung auf den Gegenstandsbereich der KI sinnvoll ermöglichen.

on Research Integrity" (World Conference on Research Integrity, 2010) an, das im Rahmen der „2. World Conference on Research Integrity" formuliert wurde und erstmalig auf transkontinentaler und disziplinübergreifender Ebene einen Konsens über Prinzipien und Verantwortungen für Wissenschaftler:innen abbildet. Auf der Grundlage von vier Grundprinzipien – *Ehrlichkeit, Verantwortlichkeit, Professionelles Verhalten und Fairness* sowie *klare Organisation* – werden 14 konkrete Verantwortungen für die Anwendung in unterschiedlichen wissenschaftlichen Handlungsfeldern bestimmt. Andere Leitfäden auf globaler Ebene versuchen der Komplexität des Diskurses durch differenziertere, dafür weniger trennscharfe Grundwerte gerecht zu werden (IAC & IAP, 2012), die aber letztlich in späteren Dokumenten wieder zu vier Grundwerten zusammengeführt werden, wie im „Statement of Principles for Research Integrity" (Global Research Council, 2013) als *Ehrlichkeit, Verantwortlichkeit, Fairness* und *Rechenschaftspflicht.* Dieses orientiert sich begrifflich sehr dicht am Singapore Statement, lediglich die spezielle Bezeichnung der klaren Organisation wird im weiteren Begriff der Rechenschaftspflicht aufgehoben.

Auf europäischer Ebene wurde mit der „Europäischen Charta für Forscher" bereits 2005 ein Kodex mit Rechten und Pflichten für Wissenschaftler:innen formuliert, in dem jedoch keine Grundwerte genannt werden, sondern die Einhaltung von lokal oder disziplinspezifisch geltenden Grundwerten eingefordert wird (Europäische Kommission, 2005). Das ändert sich mit der Veröffentlichung des „Europäischen Verhaltenskodex für Integrität in der Forschung" (ALLEA, 2011), der in der ersten Fassung zunächst noch acht Grundwerte benennt, diese jedoch in der aktuellen überarbeiteten Fassung (ALLEA, 2018)– orientiert am „Statement of Principles for Research Integrity" – zu vier Grundwerten zusammenfasst. Diese sind: *Zuverlässigkeit, Ehrlichkeit, Respekt* und *Rechenschaftspflicht.* Verweisen Zuverlässigkeit und Verantwortlichkeit in den unterschiedlichen Kodizes auf sehr Ähnliches, nämlich eine verantwortungsbewusste Durchführung von Forschung, und zielen somit auf eine Qualitätssicherung methodischen Vorgehens ab – letztlich herrscht Einigkeit in Bezug auf den Gegenstand und Uneinigkeit in Bezug auf den adäquaten Begriff –, ist der Unterschied zwischen Fairness und Respekt ein qualitativer in Bezug auf den Gegenstand. Während sich Fairness im Wesentlichen auf den Umgang mit anderen Personen bezieht, bezieht sich Respekt gleichermaßen auf Mensch und Welt, ist also als Erweiterung zu verstehen.

Auf nationaler Ebene gelten für Deutschland seit 1998 und aktuell in der dritten Fassung vorliegend die „Leitlinien zur Sicherung guter wissenschaftlicher

Praxis“ (DFG, 2019) als Referenzdokument für Forschungsintegrität. Auch dort werden zunächst allgemeine abstrakte Prinzipien festgelegt, um anschließend in Handlungsaufforderungen für gute wissenschaftliche Praxis in Bezug auf den Forschungsprozess konkretisiert zu werden. Anders jedoch als bei den globalen und europäischen Kodizes wird hier nicht zunächst ein verbindlicher Wertekanon festgeschrieben, sondern es geht vielmehr um die (Selbst-)Verpflichtung von Organisationen und Wissenschaftler:innen zu den in ihrer Disziplin und Organisation geltenden Standards sowie um Organisationsprinzipien der Forschungslandschaft. In den weiteren Ausführungen werden dann aber doch eben jene Werte genannt, wie *Verantwortung* in Bezug auf die Qualitätssicherung des Forschungsprozesses sowie gegenüber der Gesellschaft, *Respekt* im Umgang mit Mensch, Natur und Kultur, die Forderung nach einem begründeten, nachvollziehbaren und dokumentierten Vorgehen – was der Idee der *Rechenschaftspflicht* entspricht – sowie *Ehrlichkeit.* Auf organisationsspezifischer Ebene handelt es sich dann in der Regel um eine Umsetzung und Konkretisierung der DFG-Leitlinien (siehe z. B. CAU, 2017; TH Wildau, 2002).[2]

Ein abschließender Blick auf disziplinspezifische Leitlinien (z. B. VDI, 2002) lässt ebenfalls keine nennenswerten Abweichungen in Bezug auf die Grundwerte zur Forschungsintegrität erkennen. So ist beispielsweise auch im Ethik-Kodex der Deutschen Gesellschaft für Erziehungswissenschaft (DGfE, 2016) die Rede von *Lauterkeit* in Bezug auf den wissenschaftlichen Arbeitsprozess, *Fairness* in Bezug auf den Umgang mit beteiligten Personen sowie *Verantwortung* im Hinblick auf den Einsatz von Ressourcen.

Da die im Europäischen Verhaltenskodex für Integrität in der Forschung (ALLEA, 2018) formulierten vier Grundwerte – Zuverlässigkeit, Ehrlichkeit, Respekt, Rechenschaftspflicht – allem Anschein nach so etwas wie einen gegenwärtigen Konsens der scientific community über die Grundwerte zur Forschungsintegrität abbilden und die Werte dort zudem sehr weit gefasst werden, bietet es sich an, zunächst diese Werte im Hinblick auf ihre Anwendbarkeit und Sinnhaftigkeit in Bezug auf KI-gestützte wissenschaftliche (Schreib-)Praktiken hin zu betrachten. Die

---

2 „Mit Inkrafttreten des Kodex zum 01.08.2019 müssen alle Hochschulen und außerhochschulischen Forschungseinrichtungen die 19 Leitlinien und ihre Erläuterungen rechtsverbindlich umsetzen, um Fördermittel durch die DFG erhalten zu können.“ Abgerufen am 21.06.2021 von https://www.dfg.de/foerderung/grundlagen_rahmenbedingungen/gwp/index.html.

größte Herausforderung bei diesem Unterfangen besteht darin, dass in keinem der genannten Dokumente eine intensionale Bestimmung der Grundwerte vorgenommen wird. Der über ein alltagssprachliches Verständnis hinausgehenden Bedeutung der Werte kann man sich letztlich nur nähern, indem man versucht, diese aus der Extension – in diesem Fall der sich daraus ergebenden Rechte und Pflichten für bestimmte wissenschaftliche Handlungsfelder – zu rekonstruieren. Doch bevor dies geschieht, soll zunächst ein exemplarischer Einblick in das gegeben werden, was bereits mit einfachen Mitteln an KI-gestützten wissenschaftlichen Praktiken möglich ist, um so eine fundierte Diskussion der Grundwerte zu erlauben.

Gegenwärtige Möglichkeiten KI-gestützter wissenschaftlicher Textgenerierung

IT-gestützte Technologien für Lernen, Lehre und Forschung gewinnen nicht erst durch die COVID-19-Pandemie an Bedeutung. Auffällig ist dabei, dass KI-basierte Tools bisher, zumindest in der Wahrnehmung derjenigen, die sich aus professioneller Sicht mit Lernen und Lehren beschäftigen, stark unterrepräsentiert bis nicht existent sind (Hart, 2020). Während klassische Tools für die Unterstützung des Schreibprozesses, wenn es um Grammatik oder Rechtschreibung geht, vielfältige Hilfestellungen bieten, scheitern diese jedoch bei anspruchsvolleren Aufgaben, die zur Verbesserung der semantischen Textqualität führen sollen. Das bedeutet, dass z. B. der Aufbau einer Argumentationskette oder auch die Stringenz der Argumentation vom Menschen selbst übernommen werden muss (Strobl et al., 2019). Im Rahmen des Schreibprozesses werden von Studierenden zudem Online-Paraphrasierungs-Tools eingesetzt (Prentice & Kinden, 2018). Aber auch hier kann die Qualität der Ergebnisse leiden, wenn Studierende die zugrunde liegenden Texte nicht verstanden haben und durch das unbedarfte Paraphrasieren fehlerhafte Aussagen und semantische Brüche entstehen. Darüber hinaus birgt dies Plagiatsrisiken in Bezug auf die Originalität der Ergebnisse (Rogerson & McCarthy, 2017).

Im Hinblick auf die Generierung und Bearbeitung von Texten wird rückblickend vermutlich 2019 als das Jahr für den Durchbruch der Künstlichen Intelligenz in Form des Natural Language Processing (NLP) bewertet werden. Das Sprachmodell GPT-2 der früheren Non-Profit-Organisation OpenAI aus San Francisco steht für diesen Durchbruch. Analog zu den bekannten Möglichkeiten der Autovervollständigung bei Messenger-Diensten sind derartige statistische Sprachmodelle darauf trainiert, jeweils schrittweise das nächste Wort auf Basis der vorherigen Textsequenzen als das wahrscheinlichste vorherzusagen. Außerdem können Tools, die auf diesen Sprachmodellen basieren, sich an dem Sprachstil des Inputs orientieren und in diesem Stil auch Textsequenzen generieren und fortführen (Radford, Wu, Amodei et al., 2019).

Das Akronym GPT-2 steht für ein künstliches neuronales Netz mit dem Namen Generative Pretrained Transformer 2. Es handelt sich um ein Deep Learning System (Jones, 2014), das auf der Transformer-Architektur von Google beruht (Vaswani et al., 2017). Die Veröffentlichung der ersten Version dieses Algorithmus wurde begleitet von der Befürchtung, dass durch diese selbstständig textgenerierende Software vermehrt Fake News produziert und verbreitet würden. Daher wurde sie zunächst nur in Auszügen veröffentlicht (Kremp, 2019). Die Vollversion des Modells wurde erst im November 2019 publiziert. Die Datengrundlage des 1,5 Milliarden Parameter umfassenden neuronalen Netzes besteht aus mehr als 8 Millionen Dokumenten, die ca. 40 Gigabyte Text entsprechen (Radford, Wu, Child et al., 2019).

Bereits im März 2020 wurde der Nachfolger GPT-3 veröffentlicht, der seit Juni 2020 das erste kommerzielle Produkt von OpenAI darstellt. Microsoft hat eine Exklusivlizenz und Zugang zum Quellcode des Sprachmodells. Eine Integration in die Azure-Dienste sowie ein Öffnen explizit auch für die Wissenschaft sind geplant (Scott, 2020). Diese Version arbeitet bereits mit 175 Milliarden Parametern basierend auf einer Datengrundlage von 45 Terrabyte, d. h. der mehr als zehnfachen Menge im Vergleich zu den bisherigen KI-Sprachmodellen (Brown et al., 2020). Erste Anwendungsbeispiele zeigen, dass neben der automatischen Generierung von Texten (Moorstedt, 2020) auch vielfältige andere Einsatzgebiete abgedeckt werden (Chojecki, 2020).

Forschende und Studierende können sich mit Software-Tools, die auf solchen Modellen basieren, auf immer einfachere und effizientere Art und Weise schriftliche Texte bis hin zu Abschlussarbeiten generieren lassen. Darüber hinaus enthalten Übersetzungslösungen, wie z. B. DeepL, bereits leistungsstarke KI-Funktionalitäten (DeepL GmbH, 2020), die häufig nicht als solche wahrgenommen werden. Werden derartige Übersetzungslösungen in Verbindung mit bereits vorhandenen, digital verfügbaren Dokumenten (z. B. Studienarbeiten anderer Studierender) und Rewriting-Tools, wie z. B. Quillbot, in geschickter Weise kombiniert, entstehen quasi auf Knopfdruck vermeintlich neue Texte (Weßels, 2020). Auf diese Art generierte Texte können nicht mehr als Plagiate identifiziert werden, weisen doch aktuelle Plagiatserkennungs-Softwarelösungen selbst bei nicht durch KI erstellten Texten nur unzureichende Ergebnisse auf (Foltýnek et al., 2020). Daher werden bereits erste Forderungen nach einer Kennzeichnungspflicht für KI-generierte Texte laut (Meier, 2020). Neben dieser Diskussion, wie Wissenschaft angemessen auf die neuen Möglichkeiten reagieren soll, beginnt parallel der Diskurs darüber, ob und inwieweit auch Forschung oder Teile des Forschungsprozesses, darunter auch das wissenschaftliche Schreiben, durch KI ersetzt werden (Voshmgir, 2020). Dabei scheint sich ein neues Paradigma zu formen, das KI als eine Art Teammitglied betrachtet, mit dem man gemeinsam eine kollaborative Intelligenz bildet, um so zukünftige Probleme zu lösen (Kankanhalli, 2020).

Anwendbarkeit der Grundwerte im Zeitalter Künstlicher Intelligenz

Der Einsatz von KI zum Zweck wissenschaftlicher Textproduktion in Forschung und Lehre birgt also gleichermaßen Möglichkeiten wie Risiken (Meyer & Weßels, 2020; Strobl et al., 2019; Schmohl et al., 2019). Will Wissenschaft die bisher weder faktisch noch theoretisch absehbaren Möglichkeiten zum Guten einsetzen, sie also in den Dienst der Gemeinschaft stellen, bedarf es orientierender Prinzipien. Während in den zuvor diskutierten Kodizes zur Forschungsintegrität eine Vielzahl von Handlungsfeldern explizit thematisiert werden, bleibt auf dieser allgemeinen Ebene (bisher) eine Orientierung für den Einsatz von KI in der Wissenschaft aus. Daneben gibt es einen umfangreichen Diskurs über orientierende Prinzipien für KIs (Bartneck et al., 2021; Europäische Kommission, 2019; Floridi, 2019; Université de Montréal, 2018). Diese betreffen jedoch im Wesentlichen die Entwicklung. Was bisher unterbeleuchtet bleibt, ist die Frage, wie Wissenschaftler:innen KI als Instrument zu Forschungszwecken einsetzen sollen (Hwang et al., 2020). Daher gilt es im Folgenden zu diskutieren, ob die traditionellen Grundwerte dazu geeignet sind, eine ausreichende Orientierung für den Umgang mit KI zu leisten.

Zuverlässigkeit

Zuverlässigkeit kann wohl als der fundamentalste wissenschaftliche Wert gesehen werden, ist er doch vielmehr Definitionskriterium von Wissenschaft, deren Funktion es ist, Wissen zu generieren, das systematischer, nachvollziehbarer und begründeter – eben zuverlässiger – ist als individuell situatives bzw. lebensweltliches Wissen. Ein Verzicht auf Zuverlässigkeit hätte unweigerlich einen gesellschaftlichen Vertrauensverlust zur Folge und würde das gesamte tradierte Konzept Wissenschaft infrage stellen. Wie aber lässt sich Zuverlässigkeit im Zeitalter Künstlicher Intelligenz konkretisieren? Hierzu bedarf es zunächst einer Rollenklärung im Zusammenspiel von Mensch und Maschine. Der Mensch in Wissenschaft und Forschung kann in diesen drei primären Rollen auftreten:

1. Mensch als „Creator" der KI (Programmierung von Algorithmen, Modellierung von Modellen, Auswahl und Bereitstellung der Datenbasis, Testen der Software, Überwachung des Systemverhaltens usw.)
2. Mensch als „Tool-Expert" für die zielkonforme Auswahl oder auch Konfiguration einer KI-Anwendung
3. Mensch als „User" von bereitgestellten und (gesellschaftlich akzeptierten) KI-Anwendungen

Eine Beurteilung der Zuverlässigkeit kann nun spezifisch für die obigen Rollen erfolgen. In den diskutierten Kodizes wird sichtbar, dass diese (noch) nicht differenziert werden. Es wird die Position vertreten, dass die jeweiligen Forschenden, die User also, dafür verantwortlich sind, die Zuverlässigkeit der im Forschungsprozess eingesetzten Verfahren und Instrumente sicherzustellen. Dieses Vorgehen ist weder leistbar noch sinnvoll vor dem Hintergrund der oben differenzierten Rollen.

Um Zuverlässigkeit im Folgenden zu analysieren, wird eine systemische Perspektive gewählt und die soziotechnische Zusammenarbeit von Mensch und Maschine betrachtet, letztere verstanden als KI-basierte Anwendung des maschinellen Lernens. Hierfür können als Grundlage die folgenden Kriterien für Zuverlässigkeit im Sinne der Vertrauenswürdigkeit KI-gestützter Systeme (Huchler et al., 2020) angeführt werden:

- Qualität der verfügbaren Daten
- Transparenz, Erklärbarkeit und Widerspruchsfreiheit
- Verantwortung, Haftung und Systemvertrauen

Das Vertrauen der Gesellschaft und des Individuums (hier als Tool-Expert und User) in KI-basierte Anwendungen erfordert von den Akteur:innen in der Rolle des Creators im Hinblick auf die obigen drei Gruppen von Kriterien ein hohes Maß an Transparenz, Erklärbarkeit und Überprüfbarkeit. Um dieser Zielsetzung gerecht zu werden, benötigt eine gute wissenschaftliche Praxis im KI-Zeitalter neue und vor allem differenzierte Orientierungen, die die User im Hinblick auf die Sicherstellung der Zuverlässigkeit entlasten. Hierzu bedarf es eines neuen Regelungssystems der KI-Governance mit klar definierten Strukturen und Prozessen, die sowohl als Definitionsrahmen (für das WAS) wie auch als Handlungsrahmen (für das WIE) konzipiert werden müssen. Eine KI-Governance könnte zu einer Kennzeichnungspflicht der von Wissenschaftler:innen verwendeten KI-Systeme in ihren Publikationen führen und im Bereich NLP letztlich zu qualitätsgeprüften KI-Sprachmodellen und darauf basierenden Werkzeugen. Der TÜV-Verband (2020) hat in seinem Positionspapier zur Sicherheit KI-gestützter Anwendungen seine Mitwirkung signalisiert und die Bedeutung unabhängiger Prüforganisationen betont.

Ehrlichkeit

„Ehrlich" sind im allgemeinen Sprachgebrauch Personen, die die Wahrheit sagen, zuverlässig und rechtschaffen sind. In der Wissenschaft ist Ehrlichkeit „bei der Entwicklung, Durchführung, Überprüfung, Berichterstattung und Kommunikation von Forschungsarbeiten in transparenter, fairer, vollständiger und unvoreingenommener Weise" (ALLEA, 2018, 4) essenziell. Jeder Schritt von Antragstellung bis zur Veröffentlichung der Ergebnisse soll im Sinne einer nahtlosen Qualitätssicherung überprüfbar sein, um Datenmanipulationen oder erfundene Ergebnisse gar nicht erst zu ermöglichen bzw. frühzeitig zu erkennen und zu ahnden sowie Methodenfehler aufzudecken (DFG, 2019, 14f.). Transparenz im Umgang mit neuen Methoden, wozu auch die Einbeziehung von KI in den Forschungsprozess gezählt werden kann, ist laut Leitlinie 7 der DFG besonders wichtig. Das Prinzip 5 der „Montréal Declaration for a Responsible Development of Artificial Intelligence" zielt im Umgang mit KI genau auf diesen Aspekt der Transparenz ab: „AIS must meet intelligibility, justifiability, and accessibility criteria, and must be subjected to democratic scrutiny, debate, and control" (Université de Montréal,

2018, 12). Die Funktionsweise und der Quellcode des KI-gestützten Systems sollen demnach offengelegt und jegliche unerwünschten Verhaltensweisen dokumentiert und gemeldet werden. Die Verantwortung soll immer bei dem Creator oder User liegen. In einem Co-Autor:innen-Gespann aus Mensch und KI-Tool würde der/die menschliche Autor:in demnach immer auch für die KI verantwortlich sein. Wie kann ein:e Wissenschaftler:in aber einem System Ehrlichkeit auferlegen, das im Sinne der Reproduzierbarkeit nie zweimal dieselben Ergebnisse liefern wird, weil es programmiert wurde, um „mitzudenken" und so neue Ideen anzustoßen? Oder noch fundamentaler formuliert: Das Konzept der Ehrlichkeit ist schlicht nicht anwendbar auf NLP-Systeme, deren Funktion darin besteht, eingehende Informationen nach einem bestimmten Algorithmus zu verarbeiten, unabhängig davon, ob der Input wahr oder falsch ist.

Die Möglichkeiten der KI-gestützten Systeme einzuschränken, um sie unter Kontrolle zu behalten, widerspricht wiederum der Idee von KI, die laut Definition der EU-Kommission „Systeme mit einem ‚intelligenten' Verhalten, die ihre Umgebung analysieren und mit einem gewissen Grad an Autonomie handeln, um bestimmte Ziele zu erreichen", umfasst (Europäische Kommission, 2018, 1). Es bedarf einer modifizierten Definition des Wertes Ehrlichkeit, wenn Forschende zwar ihren Anteil am Text sowie die verwendeten KI-Tools offenlegen können, aber die Funktionsweise der Letzteren selbst nicht vollständig durchdrungen haben. Können Ehrlichkeit und Transparenz nur so weit erwartet werden, wie der/die menschliche Partner:in ausschließlich KI-generierte Textpassagen oder Ideen und Übersetzungen verwendet, die er/sie selbst nachvollziehen und erläutern kann? Dies bedeutete allerdings, das Potenzial von KI-gestützter Textproduktion nicht auszuschöpfen und intelligenten Systemen grundsätzlich zu misstrauen. Wird Ehrlichkeit darüber hinaus herangezogen, um das künstliche Manipulieren oder Generieren von Daten zu unterbinden, so werden die Grenzen der Anwendung dieses Wertes auf den Einsatz von KI-Systemen deutlich, ist doch genau das deren Funktion.

Respekt

Unter Respekt wird gemeinhin eine Haltung der Achtung, Wertschätzung und Anerkennung verstanden. Dies bezieht sich im Rahmen von Forschung auf „Kollegen, Forschungsteilnehmer, die Gesellschaft, Ökosysteme, das kulturelle Erbe und die Umwelt" (ALLEA, 2018, 4). Wie aber lässt sich Respekt im Hinblick auf KI-gestützte Textgenerierung deuten?

Wer den Kolleg:innen Respekt zollt, achtet sowohl sie als Person als auch ihre Leistungen für das Feld. Im Wissenschaftsbetrieb wird Anerkennung derzeit in hohem Maße über die Bezugnahme auf Texte ausgedrückt. Wenn künftig vermehrt KI-Tools zum Einsatz kommen, ist der Mehrwert dieser Praxis des Zitierens fraglich, da das Erschließen, Überblicken und Zitieren bestehender Gedanken KI-Tools schneller erledigen als der Mensch. Letztlich wären es also die Maschinen, die den Respekt zollen würden, womit die Praktik obsolet wäre. Vielmehr könnte es darauf ankommen, den eigenen Beitrag deutlich zu benennen, um den erzielten Fortschritt zu kennzeichnen. Dies würde inhaltlich der Forschung und auf der persönlichen Ebene dem Vorankommen des/der Autor:in dienen.

Respekt gegenüber Kolleg:innen zeigt sich auch durch Transparenz bezüglich aller Beitragenden zu einer Publikation. Gemäß ALLEA (2018, 7) sollen „wichtige Arbeiten und intellektuelle Beiträge anderer, einschließlich von Kooperationspartnern, Assistenten und Förderern, die die veröffentlichten Forschungsarbeiten in geeigneter Form beeinflusst haben", gewürdigt und zitiert werden, wobei sich schon jetzt unterschiedliche Praktiken bei der (Nicht-)Nennung von Personen zeigen, die z. B. durch Feedback den Forschungsprozess prägen (Osborne & Holland, 2009, 3). Da bei KI-gestützten Schreibprozessen aufgrund der Verschmelzung von Mensch und Maschine die jeweilige Leistung nicht abgegrenzt werden kann, ist diese geforderte Transparenz nicht zu gewährleisten.

Unter Respekt für Gesellschaft und Umwelt sind das Nichtschadensprinzip, die Kultursensibilität und das Einbeziehen der Öffentlichkeit zu verstehen. Forschende sollen potenzielle Schäden, aber auch Risiken, die mit ihrer Tätigkeit einhergehen, „erkennen und bewältigen" (ALLEA, 2018, 6). Angesichts der rasant fortschreitenden Entwicklung technischer Möglichkeiten, insbesondere in Bezug auf KI, vermag jedoch niemand die Folgen sicher abzuschätzen. Bisherige Orientierungen greifen hier somit nicht. Besser steuerbar erscheint hingegen die Bewusstheit über den kulturellen Kontext, in dem Forschung stattfindet und den sie möglicherweise verändert. Durch den Einsatz von KI, insbesondere des NLP, besteht die Gefahr, dass Forschung einseitig wird und stetig den Mainstream inklusive seiner Fehler reproduziert (Hao, 2020). Auf Respekt im Sinne von Kultursensibilität von Forschung ist demnach verstärkt zu achten. Das Einbeziehen der Gesellschaft in Forschungsprojekte (Citizen Science) könnte durch KI-Tools gefördert, der Zugang zu wissenschaftlichem Wissen und somit Partizipation erleichtert werden. Im Dienste von Wissenschaftskommunikation bzw. Public Understanding of Science können KI-Tools den Forschenden die Aufgabe abnehmen, ihre Ergebnisse in gut verständlicher Form aufzubereiten, sodass die Öffentlichkeit besser informiert wird.

Rechenschaftspflicht

Der Europäische Verhaltenskodex für Integrität in der Forschung bezieht Rechenschaftspflicht umfänglich auf den gesamten Forschungsprozess „von der Idee bis zur Veröffentlichung, für deren Verwaltung und Organisation, für Ausbildung, Aufsicht und Betreuung und für ihre weiteren Auswirkungen" (ALLEA, 2018, 4). Im Hinblick auf den Einsatz KI-basierter Systeme ist die Frage, wer wofür und wem gegenüber rechenschaftspflichtig ist, bislang ungeklärt. So stellt z. B. die Montréal Declaration einerseits eindringlich klar, der Einsatz von KI dürfe nicht die Verantwortung des Menschen bei Entscheidungen mindern (Université de Montréal, 2018, 16). Andererseits will sie bei Schäden die Schuld und Verantwortung von Entwickler:innen und Nutzer:innen der KI beschränkt wissen, solange die KI zuverlässig und bestimmungsgemäß eingesetzt wurde (ebd.).

Dies zieht auch für den KI-gestützten wissenschaftlichen Schreibprozess eine Reihe ungeklärter Fragen nach sich: Können wissenschaftlich Schreibende als bloße User (siehe Kap. 4.1) überhaupt ihrer Rechenschaftspflicht Genüge tun, wenn sie KI einsetzen? Was bedeutet Rechenschaftspflicht, wenn sie entsprechende Werkzeuge nutzen, ohne sich über die Prozesse der Textentstehung (geschweige denn die performative Wirkung des Schreibproduktes) im Klaren zu sein? Die „Ethik-Leitlinien für eine vertrauenswürdige KI" der Europäischen Kommission (2019) nennen Rechenschaftspflicht in Beziehung mit sechs weiteren Anforderungen. Konkretisierend werden beispielhaft „Nachprüfbarkeit, Minimierung und Meldung von negativen Auswirkungen, Kompromisse und Rechtsbehelfe" aufgezählt (ebd., 18). Prüft man die genannten Kategorien der Rechenschaftspflicht im Hinblick auf KI-gestützte wissenschaftliche Schreibprozesse, so lässt sich feststellen, dass sie kaum individuell einlösbar sind.

Mit dem Kriterium der Nachprüfbarkeit verbindet die hochrangige Expertengruppe für KI, „dass Algorithmen, Daten und das Entwurfsverfahren einer Bewertung unterzogen werden können“ (ebd., 24). Interne und externe Prüfung sowie Bewertungsberichte sollen das Vertrauen in die Technik fördern. Den einzelnen wissenschaftlich Schreibenden als User von KI-gestützter Software bleibt lediglich, möglichst auf entsprechend geprüfte und bewertete Produkte zurückzugreifen und diese auszuweisen. In Gänze nachprüfbar ist jedoch weder der wissenschaftliche Schreibprozess mithilfe von KI-Tools noch der fertige Text.

Beim Kriterium der Minimierung und Meldung von negativen Auswirkungen geht es um Abwendung von Risiken, negativen Folgen und den Schutz von Personen und Personengruppen. Hier bleibt ein Spielraum der Abwägung und des Ermessens – und somit der Unsicherheit, denn auch dieses Kriterium bleibt an die fehlende Nachprüfbarkeit geknüpft.

Bei Interessen- und Wertekonflikten verlangen die Ethik-Leitlinien nachdrücklich ethisch vertretbare Kompromisse, die mit einer Begründungs- und Dokumentationspflicht einhergehen und kontinuierlich zu prüfen sind. Kommt ein Kompromiss nicht zustande, so ist eine andere Nutzung oder Entwicklung von KI-Systemen gefordert. Als letzte Maßnahme bleiben Vorkehrungen für Rechtsschutz und Rechtsmittel.

Letzten Endes zielen die Ethik-Leitlinien auf „Vorkehrungen [...], die die Verantwortlichkeit und Rechenschaftspflicht für KI-Systeme und deren Ergebnisse vor und nach deren Umsetzung gewährleisten“ (ebd., 24). Diese Forderung greift für die wissenschaftlich schreibenden User jedoch nur beschränkt. Sie können begründend, beschreibend und dokumentierend transparent und nachprüfbar machen, mit welchen – womöglich zertifizierten – Tools sie wozu und in welcher Weise arbeiten. Darüber hinaus können sie als einzelne User keine zuverlässigen Angaben machen. Einer Idee von Rechenschaftspflicht, bei der die/der Einzelne nicht für jedes Detail verantwortlich sein muss, sehr wohl aber für das Ganze der Arbeit (Shamoo & Resnik, 2009, 101f.), entspricht dies nicht.

Ausblick

Die hier geführte Diskussion offenbart sowohl Notwendigkeit als auch Schwierigkeit der Reflexion traditioneller Werte guter wissenschaftlicher Praxis im

Hinblick darauf, sie an einen durch KI-Technologien ausgelösten disruptiven Wandel wissenschaftlicher Praktiken am Beispiel der Textgenerierung anzupassen. Die vier Grundwerte Zuverlässigkeit, Ehrlichkeit, Respekt und Rechenschaftspflicht müssen sich nun nicht mehr nur auf rein menschliche Autor:innenschaft beziehen lassen, sondern auf ein kollaboratives Konstrukt aus Mensch und Maschine, das beim heute schon absehbaren Einsatz von Schreibbots eine symbiotische Struktur aufweist und genau darin einen großen gesellschaftlichen Nutzen entfalten kann. Wenn Mensch mit Maschine gemeinsam Texte beliebig konstruiert, modifiziert und veröffentlicht, ergeben sich in allen Lebenszyklen der wissenschaftlichen Textarbeit vielfältige neue Herausforderungen, zu denen sich Wissenschaft positionieren muss. Zumindest prima facie scheint eine einfache Adaption des Grundwertekanons keine ausreichende Orientierung für den Umgang mit diesen Herausforderungen zu bieten. Insbesondere die traditionelle Zuweisung der Verantwortung für Forschungsintegrität an die jeweils forschenden Individuen und Kollaborationen ist von den Einzelnen nicht mehr zu leisten. Sie bedarf daher einer alternativen Verteilung.

Die sich andeutende Komplexität und Radikalität des hier skizzierten Problemraums muss es darüber hinaus erlauben, sich zunächst einmal von dem Faktischen, Altbekannten zu lösen, um im Raum des Möglichen nach Lösungen zu suchen (Kralemann, 2011). Dies kann durch einen radikalen Perspektivenwechsel geschehen, der als Pendant genauso disruptiv wirkt wie die auslösende KI-Disruption im Problemraum. Eine solche, den Diskurs eröffnende Möglichkeit, könnte wie folgt aussehen:

Während wir heute in der wissenschaftlichen Praxis eine – nebenbei bemerkt ressourcenverschlingende – Kennzeichnungspflicht für die Gedanken anderer verlangen, könnten wir im Zeitalter Künstlicher Intelligenzen und der Kollaboration von Mensch und Maschine eine Kennzeichnung primär für die eigenen Textpassagen verlangen, die entweder direkt von dem/der menschlichen Autor:in stammen oder unter seiner/ihrer Leitung als machine leader in der Kollaboration von Mensch und Maschine entstanden sind. Das wiederum würde bedeuten, dass wir die Qualität einer wissenschaftlichen Arbeit vorrangig an der intellektuellen und originären Eigenleistung der eigenen Textpassagen festmachen würden, und hätte zudem den angenehmen Nebeneffekt, Wissenschaftler:innen wieder mehr Zeit für ihre eigentlichen denkenden und forschenden

Tätigkeiten zu eröffnen.[3] Die in der Praxis dominierende Literaturarbeit rückt damit in den Hintergrund und verliert drastisch an Bedeutung. Und es stellt sich die Frage, ob wir die Quellenverwendungsnachweise zukünftig überhaupt noch als erforderlich erachten müssen oder auch darauf verzichten könnten, denn sie stehen dann ohnehin der wissenschaftlichen Community als ubiquitäres Gut im Sinne der Zielsetzung von Open Science (European Commission, 2019) zur Verfügung.

Literatur

ALLEA – All European Academies (Hrsg.) (2011). *The European Code of Conduct for Research Integrity.* Verfügbar unter: http://archives.esf.org/fileadmin/Public_documents/Publications/Code_Conduct_ResearchIntegrity.pdf [22.06.2021].

ALLEA – All European Academies (Hrsg.) (2018). *Europäischer Verhaltenskodex für Integrität in der Forschung.* Verfügbar unter: http://www.allea.org/wp-content/uploads/2018/06/ALLEA-European-Code-of-Conduct-for-Research-Integrity-2017-Digital_DE_FINAL.pdf [22.06.2021].

Bartneck, C., Lütge, C., Wagner, A. et al. (2021). *An Introduction to Ethics in Robotics and AI.* Cham: Springer International Publishing. Verfügbar unter: https://doi.org/10.1007/978-3-030-51110-4 [22.06.2021].

Beta Writer (2019). *Lithium-Ion Batteries: A Machine-Generated Summary of Current Research.* Springer Nature. Verfügbar unter: https://doi.org/10.1007/978-3-030-16800-1 [22.06.2021].

Brown, T. B., Mann, B., Ryder, N. et al. (2020). La*nguage Models are Few-Shot Learners.* arXiv:2005.14165 [cs]. Verfügbar unter: http://arxiv.org/abs/2005.14165 [22.06.2021].

Callaway, E. (2020). 'It will change everything': DeepMind's AI makes gigantic leap in solving protein structures. *Nature*, 588(7837), 203–204. Verfügbar unter: https://doi.org/10.1038/d41586-020-03348-4 [22.06.2021].

Carnap, R. (1934). *Logische Syntax der Sprache.* Berlin, Heidelberg: Springer. Verfügbar unter: https://doi.org/10.1007/978-3-662-25375-5 [22.06.2021].

---

[3] Dieser Gedanke ist strenggenommen weder besonders radikal noch innovativ, ist doch die gegenwärtige Belegpraxis als grundlegendes Qualitätsmerkmal wissenschaftlicher Publikationen eine Entwicklung erst des mittleren 20. Jahrhunderts. So heißt es z. B. noch bei Carnap (1934, VI): „An manchen Stellen im Text werden Hinweise auf die wichtigste Literatur gegeben. Vollständigkeit ist dabei nicht angestrebt worden."

CAU – Christian-Albrechts-Universität zu Kiel (Hrsg.). (2017). *Richtlinien der CAU zur Sicherung guter wissenschaftlicher Praxis.* Verfügbar unter: https://www.uni-kiel.de/fileadmin/user_upload/forschung/integritaet-ethik/downloads/CAU-Richtlinie_Gute_wissenschaftliche_Praxis.pdf [22.06.2021].

Chen, X., Xie, H. & Hwang, G.-J. (2020). A multi-perspective study on Artificial Intelligence in Education: Grants, conferences, journals, software tools, institutions, and researchers. *Computers and Education: Artificial Intelligence*, 1, 100005. Verfügbar unter: https://doi.org/10.1016/j.caeai.2020.100005 [22.06.2021].

Chojecki, P. (2020). *Crazy GPT-3 Use Cases. Discover how powerful GPT-3 from OpenAI really is.* Verfügbar unter: https://medium.com/towards-artificial-intelligence/crazy-gpt-3-use-cases-232c22142044 [22.06.2021].

DeepL GmbH (2020). *Erneuter Durchbruch bei der KI-Übersetzungsqualität.* Verfügbar unter: https://www.deepl.com/blog/20200206.html [22.06.2021].

Deppert, W. (2019). *Theorie der Wissenschaft. Band 2: Das Werden der Wissenschaft.* Wiesbaden: Springer. Verfügbar unter: https://doi.org/10.1007/978-3-658-14043-4 [22.06.2021].

DFG – Deutsche Forschungsgemeinschaft (Hrsg.) (2019). *Leitlinien zur Sicherung guter wissenschaftlicher Praxis.* Verfügbar unter: https://doi.org/10.5281/zenodo.3923602 [22.06.2021].

DGfE – Deutsche Gesellschaft für Erziehungswissenschaft (Hrsg.) (2016). *Ethik-Kodex der Deutschen Gesellschaft für Erziehungswissenschaft.* Verfügbar unter: https://www.dgfe.de/fileadmin/OrdnerRedakteure/Satzung_etc/Ethikkodex_2016.pdf [22.06.2021].

Europäische Kommission (Hrsg.) (2005). *Europäische Charta für Forscher: Verhaltenskodex für die Einstellung von Forschern.* Office for Official Publications of the European Communities. Verfügbar unter: https://cdn2.euraxess.org/sites/default/files/brochures/eur_21620_de-en.pdf [22.06.2021].

Europäische Kommission (Hrsg.) (2018). *Künstliche Intelligenz in Europa.* Verfügbar unter: https://eur-lex.europa.eu/legal-content/DE/TXT/PDF/?uri=CELEX:52018DC0237&from=CS [22.06.2021].

Europäische Kommission (Hrsg.) (2019). *Ethik-Leitlinien für eine vertrauenswürdige KI.* Verfügbar unter: https://ec.europa.eu/digital-single-market/en/news/ethics-guidelines-trustworthy-ai [22.06.2021].

European Commission (Hrsg.) (2019). *Open Science.* Verfügbar unter: https://ec.europa.eu/info/sites/info/files/research_and_innovation/knowledge_publications_tools_and_data/documents/ec_rtd_factsheet-open-science_2019.pdf [22.06.2021].

Fanelli, D. (2009). How Many Scientists Fabricate and Falsify Research? A Systematic Review and Meta-Analysis of Survey Data. *PLOS ONE*, 4(5): e5738. Verfügbar unter: https://doi.org/10.1371/journal.pone.0005738 [22.06.2021].

Floridi, L. (2019). Establishing the rules for building trustworthy AI. *Nature Machine Intelligence*, 1(6), 261–262. Verfügbar unter: https://doi.org/10.1038/s42256-019-0055-y [22.06.2021].

Foltýnek, T., Dlabolová, D., Anohina-Naumeca et al. (2020). *Testing of Support Tools for Plagiarism Detection.* arXiv:2002.04279 [cs]. Verfügbar unter: http://arxiv.org/abs/2002.04279 [22.06.2021].

Global Research Council (Hrsg.). (2013). *Statement of Principles for Research Integrity.* Verfügbar unter: https://www.globalresearchcouncil.org/fileadmin//documents/GRC_Publications/grc_statement_principles_research_integrity_FINAL.pdf [22.06.2021].

GWK – Gemeinsame Wissenschaftskonferenz (Hrsg.) (2020). Bun*d-Länder-Vereinbarung gemäß Artikel 91b Absatz 1 des Grundgesetzes über die Förderinitiative „Künstliche Intelligenz in der Hochschulbildung" vom 10. Dezember 2020.* Verfügbar unter: https://www.gwk-bonn.de/fileadmin/Redaktion/Dokumente/Papers/BLV_KI_in_der_Hochschulbildung.pdf [22.06.2021].

Hao, K. (2020). The True Dangers of AI Are Closer Than We Think. *MIT Technology Review*, 123(6), 38–39.

Hart, J. (2020). *Top Tools for Learning 2020: Results of the 14th Annual Survey.* Verfügbar unter: https://www.toptools4learning.com/ [22.06.2021].

Heaven, W. D. (2020). OpenAI's new language generator GPT-3 is shockingly good– and completely mindless. *MIT Technology Review.* Verfügbar unter: https://www.technologyreview.com/2020/07/20/1005454/openai-machine-learning-language-generator-gpt-3-nlp/ [22.06.2021].

Huchler, N., Adolph, L., André, E., Bauer et al. (2020). *Kriterien für die Mensch-Maschine-Interaktion bei KI. Ansätze für die menschengerechte Gestaltung in der Arbeitswelt.* Verfügbar unter: https://www.plattform-lernende-systeme.de/files/Downloads/Publikationen/AG2_Whitepaper2_220620.pdf [22.06.2021].

Hwang, G.-J., Xie, H., Wah et al. (2020). Vision, challenges, roles and research issues of Artificial Intelligence in Education. *Computers and Education: Artificial Intelligence*, 1, 100001. Verfügbar unter: https://doi.org/10.1016/j.caeai.2020.100001 [22.06.2021].

IAC & IAP – InterAcademy Council, & InterAcademy Partnership (Hrsg.) (2012*). Responsible Conduct in the Global Research Enterprise. A Policy Report.* Verfügbar unter: http://nas-sites.org/responsiblescience/files/2015/03/IAP2012_Responsible-conduct.pdf [22.06.2021].

Jones, N. (2014). Computer science: The learning machines. *Nature*, 505(7482), 146–148. Verfügbar unter: https://doi.org/10.1038/505146a [22.06.2021].

Kankanhalli, A. (2020). Artificial intelligence and the role of researchers: Can it replace us? *Drying Technology*, 38(12), 1539–1541. Verfügbar unter: https://doi.org/10.1080/07373937.2020.1801562 [22.06.2021].

Kralemann, B. (2011). Παιδεία – Entdecke die Möglichkeiten! In W. Prieß (Hrsg.), *Wirtschaftspädagogik zwischen Erkenntnis und Erfahrung – Strukturelle Einsichten zur Gestaltung von Prozessen* (87–119). Norderstedt: Books on Demand.

Kranz, M. (2017). Widerspruch, performativer; Widerspruch, pragmatischer. In *Historisches Wörterbuch der Philosophie online.* Basel: Schwabe Verlag. Verfügbar unter: https://doi.org/10.24894/HWPh.4839 [22.06.2021].

Kremp, M. (2019). *„Talk to Transformer": Diese künstliche Intelligenz schreibt beängstigend gut.* Verfügbar unter: https://www.spiegel.de/netzwelt/web/talk-to-transformer-kuenstliche-intelligenz-schreibt-texte-fertig-a-1295116.html [22.06.2021].

Meier, C. J. (2020). *Wie gefährlich ist ein Algorithmus, der schreibt wie ein Mensch?* Verfügbar unter: https://www.riffreporter.de/ki-fuer-alle/sprachsoftware-schreibt-wie-ein-mensch/ [22.06.2021].

Meyer, E. & Weßels, D. (2020). Original oder Plagiat? Das neue Kontinuum wissenschaftlicher Arbeiten. In F. Nees, I. Stengel, V. G. Meister, T. Barton, F. Herrmann, C. Müller & M. R. Wolf (Hrsg.), *Angewandte Forschung in der Wirtschaftsinformatik 2020* (53–60). Heide: mana-Buch. Verfügbar unter: http://akwi.de/documents/AKWI_Tagungsband2020.pdf [22.06.2021].

Mittelstraß, J. (2019). Bildung in einer Wissensgesellschaft. *heiEDUCATION Journal. Transdisziplinäre Studien zur Lehrerbildung,* 3, 21–36. Verfügbar unter: https://doi.org/10.17885/HEIUP.HEIED.2019.3.23942 [22.06.2021].

Moorstedt, M. (2020). *Künstliche Intelligenz. Technologie oder Magie?* Verfügbar unter: https://www.sueddeutsche.de/kultur/kuenstliche-intelligenz-verfasst-texte-teilweise-auch-diesen-federhalter-1.4989758 [22.06.2021].

OECD – Organisation for Economic Co-operation and Development (Hrsg.) (2007). *Best Practices for Ensuring Scientific Integrity and Preventing Misconduct.* Verfügbar unter: http://www.oecd.org/science/inno/40188303.pdf [22.06.2021].

Osborne, J. W. & Holland, A. (2009). What is authorship, and what should it be? A survey of prominent guidelines for determining authorship in scientific publications. *Practical Assessment, Research, and Evaluation,* 14, Artikel 15. Verfügbar unter: https://doi.org/10.7275/25pe-ba85 [22.06.2021].

Peels, R., de Ridder, J., Haven, T. et al. (2019). Value pluralism in research integrity. *Research Integrity and Peer Review,* 4(1), Artikel 18. Verfügbar unter: https://doi.org/10.1186/s41073-019-0076-4 [22.06.2021].

Prentice, F. M. & Kinden, C. E. (2018). Paraphrasing tools, language translation tools and plagiarism: An exploratory study. *International Journal for Educational Integrity,* 14(1), 11. Verfügbar unter: https://doi.org/10.1007/s40979-018-0036-7 [22.06.2021].

Radford, A., Wu, J., Amodei, D. et al. (2019). *Better Language Models and Their Implications.* Verfügbar unter: https://openai.com/blog/better-language-models/ [22.06.2021].

Radford, A., Wu, J., Child, R. et al. (2019). *Language models are unsupervised multitask learners. Technical report.* Verfügbar unter: https://cdn.openai.com/better-language-models/language_models_are_unsupervised_multitask_learners.pdf [22.06.2021].

Resnik, D. B. & Shamoo, A. E. (2011). The Singapore Statement on Research Integrity. *Accountability in Research,* 18(2), 71–75. Verfügbar unter: https://doi.org/10.1080/08989621.2011.557296 [22.06.2021].

Rogerson, A. M. & McCarthy, G. (2017). Using Internet based paraphrasing tools: Original work, patchwriting or facilitated plagiarism? *International Journal for Educational Integrity*, 13(1), 1–15. Verfügbar unter: https://doi.org/10.1007/s40979-016-0013-y [22.06.2021].

Schmohl, T., Löffl, J. & Falkemeier, G. (2019). Künstliche Intelligenz in der Hochschullehre. In T. Schmohl & D. Scheffer (Hrsg.), *Lehrexperimente der Hochschulbildung. Didaktische Innovationen aus den Fachdisziplinen* (Bd. 2, 117–122). Bielefeld: wbv. Verfügbar unter: https://www.pedocs.de/volltexte/2020/18564/ [22.06.2021].

Schwemmer, O. (2013). Wert (moralisch). In J. Mittelstraß (Hrsg.), *Enzyklopädie Philosophie und Wissenschaftstheorie*. Bd. 5 (604–606). Stuttgart, Weimar: J. B. Metzler.

Scott, K. (2020). *Microsoft teams up with OpenAI to exclusively license GPT-3 language model.* Verfügbar unter: https://blogs.microsoft.com/blog/2020/09/22/microsoft-teams-up-with-openai-to-exclusively-license-gpt-3-language-model/ [22.06.2021].

Shamoo, A. E. & Resnik, D. B. (2009). *Responsible conduct of research.* 2nd ed. Oxford Univ. Press.

Shaw, D. (2019). The Quest for Clarity in Research Integrity: A Conceptual Schema. *Science and Engineering Ethics*, 25(4), 1085–1093. Verfügbar unter: https://doi.org/10.1007/s11948-018-0052-2 [22.06.2021].

Strobl, C., Ailhaud, E., Benetos, K. et al. (2019). Digital support for academic writing: A review of technologies and pedagogies. *Computers & Education*, 131, 33–48. Verfügbar unter: https://doi.org/10.1016/j.compedu.2018.12.005 [22.06.2021].

Tahiru, F. (2021). AI in Education: A Systematic Literature Review. *Journal of Cases on Information Technology*, 23(1), 1–20. Verfügbar unter: https://doi.org/10.4018/JCIT.2021010101 [22.06.2021].

TH Wildau – Technische Fachhochschule Wildau (Hrsg.). (2002). *Ordnung zur Sicherung guter wissenschaftlicher Praxis an der Technischen Fachhochschule Wildau. Entwickelt nach den Empfehlungen der Deutschen Forschungsgemeinschaft.* Verfügbar unter: https://www.th-wildau.de/files/2_Dokumente/Amtliche_Mitteilungen/13_2002_ordnung_sicherung_wissenschaftlicher_praxis.pdf [22.06.2021].

The Royal Society (Hrsg.). (2017). *Machine learning: The power and promise of computers that learn by example.* Verfügbar unter: https://royalsociety.org/-/media/policy/projects/machine-learning/publications/machine-learning-report.pdf [22.06.2021].

The Royal Society, & The Alan Turing Institute (Hrsg.). (2019). *The AI revolution in scientific research.* Verfügbar unter: https://royalsociety.org/-/media/policy/projects/ai-and-society/AI-revolution-in-science.pdf?la=en-GB&hash=5240F21B56364A00053538A0BC29FF5F [22.06.2021].

TÜV-Verband (Hrsg.) (2020). *Zur Sicherheit KI-gestützter Anwendungen. Positionspapier.* Verfügbar unter: https://www.vdtuev.de/positionspapiere/tuev-verband-zur-sicherheit-ki [22.06.2021].

Université de Montréal (Hrsg.). (2018). *Montréal Declaration for a Responsible Development of Artificial Intelligence.* Verfügbar unter: https://5dcfa4bd-f73a-4de5-94d8-c010ee777609.filesusr.com/ugd/ebc3a3_506ea08298cd4f8196635545a16b071d.pdf [22.06.2021].

Vaswani, A., Shazeer, N., Parmar, N. et al. (2017). *Attention Is All You Need.* arXiv:1706.03762 [cs]. Verfügbar unter: http://arxiv.org/abs/1706.03762 [22.06.2021].

VDI – Verein Deutscher Ingenieure (Hrsg.) (2002). *Ethische Grundsätze des Ingenieurberufs.* Verfügbar unter: https://www.vdi.de/fileadmin/pages/mein_vdi/redakteure/publikationen/VDI_Ethische_Grundsaetze.pdf [22.06.2021].

Voshmgir, S. (2020). *GPT3 & Parametric Academic Writing.* Verfügbar unter: https://sherminvoshmgir.medium.com/gtp3-the-future-of-parametric-academic-writing-a81f02e10426 [22.06.2021].

Weßels, D. (2020). *Zwischen Original und Plagiat.* Verfügbar unter: https://www.forschung-und-lehre.de/management/zwischen-original-und-plagiat-2754/ [22.06.2021].

World Conference on Research Integrity (Hrsg.) (2010). *Singapore Statement on Research Integrity.* Verfügbar unter: https://www.wcrif.org/documents/327-singapore-statement-a4size/file [22.06.2021].

Autor:innen

Martina Baravalle, Mag. iur., Juristin in der Abteilung „Organisationsrecht und Berufungsmanagement“ und Leiterin des „Kompetenzzentrum für Akademische Integrität“ der mdw – Universität für Musik und darstellende Kunst Wien, Ansprechperson für Österreich im UniWiND-Netzwerk „Gute wissenschaftliche Praxis vermitteln – Netzwerk für Trainerinnen und Trainer“, baravalle@mdw.ac.at

Lex Bouter, Prof. Dr., ist Inhaber eines Lehrstuhls für Methodik und Integrität an der Universität Amsterdam und an der Vrije Universiteit. Derzeit forscht und lehrt er zu Themen der Forschungsintegrität. Er ist Gründungsvorsitzender der World Conferences on Research Integrity Foundation, Bouter, lm.bouter@vu.nl

Hjördis Czesnick, Dr. rer. nat, Leiterin der Geschäftsstelle des „Ombudsman für die Wissenschaft“, Co-Chair des European Network of Research Integrity Offices (ENRIO), office@ofdw.de

Birgit Enzmann, Prof. Dr., Außerplanmäßige Professorin für Politikwissenschaft an der Katholischen Universität Eichstätt-Ingolstadt; wissenschaftliche Mitarbeiterin für Studium und Lehre an der Hochschule Coburg, birgit.enzmann@ku.de

Nicole Föger, Dr., Geschäftsführerin der Österreichischen Agentur für wissenschaftliche Integrität, nicole.foeger@oeawi.at

Johanna Gröpler, M. A., wissenschaftliche Mitarbeiterin TH Wildau College/ Schreibwerkstatt, Projektmitarbeiterin in der Hochschulbibliothek der Technischen Hochschule Wildau, johanna.groepler@th-wildau.de

Alexander Hasgall, Dr., Leiter des EUA Council for Doctoral Education, European University Association, alexander.hasgall@eua.eu

Nicole Hermannsdörfer, Dr., Wissenschaftliche Mitarbeiterin an der Arbeitsstelle Hochschuldidaktik der Universität Tübingen, Mediendidaktisches Programm, nicole.hermannsdoerfer@uni-tuebingen.de

Maura Hiney, Dr. Phil. (Molekulardiagnostik und Epidemiologie), Leiterin der Abteilung für internationale Zusammenarbeit, Evaluierung und gezielte Programme Health Research Board Ireland, Vorsitzende der Ständigen Arbeitsgruppe Wissenschaft und Ethik der ALLEA, Vorstandsmitglied der Embassy of Good Science Foundation, mhiney@hrb.ie

Kirsten Hüttemann, Dr. iur., Direktorin, Gruppe Chancengleichheit, Wissenschaftliche Integrität und Verfahrensgestaltung der Deutschen Forschungsgemeinschaft (DFG), Bonn, Kirsten.Huettemann@dfg.de

Andrea Klein, Dr., selbstständige Dozentin, Coach, Autorin und Forscherin zum Thema Wissenschaftliches Arbeiten, Gründerin des Online-Kongresses Studienfeuer, www.wissenschaftliches-arbeiten-lehren.de

Dirk Lanzerath, Prof. Dr., Geschäftsführer Deutsches Referenzzentrum für Ethik in den Biowissenschaften (DRZE) der Universität Bonn, lanzerath@drze.de

Jürgen Mittelstraß, Prof. Dr., war Ordinarius für Philosophie und Wissenschaftstheorie an der Universität Konstanz und ist Honorarprofessor an der Universität Salzburg sowie Herausgeber der Enzyklopädie *Philosophie und Wissenschaftstheorie.*

Margret Mundorf, M.A. ist selbstständige Schreib- und Kommunikationstrainerin, Dozentin und Lehrbeauftragte an Hochschulen und Universitäten in Deutschland und Österreich. Mitglied im Vorstand der Gesellschaft für Schreibdidaktik und Schreibforschung (gefsus) e. V., Gastherausgabe des Themenhefts „Schreibzentrumsarbeit und Schreibdidaktik im Zeitalter der Digitalität“ (Journal für Schreibwissenschaft – JoSch), KI-ExpertLab Academic Writing, margret.mundorf@memoscript.de

Simson Mwale arbeitet für das Sekretariat des Symposiums der Bischofskonferenzen von Afrika und Madagaskar (SECAM) mit Sitz in Accra, Ghana. Er ist Mitglied des internationalen Expertenbeirats von Path2Integrity, simsonmwale@yahoo.com

Tina Rotzal, M.A., Kollegiale Leiterin der „Kompetenzstelle Akademische Integrität" an der Universitätsbibliothek Mainz, T.Rotzal@ub.uni-mainz.de

Julius Späte, M.A., akademischer Mitarbeiter für den Schwerpunkt Digitale Strukturen und Digitalisierungsforschung in der Sozialen Arbeit im Studiengang BA Soziale Arbeit Dual-Digital der FH Potsdam, julius.spaete@fh-potsdam.de

Valentina Vasilov, wissenschaftliche Mitarbeiterin am Science Support Centre der Universität Duisburg-Essen und Koordinatorin des UniWiND-Netzwerks „Gute wissenschaftliche Praxis vermitteln – Netzwerk für Trainerinnen und Trainer", valentina.vasilov@uni-due.de

Doris Weßels, Dr. rer. pol., Professorin für Wirtschaftsinformatik an der Fachhochschule Kiel, Fachgruppenleiterin „KI und Academic Writing" beim KI-ExpertLab Hochschullehre, doris.wessels@fh-kiel.de

Nicolaus Wilder, Dipl. Päd., wissenschaftlicher Mitarbeiter am Institut für Pädagogik der Christian-Albrechts-Universität Kiel, Projektleiter im Horizon2020-Projekt Path2Integrity, wilder@paedagogik.uni-kiel.de

Herausgeberinnen

Katharina Miller, Master of Laws (Luxemburg), Rechtsanwältin und Abogada, Lehrbeauftragte, externe Ethikexpertin für die Europäische Kommission, Advisory Board Member des Berkeley Centers on Comparative Equality and Anti-Harassment Law, Präsidentin der European Women Lawyers Association, Partnerin H2020-Path2Integrity, miller@3ccompliance.com

Julia Prieß-Buchheit, Dr. phil., habil., Professorin für Erziehungswissenschaften und Didaktik an der Hochschule für angewandte Wissenschaften Coburg, Projektkoordinatorin H2020-Path2Integrity, julia.priess-buchheit@hs-coburg.de

Milena Valeva, Dr. rer. pol., Professorin für NGO-Management und nachhaltige Regionalentwicklung an der Hochschule Trier, deutscher Path2Integrity Community Lead mit besonderer Berücksichtigung von KI-Entwicklungen und sozio-kulturellen Aspekten, m.valeva@umwelt-campus.de